RELIGIÃO E DEMOCRACIA

desafios contemporâneos

Américo Freire
Deivison Amaral
Evanize Sydow
(organizadores)

RELIGIÃO E DEMOCRACIA

desafios contemporâneos

alameda

FAPERJ

Grafia atualizada segundo o Acordo Ortográfico da Língua Portuguesa de 1990, que entrou em vigor no Brasil em 2009.

Edição: Haroldo Ceravolo Sereza e Joana Monteleone
Projeto gráfico, diagramação e capa: Ana Júlia Ribeiro
Assistente acadêmica: Tamara Santos
Revisão: Haroldo Ceravolo Sereza
Imagem da capa: Flaticon (Freepik)

CIP-BRASIL. CATALOGAÇÃO NA PUBLICAÇÃO
SINDICATO NACIONAL DOS EDITORES DE LIVROS, RJ

R321

Religião e democracia : desafios contemporâneos / organizadores Américo Freire, Deivison Amaral, Evanize Sydow. - 1. ed. - São Paulo : Alameda : FAPERJ, 2022.
316 p. ; 23 cm.

Inclui bibliografia e índice
ISBN 978-65-5966-122-0

1. Igreja e Estado. 2. Catolicismo e política. 3. Democracia. 4. Igreja e problemas sociais. I. Freire, Américo. II. Amaral, Deivison. III. Sydow, Evanize. IV. Fundação de Amparo à Pesquisa do Estado do Rio de Janeiro.

CDD: 322.1
22-79440 CDU: 321:272

ALAMEDA CASA EDITORIAL
Rua 13 de Maio, 353 – Bela Vista
CEP 01327-000 – São Paulo, SP
Tel. (11) 3012-2403
www.alamedaeditorial.com.br

Sumário

Prefácio

Em primeiro lugar, agradeço o gentil convite que me foi enviado pelos colegas que coordenam esta importante coletânea que nos brinda com reflexões, baseadas em sólidas pesquisas empíricas, acerca da relação entre política e religião no Brasil contemporâneo.

Se me for permitido definir o seu conteúdo geral, me arriscaria a afirmar que estamos diante de trabalhos acadêmicos, realizados majoritariamente por historiadores, que objetivam nos apresentar um amplo painel interpretativo acerca dos diferentes conflitos vividos pelos diversos segmentos religiosos em suas atuações na esfera pública.

Na atualidade, este campo de pesquisa há pouco abraçado pelos historiadores se impõe como necessário para melhor compreendermos alguns dos principais conflitos que estamos vivendo, mas que, como apontam os pesquisadores, têm marcado a realidade brasileira ao longo de décadas.

A necessária existência da pluralidade religiosa vem sendo solapada por diferentes grupos fundamentalistas que, em nome de uma suposta defesa do cristianismo, têm buscado implantar uma 'guerra santa' contra todos os segmentos da sociedade que não pertencem às suas seitas.

Portanto, estamos diante de um conjunto de textos mais do que necessários.

Há alguns anos, este era um campo hegemonizado pela antropologia ou pelas ciências da religião e nós, os pesquisadores dos processos históricos, muitas vezes entendíamos que se tratava de um tema menor, algo fora da esfera pública ou, lamentavelmente, apenas como universo de alienação, misticismo ou, quando tratávamos das institucionalidades religiosas, espaço para disputas entre aparelhos ideológicos.

Felizmente, esta realidade tem se modificado e, hoje, nos espaços universitários, temos assistido ao surgimento de diferentes grupos de pesquisa que incorporam estudiosos com diversas formações. Neste aspecto vivemos um momento frutífero, criativo.

Acredito que a pergunta que devemos nos fazer é como os discursos e práticas religiosas se legitimaram, no passado e no presente, nas diferentes conjunturas políticas ocorridas no Brasil. E, como se deu a constituição de uma frente religiosa fundamentalista tão poderosa que hoje ameaça nossa jovem democracia.

Creio que já não se trata de somente pesquisarmos as instituições religiosas, mas de tentarmos analisar como determinados discursos e práticas religiosas foram se impondo no imaginário social e, nas últimas décadas, passaram a produzir universos paralelos visando desconstruir até mesmo aquilo que diferentes estudiosos definiram como a nossa modernidade tardia.

É o que os alguns autores desta coletânea, ainda que partindo de objetos diferentes, buscaram nos apresentar. E onde eu, de maneira muito singela, tentarei buscar aquilo que considero relevante no que diz respeito às minhas interrogações.

Nesta perspectiva, me chamou à atenção a pesquisa apresentada pela historiadora Adriana Martins dos Santos sobre os conflitos políticos vividos, na Câmara Municipal de Salvador, por conta da ação dos vereadores evangélicos contra a representação das culturas afrobrasileira nos espaços públicos. Adriana aponta para o processo de empoderamento deste segmento fundamentalista-religioso (penso que assim se encaixam melhor) que terminou por formar uma grande bancada, que passou a se identificar como "Bancada Evangélica".

A Frente Parlamentar Evangélica, que congrega um universo mais amplo, atualmente está composta por 178 deputados e 6 senadores, sendo que, dentre eles, existem 78 católicos, 3 espiritas e outros 11 parlamentares que não se identificam. São parlamentares que, no Congresso Nacional, atuam e votam coesos, não só naquelas questões relativas à cultura, mas também no alinhamento aos interesses dos ruralistas, dos mineradores, contra os direitos sociais, econômicos, civis e os direitos humanos.

Estamos diante de um fenômeno político que se inicia no processo Constituinte, com José Sarney distribuindo benesses em troca de votos do já então chamado Centrão, que se fortaleceu nos anos posteriores e hoje se apresenta como um problema grave para a democracia na medida em que atuam na desconstrução dos marcos instituídos pela Constituição de 1988.

Creio que para a compreensão da gravidade do momento no qual estamos inseridos, temos que buscar como se deu o encontro, no espaço público, dos múltiplos interesses, apresentados como "princípios religiosos". Trata-se de toda uma teia de objetivos, fundamentalistas e neoliberais, que foram sendo disseminados pelas mídias corporativas e, aos poucos, introduzidos nas escolas, nas universidades e em todas as instituições republicanas. Interesses que hoje se expressam no projeto de poder encarnado pela ultradireita encabeçado por Bolsonaro.

Nesta perspectiva, a pesquisa sobre Salvador dialoga com todos os artigos que compõem esta coletânea que, no seu conjunto, apresenta como os seguimentos majoritários do catolicismo, nos seus embates políticos-teológicos, dialogaram, dialogam e, na atualidade, se compõe com o conservadorismo fundamentalista.

Este encontro parece muito interessante já que ao longo da história republicana os embates entre catolicismo e protestantismo foram intensos, uma relação marcada por profunda intolerância, onde os protestantes, hoje conhecidos como históricos, defendiam, entre outros temas, a laicidade e até mesmo o divórcio, temas contra os quais se batia a igreja católica.

Também importante é a contribuição que nos trazem Louisa Acciari e Caroline Jacques Cubas ao nos apresentarem suas pesquisas acerca da presença das mulheres religiosas nos espaços da militância laica. São questões referentes aos debates sobre a teologia feminista, tema inovador no campo da Teologia e alvo de acirradas disputas com o conservadorismo católico.

Para Louisa, é falso o debate que propõe a existência de uma incompatibilidade estratégica entre feminismo e Estados não secularizados. Segundo ela, esta tese menospreza o papel da religião, tomada a partir da teologia feminista, como elemento mobilizador e emancipatório na vida das mulheres.

Nesta perspectiva, Caroline Jacques Cubas, ao descortinar o universo das mulheres que optaram pela vida religiosa, busca compreender os engajamentos públicos destas mulheres religiosas a partir da perspectiva libertária.

Me refiro em especial à estas três pesquisas por me pareceram inovadores, quanto aos seus objetos e aos novos problemas na medida em que o protagonismo das mulheres na vida política tem sido ausente na produção historiográfica sobre o período ditatorial. Creio que a entrevista da ativista Adriana Verediana serve como um exemplo concreto do papel da religião como elemento emancipatório.

Outros textos nos indicam uma espécie de balanço crítico sobre os diferentes desafios que os setores do catolicismo marcados pelo Concílio Vaticano II viveram em sua atuação na esfera pública.

A mesma experiência foi vivida por teólogos e ativistas protestantes, calados por prisões, torturas e exílios causados por delação de pastores das suas congregações. Sobre essas vivências, trata a oportuna pesquisa de Evanize Sydow, ao nos apresentar um dos grandes nomes da resistência à ditadura, que foi o reverendo Jaime Wright, pastor presbiteriano que enfrentou os pactos perversos realizados pelas hierarquias protestantes com a ditadura e o sofrimento causado com o desaparecimento do seu irmão mais jovem.

Além do reverendo, a autora também nos apresenta um conjunto de intelectuais protestantes que produziram e se comprometeram, através de uma atuação ecumênica, com projetos libertários gestados em comunhão com outros espaços religiosos.

Não poderia, nesta breve reflexão, deixar de me referir à importância das pesquisas apresentadas sobre a presença da institucionalidade católica e de seus ativistas no mundo do trabalho.

Refiro-me, em especial, aos trabalhos de Deivison Amaral e Larissa R. Corrêa, sobre o associativismo e circulismo, já que esse foi o tema que me mobilizou em um período em que, nas universidades, as pesquisas sobre o mundo do trabalho se concentravam, preferencialmente, na atuação dos sindicatos, dos comunistas e anarquistas.

Para mim, com formação marxista clássica, foi difícil compreender o impacto, no imaginário social, das propostas da hierarquia católica, através dos Círculos Operários, na sociedade brasileira que, nos anos de 1930, começava seu processo de urbanização e industrialização. E foi com o filosofo Roberto Romano que aos poucos compreendi que, ao contrário do eu havia apreendido, a Igreja Católica não era apenas um aparelho ideológico do Estado porque, como instituição que se move no tempo com sentido de permanência, tem interesses e projetos próprios.

Em contraponto, cabe perguntar se a mesma premissa vale para as institucionalidades evangélicas, onde sugere a prevalência de uma espécie de "mercado da fé" onde múltiplas denominações procuram se apropriar dos instrumentos estatais para a ampliação das suas esferas de poder político-eleitoral. Assistimos, neste momento, ao abandono das disputas, travadas durante décadas a favor da laicidade.

Por fim, cabe ressaltar a importância dos ativismos religiosos não só no processo de redemocratização, mas, sobretudo, no alargamento da própria concepção de democracia propiciada pela incorporação política, através das Comunidades Eclesiais de Base (CEBs), dos setores populares preferencialmente situados nas periferias urbanas.

Nesta perspectiva, as pesquisas de Américo Freire, Marcelo Timothéo da Costa e Sérgio Ricardo Coutinho são muito importantes porque indicam não só a importância pretérita da atuação pública dos intelectuais católicos, como a vitalidade histórica das suas propostas para a América Latina.

A entrevista do vereador do Reymond Santa Bárbara me parece uma espécie de coroamento deste conjunto de textos sobre a longa e, por vezes, dolorosa, trajetória de mulheres e homens que, partindo de diferentes princípios e pertencimentos religiosos, protagonizaram relevantes contribuições para a formatação da realidade na qual vivemos hoje, com suas incertezas e medos, mas grávida de utopias que nos trazem esperanças.

Jessie Jane Vieira de Souza,
Historiadora e Professora do Instituto de História da UFRJ

Apresentação

> *Tal é, meus senhores, minha convicção profunda: no momento em que estamos, creio que dormimos sobre um vulcão; disso estou profundamente convencido.*
>
> **Alexis de Tocqueville**, janeiro de 1848.

Temos acima o conhecido repto de Tocqueville que ainda hoje ressoa em nossos ouvidos. À época, o homem público e escritor francês, em pronunciamentos e apontamentos que mais tarde foram reunidos no livro *Lembranças de 1848: as jornadas revolucionárias em Paris* (1991), alerta aos seus para um fenômeno social de inéditas proporções – a demanda por igualdade, fundamento da democracia, então, se impunha, era inexorável. Ou seja, não havia como conter ou alterar o rumo da história, a não ser por uma mudança substantiva – e sem par – no "espírito do governo". Segundo Tocqueville, é "esse espírito que está conduzindo-vos ao abismo".

Essas palavras épicas e algo proféticas de Tocqueville, lidas pelos olhos de hoje, podem ser examinadas sob duas perspectivas. Uma delas seria, talvez, a mais literal e "realista". O que temos é o advento de um mundo novo que emerge sobre os escombros da antiga ordem política e social. Tal fenômeno – fruto da ação revolucionária – deve ser esquadrinhado, compreendido, governado, contido, dirigido. Assim, retoma-se a "ordem natural das coisas".

Outra leitura será a de se surpreender, ou mesmo se admirar, tal como o autor, com o devir da história, com o movimento, com as forças que detém a capacidade de alterar o rumo dos acontecimentos, fazendo com que nada seja visto como permanente e tudo se desmanche no ar, tal como sublinhou Marx – contemporâneo de Tocqueville. A história, portanto, pode e deve ser entendida, mas, como a natureza, como os vulcões – é moto contínuo, irresistível, indeterminável.

No Brasil dos dias de hoje, tal como em muitos lugares, essa ambivalência moderna e tocquevilliana está presente e contribui para alimentar uma atmosfera de desconforto e de expectativa acerca de que algo desconhecido está por vir. A crise sanitária do Covid-19, mas não apenas ela, tem nutrido esse clima de insegurança e medo. Daí o avanço de teorias ora fundadas na noção de presentismo – que mira no passado, na memória, nos aprisiona no presente e teme o futuro – ora nos valões da conspiração e do negacionismo.

Diante desse quadro, uma boa pergunta de pesquisa é a seguinte: o que podemos entrever em meio ao nevoeiro? Para além da atuação de um governo federal reativo e reacionário que se recusa a propor uma agenda ao país, o que dizer de forças e agentes que ajudam a compor e a transformar a sociedade brasileira da terceira década do século XXI?

Independentemente de diagnósticos positivos ou negativos acerca do papel e do significado das religiões no mundo contemporâneo, apenas em tese entendido como cada vez secularizado, nos parece fato que elas têm representado um motor importante de mudanças por que têm passado a sociedade brasileira nas últimas cinco décadas. Como muitos já observaram, é fenômeno de grande importância o aumento considerável da presença de denominações pentecostais e neopentecostais por todo o território brasileiro e mesmo em vários países latino-americanos.

Quanto à tradicional hegemonia da Igreja Católica, o que temos visto são fenômenos múltiplos – como a força da liderança do Papa Francisco a propor mudanças importantes para a público externo e limitadas para o público interno; o declínio relativo da presença e da participação da instituição nas periferias; e a manutenção de uma rede de entidades e lideranças ainda sensibilizada pela Teologia da Libertação.

Por fim, temos a consolidação de movimentos que, por vezes conectados ao universo da religião, colocam em xeque não apenas o entranhado conservadorismo que tem marcado nossa história, mas também teorias que não têm conseguido melhor compreender a pujança dos movimentos das mulheres, dos negros e o LGBTQIA+.

Esse enquadramento nos ajudou a compor esta coletânea que agora chega as mãos do nosso leitor. Ela está dividida em seis partes. A primeira delas se volta para a presença e o protagonismo feminino nos meios religiosos e está composta por dois capítulos e um depoimento. Louisa Acari e Caroline Cubas, em seus textos, nos colocam a par das complexas relações entre as lutas femininas e o catolicismo, assim como da significativa produção que tem sido produzida acerca das várias dimensões da luta e da vida feminina religiosa. Temos ainda o depoimento de Adriana Arantes dos Santos, a Adriana Veridiana, sobre sua trajetória de vida e de militância social e cultural na Comunidade Eclesial de Base Santa Veridiana, em Santa Cruz, e no grupo Mariamas.

Dois temas são tratados na segunda parte do livro. Temos, no capítulo assinado por Evanize Sydow, um estudo focado na atuação de Jaime Wright e de outras lideranças do campo protestante que criaram e impulsionaram uma importante rede ecumênica na América Latina voltada para a defesa dos Direitos Humanos. Deivison Amaral e Larissa Corrêa, autores do capítulo seguinte, por meio de uma acurada investida historiográfica, nos apresentam um panorama das várias e seguidas experiências associativas que marcaram as relações dos mundos do trabalho com o universo católico.

A terceira parte comporta dois capítulos que se voltam para o estudo dos princípios e práticas que regeram e regem a experiência das Comunidades Eclesiais de Base (CEBs) no Brasil. O primeiro deles, de Américo Freire, foca no momento instituidor dos Encontros Nacionais das CEBs – os chamados Intereclesiais. Já o segundo, de Sérgio Coutinho, detém os olhos no Tempo Presente e lança hipóteses acerca das novas formas de ver e de representar a história que se encontram presentes nos textos que, por ora, em tempos de Francisco, têm orientado o trabalho das CEBs.

João Marcus Figueiredo e Marcelo Timothéo são os autores dos capítulos relativos aos processos de formação política e pastoral. Ambos abrem o objeto para pensar o tema da formação em perspectiva temporal larga, levando em consideração o movimento de mudanças que marca a Igreja Católica ao longo do século XX.

Adriana Martins, por sua vez, lida com o delicado tema dos conflitos simbólicos-político-religiosos que têm marcado a sociedade brasileira nas últimas décadas. A autora, em seu texto, acompanha a série de embates que tem sido empreendida entre segmentos evangélicos pentecostais e os poderes públicos municipais na cidade de Salvador desde a década de 1990.

Por fim, para fechar o livro, publicamos a inédita entrevista que realizamos com o vereador e ex-franciscano Reimont Santa Bárbara. Para o nosso entrevistado, formulamos perguntas em torno dos seguintes eixos: Como se realiza o trânsito de uma vida dedicada à religião para a vida civil? Quais são os elementos que envolvem essa decisão? Como opera hoje um vereador cristão no mundo da política parlamentar? Quais são suas prioridades e linhas de ação? Como vê a questão da laicidade e do problema da intolerância religiosa? Reimont, mineiramente, fiel a seu estilo, respondeu a essas e outas questões.

Esta coletânea pode contar com o apoio do Programa Cientista do Nosso Estado da FAPERJ e do CNPq. Aproveitamos, nessas linhas finais, para agradecer a todas as autoras e autores que contribuíram para compor este livro. Fizemos, aqui, algumas escolhas, bem sabendo que há muito ainda a explorar. Que venham outros livros.

Os organizadores

PARTE 1.

MULHERES EM MOVIMENTO

Católicas e feministas: uma identidade paradoxal?

Louisa Acciari[1]

Fonte: site das Católicas para o Direito de Decidir, https://catolicas.org.br

Em janeiro de 2022, o Papa Francisco lançou um novo tema de polêmica em torno das questões de gênero e religião ao conceder a atribuição de certos ministérios às mulheres.[2] Se para alguns, isso pode ser visto como um reconhecimento do papel feminino dentro da Igreja, essa posição não satisfaz nem os conversadores que se opõem a tal reconhecimento, nem as demandas progressistas que exigem igualdade entre homens e mulheres. A decisão do Papa

1 Socióloga, pesquisadora e codiretora do *Centre for Gender and Disaster Institute for Risk and Disaster Reduction,* da *University College London.*

2 PULLELA, Philip. "Papa atribui ministérios a mulheres e formaliza reconhecimento de papel feminino", *CNN Brasil,* publicado em 23 de janeiro de 2022: https://www.cnnbrasil.com.br/internacional/papa-atribui-ministerios-a-mulheres-e-formaliza-reconhecimento-de-papel-feminino/

permanece relativamente limitada, na medida em que não abre a possibilidade para as mulheres exercerem a função de padres, mas apenas reconhece que certos ofícios possam ser realizados por elas, principalmente em lugares onde há uma escassez de representantes da Igreja.

O papel das mulheres dentro das instituições religiosas é um entre tantos outros temas de conflito entre feminismo e religião, tais como divórcio, aborto e sexualidade. Em geral, entende-se que a religião estaria do lado do conservadorismo, principalmente no que diz respeito aos valores familiares e o lugar social da mulher, enquanto o feminismo seria mais associado a ideia de progresso e modernidade, promovendo uma agenda de autonomia das mulheres e igualdade de direitos. Segundo Maria José Rosado Nunes (2008), pesquisadora e fundadora das Católicas para o Direito de Decidir (CDD) no Brasil, a visão católica tradicional seria irreconciliável com um discurso sobre sexualidade, maternidade e reprodução como direitos individuais. Do ponto de vista religioso, o sexo como objeto de direito contradiz a visão natural e divina da reprodução, e põe em jogo a natureza mesma do ser humano.

Nesse sentido, pode parecer contraditório mulheres se definirem como católicas e feministas. De fato, se a Igreja se opõe às demandas feministas, e mais recentemente, à denominada 'ideologia do gênero', as feministas tendem elas a criticar as instituições religiosas por promoverem uma visão conservadora e essencialista dos papéis de gênero (Helman, 2012; Henold, 2008). Sendo assim, como explicar a existência de um grupo como as Católicas para o Direito de Decidir? Como os movimentos feministas podem se acomodar em práticas religiosas sem diluir suas pautas sobre os direitos das mulheres?

Por outro lado, em vários países ocidentais, o feminismo tem sido usado para justificar práticas de exclusão contra grupos religiosos minoritários. Na França, o debate em torno do véu islâmico tornou-se emblemático do uso estratégico da laicidade e dos direitos das mulheres para estigmatizar grupos muçulmanos (DELPHY, 2008; FADIL, 2011; SCOTT, 2007). Em vez de organizar a separação entre os Estado e as instituições religiosas, a laicidade tornou-se um instrumento de exclusão de uma população do espaço público (BARRAS, 2009). Nos Estados Unidos, a retórica da igualdade de gênero foi usada para justificar intervenções militares no Oriente Médio, em nome da libertação das mulheres oprimidas (ABU-LUGHOD, 2002; MAHMOOD, 2011). Assim, os princípios feministas tornaram-se uma ferramenta para delinear uma população "vulnerável", necessitando de um certo salvacionismo ocidental.

Essa complexa relação entre feminismo e religião representa uma armadilha potencial para os movimentos feministas. Por um lado, as feministas devem ter liberdade para criticar os aspectos mais repressivos das normas religiosas, como por exemplo a criminalização do aborto; mas, por outro lado, não reconhecer a diversidade das práticas religiosas leva a políticas exclusivas e nega a possibilidade para as mulheres religiosas de fazerem parte do movimento feminista. De fato, a divisão simplista entre mulheres religiosas oprimidas versus feministas seculares emancipadas está sendo cada vez mais contestada (REILLY, 2011; VAN DEN BRANDT, 2015). Como as mulheres podem negociar espaços entre o secularismo e a religiosidade para conciliar aspectos potencialmente conflitantes, mas igualmente importantes, de sua identidade? É possível ser ao mesmo tempo a favor da igualdade de gênero e praticar uma religião?

Este capítulo tenta responder a essas perguntas, olhando mais especificamente as práticas e os discursos de mulheres feministas e católicas no Brasil. A discussão se fundamenta em dois estudos de casos diferentes: uma pesquisa com um grupo de mulheres sindicalistas afiliadas à Central Única dos Trabalhadores (CUT), para quem a religião é um aspecto fundamental da luta política; e um estudo da ONG Católicas para o Direito de Decidir (CDD), que atua a favor da legalização do aborto e a autonomia sexual desde os anos 1990. Proponho explorar as diferentes formas com as quais essas mulheres repensam religião, direitos e ação coletiva. Em particular, tentarei mostrar como a religião pode se tornar um recurso para a mobilização e uma ferramenta de legitimação do feminismo. Contudo, é importante notar que não estudo a religião em si, e não farei uma leitura dos textos sagrados nem um debate em nível teológico. Meu ponto de partida são os estudos de gênero e feministas, e os desafios práticos e teóricos que representam mulheres feministas religiosas para o campo feminista.

Articulando feminismo, religião e ação coletiva

Por décadas, a religião tem sido um ponto cego nos estudos de gênero. Rosado Nunes (2017) evoca uma "dupla invisibilidade", a ausência da temática gênero na ciência da religião e a falta de contemplação da ciência da religião na área dos estudos de gênero. Segundo Reilly (2011), no campo dos estudos de gênero, a religião tende a ser ignorada ou apresentada apenas como repressiva e incompatível com o feminismo. Por sua vez, Aune (2015) identifica uma evolução cronológica dentro da literatura feminista sobre religião: primeiro, tendeu a assimilar feminismo com secularismo, para depois discutir o descolamento das mulheres para formas alternativas de espiritualidade e, finalmente, passou a considerar os feminismos religiosos como tema em si.

Um dos campos teóricos fundamentais para pensar feminismo e religião é o feminismo islâmico, que tentou desafiar a ideia de que feminismo e religião seriam incompatíveis, oferecendo novas interpretações dos textos sagrados e tradições religiosas (ALI, 2012; MIR-HOSSEINI, 1999, 2006; MOGHADAM, 2002). Mir-Hosseini (1999, 2006) destaca a importância da reinterpretação textual em contextos em que as normas religiosas são dominantes. Segunda a autora, este trabalho é necessário para tornar as demandas feministas aceitáveis e legítimas em sociedades onde o poder do Estado é combinado às instituições islâmicas. Nesse sentido, a aproximação entre feminismo e religião pode ser entendida como uma a ação estratégica para enquadrar as demandas das mulheres aos quadros dominantes religiosos, tornando-as assim menos contestáveis pelos poderes oficiais.

Na América Latina, existe também uma vertente importante de teologia feminista ligada ao cristianismo (EGGERT & LUCAS, 2020; FULKERSON & BRIGGS, 2012; RUETHER, 2012). Baseando-se em uma reinterpretação dos fundamentos do cristianismo, e inserida no legado da Teologia da Libertação que defende o papel social da Igreja, a teologia feminista entende a religião como uma ferramenta de mobilização e uma forma das mulheres construírem movimentos emancipatórios em torno de seu etos cristão. Para as teólogas feministas, a religião está intimamente ligada a militância, e sua fé alimenta seu compromisso com a justiça social (AQUINO, MACHADO & RODRIGUEZ, 2002). Elas podem assim contestar os aspetos mais opressivos das instituições religiosas, mantendo-se leais aos seus princípios religiosos (HENOLD, 2008).

Ademais, é importante repensar também a dicotomia moderno/tradicional, laico/religioso, e debater o quanto a religião estaria realmente do lado do "tradicional", em oposição à uma suposta modernidade civilizadora que traria com ela uma maior igualdade de gênero e uma diminuição do papel da religião. Braidotti (2008) argumenta que o secularismo na Europa engloba dois aspectos distintos: a separação institucional do Estado e da Igreja, e um anticlericalismo militante ao qual o feminismo tende a ser associado. Segundo ela, a segunda forma de secularismo não se adapta aos desafios contemporâneos colocados pela religião e nega as diversas dimensões que a religiosidade pode ter na vida das mulheres. Alguns estudos mostram por exemplo que noções de cidadania e religiosidade estão intimamente ligadas (LISTER, 2007; NYHAGEN, 2015), enquanto outros sugerem que prestemos atenção à "religião vivida" (MCGUIRE, 2008; AUNE, 2015) em vez do dogma institucional para entender como as pessoas incorporam o espiritual em sua vida cotidiana.

Por fim, o feminismo religioso abre uma reflexão sobre movimentos sociais e ação coletiva. A religião pode ser entendida como uma oportunidade ou restrição estrutural, assim como um recurso discursivo ou simbólico para a mobilização. Ela fornece um *master frame* (BENFORD & SNOW, 2000) para que os grupos feministas sejam reconhecidos e ouvidos, ao mesmo tempo em que impõe algumas normas restritivas. Embora atores sociais não possam escapar totalmente das normas, eles também podem usá-la a seu favor. No caso das feministas religiosas, isso implica mostrar que o feminismo está interligado aos valores religiosos. Da mesma forma que na Europa o feminismo teve que se adequar ao ideal do Estado laico, sugiro que no Brasil, e em outros países latino-americanos, a religião pode ser uma forma de tornar o feminismo aceitável. Se as pautas feministas têm um fundamento cristão, elas se tornam menos atacáveis.

Metodologia e estudo de caso

Cresci na França, imersa na retórica da República laica e da *laïcité* francesa, mas meus pais, sendo brasileiros, sempre fui confrontada a uma perspectiva diferente sobre religião. No Brasil, o catolicismo tem uma história diferente, já foi uma força revolucionária contra o regime militar, ao passo que na França é mais associado ao conservadorismo. Eu me considero ateia e feminista, mas fiquei profundamente perturbada com a virada que o discurso da secularidade tomou na França a partir de 2004 com a lei proibindo o véu islâmico nas escolas, e as formas como essa posição segue alimentando discursos xenófobos e islamofóbicos. Muitas feministas caíram no que representa, a meu ver, uma armadilha, na qual mulheres religiosas foram categorizadas como vítimas absolutas da sua cultura. Como se as outras, as brancas e de nacionalidade francesa, não fossem elas também influenciadas pelo seu meio ambiente, sua cultura e suas famílias.

Meu interesse acadêmico pelo diálogo entre feminismos e religião se concretizou durante uma pesquisa de campo feita em 2011, em São Paulo, com militantes sindicalistas. Sem que fosse este o objeto da pesquisa, elas mencionaram espontaneamente a fé delas como um dos fundamentos de sua militância. Tendo em mente os debates europeus, essa perspectiva me pareceu importante num contexto em que mulheres religiosas e ateias feministas estavam sendo colocadas como dois opostos irreconciliáveis. Durante essa pesquisa de campo, conheci também as Católicas para o Direito de Decidir (CDD), que na época realizavam formações para a Secretaria Nacional da Mulher Trabalhadora da CUT sobre o aborto. A despenalização era debatida como uma questão de saúde pública e não como um direito absoluto à autonomia corporal, num momento em que a presidência de Dilma Rousseff – primeira mulher eleita Presidenta da República – trazia expectativas em relação a legislação sobre o aborto.

Este capítulo propõe assim um diálogo entre dois projetos diferentes. O primeiro foi uma pesquisa sobre os discursos e as práticas feministas no espaço sindical brasileiro. O campo foi em realizado em 2010 e 2011 na cidade de São Paulo. Entrevistei 14 mulheres, 6 representantes da Secretaria Nacional da Mulher Trabalhadora (SNMT) da CUT e 8 diretoras do Sindicato dos Bancários de São Paulo no qual toda a executiva era composta por mulheres. O Sindicato dos Bancários tinha ainda um espaço interno próprio para debater relações de gênero. O foco dessa pesquisa não era a religião, mas ela se revelou um elemento central das trajetórias pessoais e políticas das dirigentes sindicalistas.

O segundo estudo analisa os discursos das CDD. Esta pesquisa, realizada em 2013, teve ela por foco específico a articulação entre feminismo e religião. Conversei por e-mail com a diretora da ONG, Maria José Rosado Nunes, que me forneceu dados internos sobre a organização e sua composição demográfica. Também fiz uma análise de discurso do material publicado pelas CDD, tais como folhetos, livros e campanhas online. Li e analisei os três livros que estavam disponíveis online em 2013:

- BUSINMELKI, V. (2012) *Juventude, Religião e Ética Sexual*, São Paulo: Publicações CDD (será referido como CCD, 2012);
- CALVACANTE, A., e XAVIER, D. (2006) *Em defesa da vida: aborto e direitos humanos*, São Paulo: Publicações CDD (será referido como CCD, 2006);
- SOARES JURKEWICZ, R. (2011) *Quem controla as mulheres? Direitos reprodutivos e fundamentalismos religiosos na América Latina*, São Paulo: Câmara Brasileira do Livro (será referido como CCD, 2011).

Ambos os estudos são qualitativos e se concentram nas percepções e interpretações das mulheres sobre religião e feminismo. Os nomes das entrevistadas foram modificados, exceto quando se trata de uma figura pública, como Rosado Nunes. A análise é complementada por dados estatísticos sobre religião e pesquisas de opinião pública sobre aborto, a fim de melhor localizar os dois grupos no contexto brasileiro. Inicialmente, usei os dados do censo nacional de 2010, sendo que as pesquisas foram feitas no período 2010-2013. Na medida em que o censo previsto para 2020 ainda não foi realizado, tentei atualizar alguns dados nacionais usando o *World Value Survey* de 2018 e pesquisas de opinião publicadas no Brasil em 2016 e 2017. Versões anteriores do meu trabalho foram publicadas online em 2012 e 2013 e adaptados para este capítulo.[3]

Religiosidade e direitos das mulheres no Brasil contemporâneo

O Brasil é frequentemente descrito como o "maior país católico do mundo" (ARRIADA LOREA, 2009, p.81), com aproximadamente 120 milhões de pessoas filiadas à Igreja Católica. Mesmo assim, a predominância do catolicismo vem declinando em benefício do evangelismo neopentecostal. Segundo dados do censo de 2010, nos últimos 30 anos, a proporção de evangélicos aumentou de 5% para 22% da população brasileira, enquanto o catolicismo

3 ACCIARI, L. (2012): https://www.contretemps.eu/feminisme-et-religion-entre-conflits-et-convergences-le-cas-des-femmes-syndicalistes-au-bresil/; Acciari, L. (2013): https://blogs.lse.ac.uk/gender/2013/09/23/recognising-religious-women-as-feminist-subjects-the-case-of-catholic-feminists-in-brazil/.

caiu de 90%, em 1980, para 65%, em 2010.[4] Dados do *World Value Survey* de 2018 corroboram essa tendência:[5] 46% dos respondentes se declararam católicos, 6% protestantes, 22% evangélicos, e 17% não religiosos. Se adicionamos protestantes e evangélicos, os protestantismos alcançam 28%, ou quase um terço da população, enquanto o catolicismo caiu para menos da metade. Segue sendo a maior minoria, mas não é mais a religião majoritária. Ainda segundo o *World Value Survey* de 2018, as mulheres são mais religiosas que os homens: 23% dos homens se declararam sem religião contra 12% das mulheres. Metade das mulheres avalia que a religião é algo muito importante na sua vida, contra 40% dos homens. Por fim, para os dois sexos, 23% concordam que em caso de conflito entre religião e ciência, a religião está sempre certa.

Não cabe aqui analisar o crescimento do evangelismo e sua presença na vida pública, temas que foram abordados por outros estudos (ALMEIDA, 2009; GONÇALVES, 2011; TADVALD, 2015). Para o presente trabalho, importa situar a perda de força do catolicismo, já que os grupos analisados são na sua maioria católicos. O crescimento dos evangelismos neopentecostais tende a ser assimilado a um maior conservadorismo, principalmente em relação as pautas feministas sobre aborto e sexualidade. Nesse contexto, a atuação das mulheres feministas católicas pode encontrar barreiras adicionais para ter suas demandas atendidas.

Outro ponto importante é que, apesar de ser o "maior país católico do mundo", o Brasil é um Estado laico, pois a Constituição de 1988 estabelece o princípio da separação entre Estado e instituições religiosas. No entanto, não podemos falar de secularização no sentido de declínio do fenômeno religioso. Há uma diferença conceitual entre laicidade, que se refere a autonomia do Estado em relação às instituições religiosas, e a secularização, que caracteriza a diminuição da influência da religião na sociedade (PONDÉ, 2011). Se ambos os aspectos aparecem interligados no processo de modernização europeu (RÉMOND, 1998), a modernidade do Estado-nação brasileiro e seu significativo desenvolvimento econômico nas últimas décadas não levou a uma redução drástica da religiosidade da população.

---

4 Ver resultados do censo demográfico de 2010: https://censo2010.ibge.gov.br/noticias-censo?id=3&idnoticia=2170&view=noticia.

5 Ver base de dados do *World Value Survey* 2018 para o Brasil: https://www.worldvaluessurvey.org/WVSOnline.jsp.

Mesmo sendo um Estado laico, o Brasil ainda reprime severamente o aborto, com justificativas que se fundamentam nos valores cristãos. O código penal especifica que o aborto é ilegal exceto se a gravidez resultar de um estupro, se colocar em risco a vida da gestante e, desde 2013, nos casos em que o feto for diagnosticado com uma disfunção cerebral que levaria à sua morte. As mulheres podem cumprir até 3 anos de prisão e os médicos até 10 por praticarem um ato de aborto. Como nos outros países onde o aborto é criminalizado, as mulheres continuam praticando esse ato, muitas vezes em condições precárias, em detrimento de sua saúde ou até de sua vida. Um estudo realizado em 2009 pelo Ministério da Saúde revelou que são praticados cerca de 1 milhão de abortos ilegais por ano no Brasil, levando a 200 mil internações e tornando o aborto a terceira causa de morte materna.[6] Dados mais recentes publicados na revista *Piauí*,[7] mostram que mais de 600 meninas de 10 a 14 anos são internadas a cada ano por aborto, sendo essa a mesma quantidade que meninas internadas por asma. Em 2019, houve cerca de 530 internações por dia ligadas ao aborto, o que representa mais de 195 mil por ano, e, desses, 99% foram abortos espontâneos, ou seja, não previstos na lei. Em razão do aborto ser ilegal, esses números são provavelmente subestimados.

Apesar do grande número de mulheres que recorrem ao aborto todo ano, pesquisas indicam que a maioria da população segue a favor da criminalização. Uma pesquisa IBOPE/CDD realizada em novembro de 2010,[8] mostra que a população só apoia o aborto nos seguintes casos: quando a vida da gestante é ameaçada pela gravidez (66%), quando o feto não tem chance de sobrevivem após o nascimento (65%) ou quando a gravidez resulta de estupro (52%). Apenas 8% concordam que uma mulher deve poder abortar quando a contracepção falha e 9% quando a família ou a mulher não possuem recursos econômicos adequados para criar o filho. Os respondentes afiliados ao evangelismo

6 Aborto e saúde pública no Brasil: 20 anos, Brasília, Ministério da Saúde, 2009: https://bvsms.saude.gov.br/bvs/publicacoes/livro_aborto.pdf.

7 LICHOTTI, Camille, MAZZA, Luigi e BUONO, Renata. "Os abortos diários no Brasil", *Piauí*, Publicado em 24 de agosto de 2020: https://piaui.folha.uol.com.br/os-abortos-diarios-do-brasil/.

8 Pesquisa de Opinião Pública sobre o aborto, IBOPE/CDD, São Paulo, 2011: https://catolicas.org.br/wp-content/uploads/2011/01/publicacao-Ibope-Catolicas-Aborto-2011.compressed.pdf.

tendem, em média, a ser mais conservadoras que os católicos. Nem metade deles concorda que uma mulher deve poder abortar quando a gravidez resulta de um estupro.

Outro levantamento mais recente realizado pelo instituto Datafolha em 2017,[9] mostra que 57% da população é a favor da criminalização do aborto. Essa proporção chega a 59% das pessoas de mais de 60 anos, 67% dos respondentes que ganham até 2 salários e 71% dos respondentes com nível de escolaridade fundamental. A maioria dos respondentes com uma religião declarada são igualmente a favor da criminalização, indo de 58% dentro dos católicos a 65% para os evangélicos. Por fim, o *World Value Survey* de 2018 confirma essa tendência. Para a maioria absoluta dos respondentes (64%), o aborto nunca é justificado, e não há diferença expressiva entre homens e mulheres. Essa proporção é de 68% para os respondentes católicos, 71% dos protestantes e 71% das pessoas de baixa renda.

Assim, tanto na prática como nos valores, a reconciliação entre feminismo e catolicismo parece complexa. Uma das pautas centrais dos movimentos feministas, a legalização do aborto, ainda não teve repercussão na lei, além de receber pouco apoio da população. As grandes religiões se opõem a essa demanda, e a maioria das mulheres brasileira são cristãs. É claro que existem várias outras pautas defendidas pelas feministas, tais como igualdade salarial ou acesso a creches, que são menos polêmicas ou contraditórias com a ética religiosa. Mas, *a priori*, no contexto atual brasileiro, a identidade feminista católica ou feminista cristã pode surpreender.

Mulheres sindicalistas e religiosas

O primeiro estudo baseia-se em uma pesquisa sobre a luta das mulheres dentro da CUT. A Secretaria Nacional da Mulher Trabalhadora (SNMT) foi criada em 2003, 20 anos depois a criação da CUT, e essa secretaria faz parte hoje da Executiva Nacional (Bezerra de Lima, 2006). A CUT também adotou cotas de gênero em 1993, transformadas em paridade obrigatória para

9 Datafolha. *Temas Polêmicos*. PO 813942. São Paulo: Datafolha. Novembro de 2017: http://media.folha.uol.com.br/datafolha/2018/01/08/b29e802ac9aa4689aa7d66fbcdc24a52e045d6de.pdf.

todos os comitês executivos em 2015. Minha pesquisa analisou como as mulheres criaram espaços para as demandas feministas dentro da CUT e os tipos de identidades feministas produzidas no processo. Quando perguntei sobre suas trajetórias militantes, a maioria das participantes mencionou a religião e a importância dos valores cristãos em seu ativismo. Entrevistei 14 mulheres dirigentes sindicalistas, sendo 6 da SNMT e 8 do Sindicato dos Bancários de São Paulo, afiliado à CUT. As entrevistadas tinham entre 30 e 55 anos; 6 se definiram como brancas, 6 como mestiças ou pardas e 2 como negras. Quanto à filiação religiosa, 7 identificaram-se como católicas, 2 como evangélicas, 4 como uma mistura de catolicismo e outras crenças como candomblé ou espiritismo e 1 se definiu como ateia.

Reconciliando ação coletiva e força divina

O primeiro elemento marcante levantado nas entrevistas é a forma como a ação humana e a força divina estão imbricadas nos discursos das sindicalistas. Elas vêm a ação coletiva humana como essencial para alcançar a justiça social, mas acreditam ao mesmo tempo que há uma força superior ou transcendente que as orienta. Essa posição particular que combina militantismo e religião está ligada à história do catolicismo no Brasil e mais especificamente ao legado da Teologia da Libertação. Essa abordagem teológica liga uma análise marxista da opressão econômica aos valores e à fé católica. A pobreza é entendida como algo que pode ser mudado pela ação política humana (LEHMANN, 1996; LÖWY & GARCÍA-RUIZ, 1997). O ser humano é visto como instrumento de Deus para lutar pela justiça social na vida terrena (GUTIERREZ, 1973). Nessa concepção, a religião é em si uma forma de ativismo e não pode ser dissociada de uma perspectiva revolucionária.

A presença da Igreja na periferia foi particularmente forte nos anos 1970-1980, onde desempenhou um papel importante no apoio a movimentos sociais e protestos contra o regime militar (CORTEN, 1990; IRELAND, 1991). Vários autores destacam o papel das Comunidades Eclesiais de Base (CEB) na estruturação de formas locais de resistência e no acesso das mulheres à esfera pública (LESBAUPIN, 1997; MARQUES-PEREIRA & RAES, 2002; ROSADO NUNES, 1997). Em suas comunidades locais, as mulheres foram formadas à ação política e receberam responsabilidades que as igrejas tradicionais nunca lhes deram antes. Duas participantes haviam atuado em uma CEB na década de 1980, e seu primeiro contato com organizações políticas aconteceu por meio de sua igreja local. Raimunda, atuante na CUT em 2011, disse que descobriu o Partido dos Trabalhadores em suas reuniões da CEB:

> Foi aqui que conheci o PT, e entrei em 1988, com 18 anos. Foi lá que conheci o PT e o movimento sindical. É através desse ativismo religioso que eu comecei a descobrir... era a Pastoral da Juventude na época, na época das CEB. (entrevista à autora).

A maioria das entrevistadas foi direta ou indiretamente confrontada com esses discursos dada a sua idade, e mesmo quando não eram membros de uma CEB, pertencem a uma geração de ativistas marcada pela doutrina social da Igreja.

Uma relação crítica com a Igreja, mas afetiva com Deus

As mulheres que entrevistei fizeram uma distinção clara entre a instituição religiosa e Deus. Acreditar em sua proteção e existência não implica para elas seguirem o dogma católico. Ao contrário, elas têm um discurso bastante crítico em relação à Igreja e se recusam a obedecer aos aspectos mais conservadores do dogma. Esta posição também parece ser influenciada pela Teologia da Libertação, que estava em conflito com o Vaticano e criticava a organização hierárquica da Igreja. O objetivo seria então de mudar a Igreja por dentro, em vez de estar em total ruptura com ela como os movimentos feministas europeus. Para as sindicalistas, práticas religiosas e militantismo são duas faces da mesma moeda; é uma forma de desafiar as estruturas sociais opressoras, sejam elas religiosas ou políticas. Ademais, todas tinham um discurso feminista na medida em que defendiam a igualdade entre homens e mulheres e atuavam em espaços onde relações de gênero eram debatidas. Por exemplo, as dirigentes do Sindicato dos Bancários tinham organizado campanhas de sensibilização sobre divisão sexual do trabalho e uma melhor repartição das tarefas domésticas, um tema caro ao feminismo e que contradiz a visão tradicional da Igreja católica sobre o papel da mulher.

Deus, por outro lado, era onipresente nos discursos das entrevistadas. Ele aparece como uma presença orientadora e tranquilizadora ao longo das vidas dessas mulheres, justificando suas escolhas em um ambiente hostil. Segundo elas, é graças a Deus que elas estão em posição de liderança. Para Eduarda, dirigente dos bancários, Deus é um ponto de referência e um conselheiro pessoal em cada uma de suas decisões:

> Sempre peço a Deus que me guie na direção certa. Para mim, tem sido assim: minha vida é a realização do caminho que Deus preparou para mim. Ele me orientou e eu fiz a minha parte. Deus lhe dá muitas ferramentas, então cabe a você fazer algo com isso (entrevista à autora).

Algumas participantes consideraram Deus como alguém muito próximo, com quem elas "conversam" diretamente. Eduarda disse que tinha uma ligação muito forte com Deus e que ele lhe disse para se envolver no sindicato. Essa figura divina é usada como forma de justificativa para o sindicalismo e para o feminino; se for a vontade de Deus, se for o destino delas, então necessariamente é uma boa escolha e que não pode ser contestada. Em um contexto em que relataram sofrer assédio e preconceito até dentro do sindicato, onde é muito mais difícil para uma mulher ter acesso à representação política do que para um homem, ter Deus ao seu lado permite enfrentar as pressões e incertezas do mundo sindical.

O etos cristão como motor da ação coletiva

Ademais, a religião é fonte de inspiração para as mulheres entrevistadas, e elas têm uma interpretação política dos valores cristãos. Para Marina, dirigente dos bancários, a mensagem cristã original é revolucionária e contém as sementes da transformação social:

> A formação mais socialista que já recebi foi a da Igreja. Aqui no sindicato ouvi muitas vezes essa expressão que acho bonita: todo comunista é cristão, mesmo que não queira, e todo cristão é comunista, mesmo que não saiba. A compreensão que tenho de igualdade e justiça social vem das minhas aulas religiosas. Do próprio Cristo

> [...]. Acho que para ser socialista, para praticar o socialismo e a igualdade, é preciso ter algum desapego, ou altruísmo... e o mais próximo que conheço disso é o amor cristão. Um amor altruísta, sem expectativas nem egoísmo (entrevista à autora).

Assim, para ela, tornar-se sindicalista é a continuação lógica de sua prática religiosa. É a melhor maneira de seguir os princípios de Cristo. Como a maioria das participantes, ela vê no sindicato um espaço para praticar o verdadeiro amor. Marina era também militante do coletivo LGBT do seu sindicato e se identificava como lésbica no momento da entrevista. Ela não comentou diretamente sobre as possíveis tensões dessa dupla identidade, mas não lhe parecia contraditório estar em todos esses espaços ao mesmo tempo. Confessou ter se afastado da sua igreja, contudo, no seu quotidiano e no seu ativismo, suas ações seguem orientadas pela ética cristã.

Vemos então que política, feminismo e religião são inseparáveis para essas mulheres sindicalistas. O cristianismo é a primeira fonte de ativismo político e uma inspiração constante. O sindicalismo é a continuação natural de sua prática religiosa; é uma ferramenta para perseguir os ideais de tolerância e justiça social. Uma as entrevistadas até afirmou que Deus a orientou explicitamente a se filiar ao seu sindicato:

> Um dia ouvi uma voz, um chamado. Foi Deus me dizendo para continuar e me envolver com o movimento dos trabalhadores. Converso muito com Deus e, conversando com ele, percebi que minha missão não era ficar na minha cidade natal, mas fazer algo maior. Para se organizar com o movimento operário (entrevista à autora).

A religião é uma parte fundamental da identidade das dirigentes cutistas. Sua política é determinada por seus valores religiosos e elas interpretam o sindicalismo como seu destino. A atuação no sindicato é uma vontade de Deus; é o caminho que ele planejou para elas. Isso dá um sentido maior a suas ações e reforça sua convicção de estar trabalhando para o bem comum.

Católicas pelo Direito de Decidir

O segundo caso é um estudo da ONG Católicas pelo Direito de Decidir (CDD), realizado em 2013. A ONG foi fundada no Brasil em 1993, com o apoio de redes internacionais. Na época da pesquisa, a organização era composta por 35 membros. Apenas uma era negra e as demais brancas. O salário médio mensal das sócias era de R$ 1.615,00, o que representava na época 3 salários-mínimos, colocando-as entre os 40% mais ricos da população, e as 5 coordenadoras tinham doutorado. As CDD são, portanto, um grupo relativamente privilegiado no contexto brasileiro, o que talvez possa explicar, em parte, seu posicionamento alternativo, mas também sua dificuldade em atrair mais apoio popular.

Redefinindo os limites entre religioso e secular

O discurso militante e religioso das CDD desafia as fronteiras convencionais entre tradicional/moderno, muitas vezes associado a uma oposição entre Terceiro Mundo/Ocidente. As CDD são feministas segundo os padrões ocidentais: elas exigem a legalização do aborto, defendem a autonomia das mulheres e usam o discurso dos direitos humanos para justificar suas reivindicações. Parecem corresponder à ideia do "moderno". No entanto, elas são também religiosas, o que muitas vezes é associado ao tradicional ou pré-moderno. Reivindicam sua religiosidade como força e promovem a construção de um discurso teológico feminista. A declaração de princípios da organização afirma:

> Promovemos e defendemos os direitos das mulheres, especialmente aqueles relacionados à sexualidade e reprodução humana, a partir de uma perspectiva ética, católica e feminista, com base nos argumentos do pensamento teológico católico, através da criação de espaços de reflexão e ação que influencia a sociedade e as igrejas, em particular a católica, em aliança com as diferentes expressões do movimento social latino-americano e global.
>
> Queremos que as mulheres exerçam seus direitos sexuais e reprodutivos com base na justiça social, na democracia e nos direitos humanos, pilares fundamentais para o pleno exercício da cidadania

> na sociedade e nas igrejas, e que ouçam, respeitem e reconheçam nossa autoridade moral para tomar decisões éticas.[10]

Elas são feministas e religiosas e, mais do que isso, são feministas porque são cristãs, as duas posições são para elas indissociáveis, uma é o fundamento da outra. Para as CDD, os discursos modernos em torno dos direitos humanos são imbricados em sua ética religiosa. Elas não contestam a religião em si, como fazem a maioria dos movimentos feministas na Europa, mas suas instituições, e argumentam que a fé pode guiar nossas ações mesmo em momentos em que isso estaria em contradição com a posição oficial da Igreja:

> Assim, podemos ser bons católicos e, em alguns casos, discordar da Igreja, e mais ainda, agir diferentemente do que ela nos ensinou, sem deixar de seguir os princípios morais de Cristo e sem trair nossa fé (CDD, 2012).

Elas afirmam que alguém pode decidir não seguir prescrições religiosas se acreditar que isso é a coisa certa a fazer, como no caso do aborto, e explicam que o catolicismo reconhece a agência das pessoas e sua capacidade de fazer suas próprias escolhas. Assim, as mulheres não devem se sentir culpadas por terem decidido interromper uma gravidez, se essa decisão for fundamentada dentro de sua fé e seus valores. Ademais, o aborto é apresentado como ligado ao princípio do direito à vida, caro à Igreja Católica, com o argumento de que a vida da mulher grávida também é sagrada e deve ser preservada. Dessa forma, interromper a gravidez pode estar em conformidade com os valores católicos, se for para preservar a vida da mulher.

Outro elemento aparentemente contraditório é a posição sobre a laicidade. Apesar de ser um grupo religioso, as CDD defendem a laicidade do Estado e usam a linguagem da modernidade e do progresso para justificá-la. A laicidade é concebida como a própria condição para a liberdade religiosa em um Estado democrático:

10 Disponível em: https://catolicas.org.br/redcddlac/. Acesso em: 24/02/2022.

> O feminismo, como movimento político, não se opõe, por princípio, à religião. Mas, como feministas e cidadãs, defendemos incondicionalmente a necessidade de um Estado laico independente de qualquer forma de dogma religioso, para que a cidadania de todas as pessoas – homens e mulheres – possa ser plenamente alcançada (CDD, 2006, p. 37).

As CDD apelam para a noção de "razão pública" para apoiar instituições seculares. Elas afirmam que, diferentemente da religião, que se baseia em crenças indiscutíveis, a política deve ser submetida a debates racionais e esclarecidos (CDD, 2006, p. 143). Portanto, quando os políticos debatem sobre a legalização do aborto, eles deveriam se referir apenas ao conhecimento científico e racional, não aos dogmas religiosos. As CDD fazem um uso estratégico da laicidade para defender sua própria concepção de catolicismo e suas demandas feministas, que em vários aspetos, se opõem a visão dominante das igrejas. Elas buscam trazer as mulheres para o feminismo através da religião e não contra ela, ao mesmo tempo em que quererem criar um espaço público neutro. Nesse sentido, a laicidade defendida pelas CDD se aproxima mais da laicidade clássica feminista, apesar de elas defenderem um etos católico.

Podem os sujeitos religiosos serem feministas?

As CDD são um caso importante para repensar o sujeito feminista. Quem conta como feminista e por quê? Quais são os critérios para estabelecer se uma mulher pode ou não ser considerada como feminista? De acordo com Reilly, feministas seculares tendem a ignorar a religião como uma categoria de análise, pois "tomam como certo, implícita ou explicitamente, que a relevância pública e social da religião é (ou será) inevitavelmente diminuída à medida que é uma consequência da modernização" (2011, p. 7). Scott ainda afirma que o secularismo rígido pressupõe que "o secular e o sagrado podem ser divididos na vida dos indivíduos" (2007, p. 98). No Estado moderno, os cidadãos podem ser religiosos desde que mantenham sua fé na esfera privada, mas é esperado que sejam racionais o suficiente para separar suas crenças de sua compreensão dos assuntos públicos.

No entanto, as próprias feministas desafiaram essa divisão entre público e privado. Os movimentos feministas têm reivindicado insistentemente que o "privado é político" e exigido que os abusos cometidos na privacidade do lar sejam reconhecidos como violação dos direitos das mulheres. Pateman (1988), por exemplo, argumentou que a divisão público/privado exclui as mulheres da esfera política e reforça sua subordinação na esfera privada. Da mesma forma, a esfera pública é estruturada pelos papéis de gênero e as relações de forças que se dão na esfera privada, portanto, não é possível desconectar esses dois espaços (Biroli, 2015). Certamente, a religião deve ser levada em consideração quando se trata do nexo público/privado.

A laicidade impede, em tese, que as instituições religiosas interfiram nas políticas públicas, e muitas vezes as feministas percebem isso como uma forma de proteger os direitos das mulheres dos aspectos mais conservadores das prescrições religiosas. Mas, a ideia de que indivíduos "racionais" deveriam ser capazes de fazer uma distinção clara entre sua fé e seu ser "público" é mais problemática. Como se esses diferentes aspectos da identidade de uma pessoa pudessem ser separados. A política feminista das CDD é claramente informada por seus valores cristãos e, embora estejam a favor da laicidade, suas crenças religiosas moldam suas ações políticas. Elas concebem a religião como um instrumento de emancipação, sendo impossível distinguir suas reivindicações políticas de sua fé.

No entanto, as CDD retomam numa certa medida essa divisão. Elas argumentam que em um Estado laico a religião pertence à esfera privada (CCD, 2006), mas ao mesmo tempo elas promovem uma ética católica. Defendem o direito a uma vida sexual plena (CDD, 2012, 2011), e adotam uma posição modernista ao afirmar que a Igreja é "obscurantista" e "medieval" (CDD, 2011, p. 63). Paradoxalmente, apoiam-se na noção liberal de racionalidade e livre-escolha, o que no paradigma secular se opõe radicalmente a religião, que está ela associada à irracionalidade. Desafiando as definições e fronteiras entre político e religioso, público e privado, as CDD usam um quadro de referência religioso para legitimar políticas públicas feministas, e usam o discurso moderno laico (anti-religioso) para defender sua visão particular do catolicismo.

Essa mobilização da religião pode parecer paradoxal dada a posição oficial da Igreja, mas é ao mesmo tempo inevitável considerando o contexto social e político específico. As CDD são feministas por serem católicas, e é em nome de uma "teologia feminista" que defendem o direito ao aborto e à autonomia das mulheres. Portanto, as CDD têm uma concepção alternativa da religião, embutida na laicidade e nos direitos das mulheres. Elas definem o religioso tanto como algo privado, que não deve influenciar as decisões e políticas públicas do Estado, quanto algo público, pois a religião informa suas ações políticas. Elas são críticas em relação à Igreja Católica, mas tentam ao mesmo tempo redefinir o catolicismo como um conjunto de crenças positivas. Produzem uma fé "moderna" e "racional", que permitiria às mulheres reconciliarem sua identidade religiosa com suas demandas por direitos reprodutivos e sexuais.

Conclusão

Esses dois estudos de caso, feministas religiosas dentro dos sindicatos e Católicas pelo Direito de Decidir, mostram diferentes maneiras de combinar feminismo e religião. Revelam como as mulheres podem articular aspetos de suas identidades muitas vezes apresentados como contraditórios pela literatura feminista. Em ambos os casos, as militantes rejeitam a hierarquia e o conservadorismo da Igreja, especialmente no que diz respeito à penalização do aborto, no entanto, elas mantêm uma conexão afetiva e espiritual com Deus, apresentado como guia e conselheiro em sua vida cotidiana.

Esses casos permitem também conceber a religião como expressão da agência e escolha das mulheres e não automaticamente como uma prova de sua opressão. As mulheres, apresentadas nos dois estudos decidiram ativamente seguir normas religiosas, ou pelo menos parte delas, e, para elas, feminismo e sindicalismo são uma continuação lógica de sua fé cristã. A religião está interligada à política e às identidades coletivas, e não pode ser dissociada do fato de serem feministas. Tanto as CDD quanto as sindicalistas cutistas não se percebem como feministas *apesar* de serem religiosas, mas *porque* são religiosas. Assim, a religião pode ser vista como um recurso para a mobilização coletiva. Ela oferece um discurso legitimador para o feminismo e uma estratégia para que mulheres cristãs possam aderir às demandas feministas sem terem que negar sua religiosidade.

No atual contexto brasileiro, no qual os ramos mais conservadores do cristianismo dominam o cenário político, as feministas estão sendo apresentadas em oposição à "família tradicional" e os direitos das mulheres fragilizados. Ter caminhos de diálogo e reconciliação entre demandas feministas e pautas religiosas parece então essencial. A maioria das mulheres brasileiras se identifica com alguma corrente do cristianismo, portanto, para convencê-las que as demandas em torno da saúde reprodutiva e sexual são aceitáveis, os movimentos feministas devem dialogar com as religiões e encontrar brechas que tornem os direitos das mulheres inteligíveis do ponto de vista religioso. Dessa forma, com uma pressão popular e eleitoral cristã a favor de certas demandas feministas, pode-se imaginar mudanças legislativas mais progressistas.

Referências bibliográficas

ABU-LUGHOD, Lila. 2002. "Do muslim women really need saving? Anthropological reflections on cultural relativism and its others." *American Anthropologist* 104 (3), p.783-790.

ALI, Zarah. 2012. *Féminismes Islamiques*. Paris: La Fabrique.

ALMEIDA, R. 2009. *A Igreja Universal e Seus Demônios*. São Paulo: Editora Terceiro Nome.

AQUINO, María Pilar, MACHADO, Daisy L., and RODRIGUEZ, Jeanette. 2002. *A reader in Latina feminist theology : religion and justice*. Edited by María Pilar Aquino, Daisy L. Machado, Jeanette Rodriguez. 1st ed. ed. Austin: University of Texas Press.

ARRIADA LOREA, Roberto. 2009. "Brazilian secularity and minorities in the biggest Catholic nation in the world." *Archives de sciences sociales des religions* (2), p.81.

AUNE, Kristin. 2015. "Feminist Spirituality as Lived Religion: How UK Feminists Forge Religio-spiritual Lives." *Gender & Society* 29 (1), p. 122-145.

BARRAS, Amélie. 2009. "A rights-based discourse to contest the boundaries of state secularism? The case of the headscarf bans in France and Turkey." *Democratization* 16 (6), p. 1237-1260.

BENFORD, Robert D, SNOW, David A.. 2000. "Framing Processes and Social Movements: An Overview and Assessment." *Annual Review of Sociology* 26, p.611-639.

BEZERRA DE LIMA, Maria Ednalva. 2006. *Mulheres na CUT: uma história de muitas faces*. São Paulo: CUT/Secretaria Nacional sobre a Mulher Trabalhadora.

BIROLI, Flavia. 2015. "Responsabilidades, cuidado e democracia." *Revista Brasileira de Ciência Política* 18, p.81-117.

BRAIDOTTI, Rosi. 2008. "In Spite of the Times: The Postsecular Turn in Feminism." *Theory, Culture & Society* 25 (6), p.1-24.

CORTEN, André. 1990. *Les peuples de dieu et de la forêt : à propos de la nouvelle gauche brésilienne.* Outremont (Québec), Paris: L'Harmattan.

DELPHY, Christine. 2008. *Classer, dominer : qui sont les autres?* Paris: La Fabrique.

EGGERT, Edla, Luísa de Lucas. 2020. "A contribuição da Teologia Feminista Latino-Americana para a Promoção do Diálogo Inter-Religioso." *PqTeo: Revista de Estudos em Teologia* 3 (5), p.27-46.

FADIL, Nadia. 2011. "not-/unveiling as an ethical practice." *Feminist Review* 98 (1), p.83.

FULKERSON, Mary McClintock, and Sheila Briggs. 2012. *The Oxford handbook of feminist theology.* Edited by Mary McClintock Fulkerson and Sheila Briggs, *Feminist theology.* Oxford: Oxford University Press.

GONÇALVES, Rafael Bruno. 2011. "Religião e representação política: a presença evangélica na disputa eleitoral brasileira." *Revista Espaço Acadêmico* 10 (116), p.13-20.

GUTIERREZ, G. 1973. *A Theology of Liberation.* New York: Orbis Book.

HELMAN, Ivy A. 2012. *Women and the Vatican : an exploration of official documents.* NY: Orbis Books.

HENOLD, Mary J. 2008. *Catholic and feminist : the surprising history of the American Catholic feminist movement.* Chapel Hill, NC: University of North Carolina Press.

IRELAND, R. 1991. *Kingdoms Come, Religion and Politics in Brazil.* Pittsburgh: University of Pittsburgh Press.

LEHMANN, David. 1996. *Struggle for the Spirit.* Cambridge: Polity Press.

LESBAUPIN, Yvo. 1997. "Communautés de base et politique au Brésil." *Archives de sciences sociales des religions* 42 (97), p.33-45.

LISTER, Ruth. 2007. *Gendering citizenship in Western Europe : new challenges for citizenship research in a cross-national context.* Edited by Ruth Lister. Bristol: Policy.

LÖWY, Michaël, GARCÍA-RUIZ, Jesús. 1997. "Les Sources françaises du christianisme de la libération au Brésil." *Archives de sciences sociales des religions* 42 (97), p.9-32.

MAHMOOD, Saba. 2011. "Religion, Feminism, and Empire: The New Ambassadors of Islamophobia." In *Feminism, Sexuality and the Return of Religion,* edited by L. Alcoff, J. Caputo, 77-103. Indiana: Indiana University Press.

MARQUES-PEREIRA, Bérengère, RAES, Florence. 2002. "Trois décennie de mobilisations féminines et féministes en Amérique Latine." *Cahier des Amériques Latines* 39.

MCGUIRE, M. B. 2008. *Lived Religion: Faith and Practice in Everyday Life.* Oxford: Oxford University Press.

MIR-HOSSEINI, Ziba. 1999. *Islam and gender : the religious debate in contemporary Iran*: Princeton, NJ: Princeton University Press.

______. 2006. "Muslim Women's Quest for Equality: Between Islamic Law and Feminism." *Critical Inquiry* 32 (4), p.629-645.

MOGHADAM, Valentine M. 2002. "Islamic Feminism and Its Discontents: Toward a Resolution of the Debate." *Signs* 27 (4), p.1135-1171.

NYHAGEN, Line. 2015. "Conceptualizing lived religious citizenship: a case-study of Christian and Muslim women in Norway and the United Kingdom." *Citizenship Studies*, p.1-17.

PATEMAN, Carole. 1988. *The sexual contract*: Cambridge: Polity.

PONDÉ, L. F. 2011. *Para Entender o Catolicismo Hoje.* São Paulo: Benvirá Editora.

REILLY, Niamh. 2011. "Rethinking the interplay of feminism and secularism in a neo-secular age." *Feminist Review* 97 (1), p.5.

RÉMOND, René. 1998. *Religion et Société en Europe.* Paris: Seuil.

ROSADO NUNES, Maria Jose. 1997. "Freiras no Brasil." In *História das mulheres no Brasil*, edited by M. Del Priore, C. Bassenezi Pinsky, 482-510. São Paulo: Editora Contexto.

______. 2008. "Direitos, cidadania das mulheres e religião." *Tempo Social* 20 (2), p .67-81.

______. 2017. "Feminismo, Gênero e Religião - Os desafios de um encontro possível." *Estudos de Religião* 31 (2), p.65-76.

RUETHER, Rosemary Radford. 2012. "The Development of Feminist Theology: Becoming Increasingly Global and Interfaith." *Feminist Theology* 20 (3), p.185-189.

SCOTT, Joan Wallach. 2007. *The politics of the veil.* Princeton: Princeton University Press.

TADVALD, Marcelo. 2015. "A Reinvenção do Conservadorismo: os Evangélicos e as Eleições Federais de 2014." *Debates do NER* 16 (27), p.259-288.

Van Den Brandt, Nella. 2015. "Feminist Practice and Solidarity in Secular Societies: Case Studies on Feminists Crossing Religious–Secular Divides in Politics and Practice in Antwerp, Belgium." *Social Movement Studies*, 1-16.

Vida religiosa feminina: enfrentamentos e engajamentos no tempo presente[1]

Caroline Jaques Cubas[2]

O objetivo deste capítulo é apresentar um panorama de produções e debates que versam, no campo da história, sobre a vida religiosa feminina no Brasil contemporâneo. Em função da amplitude, trataremos especificamente das mulheres católicas atreladas institucionalmente à religião, comumente conhecidas como freiras. Nossa atenção estará particularmente voltada aos trabalhos que tematizam sobre a atuação destas mulheres (preferencialmente as religiosas de vida ativa) em movimentos e/ou organizações político-sociais durante o período da Ditadura Militar e da redemocratização no Brasil. Antes, porém, nos dedicaremos a uma breve digressão acerca da presença e atuação destas mulheres em outros espaços/tempos assim como de suas histórias pouco contadas.

1 Este capítulo se alicerça nas pesquisas realizadas para a tese "Do hábito ao ato: vida religiosa feminina ativa no Brasil (1960-1985), publicada em 2018 pelo Arquivo Nacional sob o título "Do hábito a resistência: freiras em tempos de ditadura militar no Brasil" e atualiza dados apresentados no artigo "A vida religiosa feminina no Brasil durante a segunda metade do século XX: um olhar historiográfico", publicado em 2014 na revista Expedições: teoria da história e historiografia. v.5, n.2. Contou com apoio da FAPESC vinculado ao projeto de pesquisa "Entre a ditadura e a democracia: cidade, relações político-empresariais, repressão e experiências democráticas no Brasil – o caso de Florianópolis (1974-2020)".

2 Professora do Departamento de História da UDESC.

Histórias pouco contadas

Pouco contadas talvez soe como eufemismo. A respeito da vida religiosa feminina no Brasil e na América Latina, existem publicações de cunho teológico ou hagiográfico, muitas vezes publicadas por iniciativas das próprias congregações ou de órgãos vinculados a Igreja Católica. Em termos acadêmicos, entretanto, Ana Maria Bidegain é bastante enfática ao afirmar que se trata de uma história "silenciada, não reconhecida, ignorada, ocultada, invisibilizada" (BIDEGAIN, 2014, p.14). Segundo a autora, é surpreendente perceber o descompasso entre o alto número de mulheres que consagraram suas vidas à religião, desempenhando relevante atuação política ou social e os poucos estudos a elas dedicados pelas ciências sociais e, particularmente, pela História. Maria José Rosado corrobora tal percepção ao qualificar as freiras católicas como um grupo "silenciado pela história" (ROSADO, 2018, p.15). Tal obliteração vem sendo combatida nos últimos anos, através de esforços que não podem ser considerados incipientes, ainda que não sejam quantitativamente numerosos. Além disso, pode ser compreendida quando consideramos as características da Igreja Católica como instituição - reconhecidamente patriarcal -, o lugar ocupado pelas mulheres nesta instituição e, igualmente, o próprio desenvolvimento historiográfico, cuja atenção e abertura à história das mulheres e aos estudos de gênero ganha maior fôlego apenas a partir da segunda metade do século XX.

Apesar de relativamente escassos, os estudos existentes nos permitem visões multifacetadas sobre a vida religiosa feminina, desde a instauração dos primeiros conventos e recolhimentos até os tempos hodiernos. Escritos em tempos diferentes, a partir de lugares diversos e com proposições distintas, tais estudos nos permitem esboçar um campo pujante, caracterizado pela interdisciplinaridade e pela intenção de tratar da experiência de mulheres que, ainda que numerosas, tem seus modos de vida, escolhas, enfrentamentos e engajamentos pouco conhecidos.

De maneira geral, é possível afirmar, no que se refere ao estabelecimento da vida religiosa feminina no Brasil, durante o período colonial, que existiam duas formas reconhecidas para seu exercício. Conforme a substanciosa pesquisa desenvolvida por Leila Mezan Algranti (1999), escrita a partir das preocupações da História Social, encontramos relatos sobre os conventos oficiais, dedicados às mulheres brancas da classe senhorial portuguesa e sobre os recolhimentos, que não tinham reconhecimento oficial, mas eram os únicos acessíveis às negras e brancas pobres. As duas formas previam a vida enclausurada e contemplativa. A mulher não teria, assim, nenhum papel ativo fora do claustro. Convém recordar que, segundo Riolando Azzi (1983, p.55-56), "apenas em fins do século XVI alguns fundadores e reformadores europeus começavam a propor para as religiosas o direito de exercer algum tipo de apostolado."

Existiam, porém, formas de vida alternativas e populares que fugiam das determinações da oficialidade católica. No Brasil, citamos o exemplo das beatas peregrinas, as quais encontraram em Joana de Gusmão seu exemplo mais representativo era proveniente de uma família aristocrática da capitania de São Vicente. Após a morte de seu marido, cumpriu a promessa feita de que em caso de viuvez, aquele que sobrevivesse se dedicaria à peregrinação e ao serviço à Deus, e partiu em peregrinação trajando apenas um hábito simples. Na segunda metade do século XVIII, fixou-se na vila de Desterro (atual Florianópolis) onde, auxiliada por outras beatas, exerceu funções apostólicas no serviço aos necessitados e educação de meninas. Viviam de esmolas e tinham sua condição de beatas reconhecida pelo povo da região (AZZI, 1983, p.59).

É, contudo, no século XIX, que temos o estabelecimento oficial das congregações religiosas estrangeiras de vida ativa no Brasil. Esta vinda não foi de todo pacífica, gerando uma série de conflitos, afinal oneraria despesas relacionadas à manutenção das casas, conventos e da subsistência das próprias irmãs. Em fevereiro de 1849 aportaram na região de Minas Gerais doze Filhas da Caridade. Estas tinham como missão primordial o cuidado dos doentes, o atendimento às crianças órfãs e idosas desamparadas. Para a manutenção da obra, fundaram colégios e expandiram seu trabalho nas regiões do centro-oeste e nordeste do país. Além delas, as Irmãs do Imaculado Coração de Maria também tiveram significativa participação em atividades voltadas ao centro-oeste e sul do Brasil. Assim como as Filhas da Caridade, as Irmãs dedicavam-se ao cuidado de jovens órfãs através da manutenção de Asilos e Santas Casas (AZZI, 1992).

A entrada de novas congregações e um consequente desenvolvimento da vida religiosa feminina, inclusive de vida ativa, foi possibilitada posteriormente pela proclamação da República. Neste sentido, vale comparar os números do censo de 1872 com os de 1920. Referindo-se às religiosas oficialmente vinculadas a uma ordem ou congregação, portanto, desconsiderando o número de beatas e dos antigos recolhimentos, se em 1872 os números apresentavam apenas 286 religiosas, em 1920 este número sobe para 2944 (BEOZZO, 1983). O trabalho assistencial, na saúde e educação vieram preencher hiatos resultantes da transição entre uma ordem escravista e um regime de trabalho liberto, pautado por uma gritante hierarquização racial e social, cujas marcas fazem-se ainda hoje presentes.

Sobre a escrita da história da vida religiosa feminina no Brasil

A narrativa acima apresentada nos ajuda a compreender por que os primeiros trabalhos encontrados que tematizam a vida religiosa feminina, o fazem a partir de uma atenção particular às histórias de ordens e congregações. Ainda que nosso propósito aqui seja pensar o estabelecimento deste campo e os debates concernentes ao tempo presente, é importante entender o movimento do próprio campo. Este parece deambular entre a história da vida religiosa feminina (VRF) a partir da história de congregações – pensadas, por vezes, de forma um tanto homogêneas – e uma atenção às experiências das mulheres que constituem essas mesmas congregações e que nos permitem uma percepção complexificada deste modo de vida no Brasil.

Neste sentido, é importante destacar as contribuições de Riolando Azzi, Leila Mezan Algranti, Maria José Rosado Nunes e de Miriam Pillar Grossi. A partir de análises, proposições e lugares de produção bastante distintos, são nomes recorrentes como referências na produção historiográfica contemporânea acerca da vida religiosa feminina no Brasil.

O teólogo Riolando Azzi, ao lado de outros autores e autoras atrelados, de diferentes maneiras, ao CEHILA – Comissão para o Estudo da História da Igreja na America Latina e no Caribe – participa de um projeto de reescritura da História da Igreja no Brasil que, em termos metodológicos, alinha-se ao abandono da tentativa de neutralidade na prática historiográfica e busca escrever a história a partir do *povo crente e oprimido*, conforme apregoa a Teologia da Libertação (ASSMANN, 2009, p. 65-69). Sobre freiras e congregações femininas, o autor dedicou diversos textos em publicações lançadas especialmente ao longo da década de 1980. Tais publicações apresentam levantamentos contundentes sobre a história de congregações femininas no Brasil. São estudos importantes, pois ressaltam as características e especificidades de cada instituto, não no que diz respeito apenas a cronologia histórica, mas ao carisma e à espiritualidade típica de cada um deles. Falam, portanto, de vida religiosa a partir de elementos endógenos a ela. Como os estudos foram promovidos pelo CEHILA, encontramos neles a preocupação em articular a presença dos religiosos ao trabalho inserido junto à população. Os religiosos e religiosas são pensados sempre a partir da função e da relação que estabelecem com a comunidade dentro da qual se instalam. A história das congregações, construída cronologicamente nos textos de Azzi, detalha majoritariamente experiências coletivas e é pensada sempre a partir do contexto sócio-econômico, político e cultural.

São igualmente incontornáveis os trabalhos de Leila Mezan Algranti, Maria José Rosado e Miriam Pillar Grossi. Em "Honradas e Devotas", Leila Mezan Algranti dirige seu olhar à condição feminina daquelas que habitavam conventos e recolhimentos no Brasil do século XVIII. As premissas norteadoras do trabalho, publicado em sua primeira edição em 1993 e resultado de sua tese de doutoramento, voltavam-se "ao significado das instituições, que permite captar as imagens e representações sobre as mulheres, e o cotidiano no interior dos recolhimentos e conventos, a fim de se recuperar quem eram, como viviam, e os motivos do enclausuramento dessas mulheres" (ALGRANTI, 1999, p.4).

A socióloga Maria José Rosado, por sua vez, publica "Freiras no Brasil" como um capítulo da coletânea *História das Mulheres no Brasil*, de 2004. Tanto o trabalho de Algranti quanto o de Rosado trazem consigo a explícita preocupação em entender as formar de ser e modos de viver de mulheres, assumindo-as como sujeitos até então insuficientemente trabalhados pela historiografia. O texto de Rosado traz Algranti e Azzi como referências (entre outras tantas) e constrói um panorama acerca da VRF desde as interdições imputadas no período colonial até as transformações experienciadas na segunda metade do século XX, a partir da abertura institucionalizada pelo Concílio Vaticano II e das prerrogativas anunciadas pela Teologia da Libertação, cuja influência foi fortemente sentida por aquelas que se dedicavam aos trabalhos da chamada inserção social.

"Jeito de Freira: estudo antropológico sobre a vocação religiosa feminina", publicado pela antropóloga Miriam Pilar Grossi em 1990 distingue-se dos textos anteriormente citados na medida em que se direciona aos elementos que compõem a vocação religiosa feminina considerando a categoria de gênero. Preocupa-se em analisar a vocação como uma construção simbólica, perpassada pelas condições sociais das famílias de onde provinham as moças (normalmente da zona rural) e pelas necessidades institucionais na Igreja. A autora não enfoca uma congregação particular, mas trata de elementos anteriores ao ingresso nelas. Para tanto, relações familiares, condições sociais e culturais, possibilidades de emancipação e, obviamente, a fé característica do grande montante de imigrantes e descendentes de imigrantes italianos que vivem no Estado foram entrecruzados na tentativa de compreender os elementos motivadores para a vinculação a uma congregação religiosa feminina. Grossi dedica grande parte do ensaio à construção social da identidade de freira, ressaltando as fases específicas da formação religiosa e de que forma, ao longo deste processo, ocorre o aprendizado de valores característicos da vida religiosa tais como a obediência, trabalho e dedicação. Ressalta também os diversos rituais existentes desde o início do processo de formação até a confirmação dos votos. O trabalho de Grossi é de suma importância, quando nos dedicamos a pensar a vida religiosa feminina, visto que ele nos auxilia a desnaturalizar uma série elementos que atribuímos, por vezes irrefletidamente ao "jeito de freira".

Os trabalhos acima referenciados constituem uma sorte de fundamento epistemológico[3] para outras produções acadêmicas que também elegeram as freiras como sujeitos de reflexão. São bastante originais e, escritos em diferentes momentos, abarcam distintas dimensões da vida religiosa feminina. O trabalho de Azzi traz consigo a vinculação a um projeto de Igreja que se torna explícito ao longo dos textos. Realiza uma pesquisa monumental sobre as congregações femininas, apresentando-as a partir de preocupações não apenas historiográficas, mas, fundamentalmente, cristãs. Um cristianismo, é preciso ressaltar, pautado pela necessidade de uma presença e atuação junto ao povo. Os trabalhos de Rosado, Algranti e Grossi são bastante representativos das características do campo de pesquisa em questão. A interdisciplinaridade

3 Nos referimos aqui exclusivamente a produção brasileira.

se faz presente através dos diálogos estabelecidos entre sociologia, história e antropologia. Em articulação a teologia, ajudam-nos a tatear formas de interpretar a VRF no Brasil. Além destes podemos referenciar outros trabalhos, a título de exemplo, que tematizam a vida religiosa feminina, particularmente no século XX.[4]

Na tese "Além dos Espelhos: memórias, imagens e trabalhos de duas congregações católicas francesas no Brasil", Paula Leonardi elege como objeto de estudo duas congregações francesas, as Irmãs de Nossa Senhora do Calvário e as Irmãs da Sagrada Família de Bordeaux, e busca "compreender o funcionamento interno e a estrutura dessas Congregações, bem como as mudanças em suas orientações e imagens em três períodos diferentes – em suas fundações na França, em sua vinda para o Brasil, e na fundação de seus colégios na década de 1950" (LEONARDI, 2008, p.12). Ao estudá-las, busca conhecer a história destas congregações não de uma forma linear e oficial, mas investiga as biografias das irmãs que vivenciaram os respectivos períodos. Para tanto, sua proposta é, através de fontes inéditas e originais, observar as dinâmicas de funcionamento destas congregações religiosas. Recorre a fontes produzidas pelas próprias irmãs, na congregação, desde relatórios oficiais até cartas cujo conteúdo, na época, não deveria ser publicado. Através destas narrativas apresenta os elementos que eram mais presentes e constantes na vida das irmãs. Além disso, anuncia a preocupação de se ressaltar as diferenças entre as congregações. Isso porque, quando conhecemos a vida religiosa feminina apenas pelas obras edificadas, temos a impressão de que se trata de "instituições com ações idênticas, que eram ditadas pela Igreja" (LEONARDI, 2008, p.32). Sendo assim, surge a necessidade de marcar as diferenças através da análise das práticas, gestos, hábitos e comportamentos específicos a cada congregação.

Outro estudo que referenciamos por tratar especificamente de freiras no século XX é a dissertação de mestrado de Miriam Verri Garcia, "Liberdade em Clausura: trajetórias pessoais e religiosas de monjas carmelitas descalças." Neste, a autora identifica, tal qual Paula Leonardi, uma escassez em produções acadêmicas acerca da vida religiosa feminina. Apesar da existência de inúme-

4 É possível observar um detalhamento destas produções no artigo "A vida religiosa feminina no Brasil durante a segunda metade do século XX: um olhar historiográfico", publicado em 2014 na revista *Expedições: teoria da história e historiografia*. V.5, n.2.

ras publicações de cunho teológico, seu objeto conta com uma dificuldade a mais, por se tratar da vida religiosa feminina na clausura. Garcia, em sua dissertação, busca identificar, através de entrevistas realizadas com freiras enclausuradas, os elementos que motivam, na contemporaneidade, a busca pela vida religiosa nesta condição singular. Uma interessante constatação realizada pela autora diz respeito a opção pela vida enclausurada encarada pelas monjas como um exercício de liberdade. Isto porque a opção por este modo de vida seria fruto exclusivamente da vontade das monjas e não de uma imposição social. Tal liberdade é, no entanto, ambivalente na medida em que a opção pela vida em clausura implica justamente na abdicação de liberdades em função das regras do Carmelo.

A clausura é igualmente o objeto de pesquisa de Wilma Bueno. Na tese de doutoramento "Enamoradas do Sagrado: Monjas do Mosteiro do Encontro (1964-1999)", a autora preocupa-se em identificar "o significado da vida contemplativa das monjas [...], desvelando as relações que elas estabeleceram com Igreja, [...] buscou-se compreender e que medida a vida monástica feminina conservou as tradições de seu fundador, estabeleceu estratégias e diálogos para interagir com a sociedade contemporânea" (Bueno, 2008, p.14). Com este objetivo imerge no mundo monástico medieval, relendo as fontes relacionadas às regras de Bento de Núrsia (480-547) e a ordem beneditina, a partir de uma perspectiva de gênero. Buscou em acervos que sempre falaram do masculino as ausências e percepções sobre o feminino.

"Recomposição da Vida Religiosa: Estudo das relações entre indivíduo e comunidade em congregações femininas", de Martina Maria Eudosia González Garcia, é também importante referência na medida em que sua abordagem parte da análise de religiosas vinculadas a congregações que passaram ou passam pelo processo de inserção nos meios populares. A autora questiona os meandros do processo de recomposição da vida religiosa feminina como um projeto comum, buscando perceber em que medida elementos da modernidade, como a emergência do indivíduo e a democratização de estruturas, são assimilados e se promovem modificações na vida em comunidade. O estudo de Garcia, assim como os outros aqui citados, sinaliza para uma ausência de estudos sobre a vida religiosa feminina em âmbito acadêmico e no campo dos estudos específicos sobre a mulher. Ainda que existam, seguramente, trabalhos que abordam a vida religiosa feminina de maneira transversal, são ainda pouco numerosos aqueles que anunciam a VRF como objeto central de reflexão.

É bastante relevante a tese de doutorado de Maria Aparecida Custódio sobre as Filhas da Imaculada Conceição, publicada em 2014 sob o título *A invenção do cotidiano feminino: formação e trajetória de uma congregação católica (1880-1909)*. A autora dedica-se às práticas cotidianas relacionadas ao contexto sócio-cultural do período com o objetivo de narrar a história das Filhas da Imaculada Conceição através da trajetória de formação da própria congregação. A autora ancora-se em outras produções (acadêmicas e institucionais) sobre a Congregação das Irmãzinhas da Imaculada Conceição, mesmo que em períodos distintos. Entre os textos citados encontramos a dissertação "A Congregação das Irmãzinhas da Imaculada Conceição e sua ação em Santa Catarina e no Brasil (1895-1975)", de Ramon Antonio Tridapalli, e a dissertação "O corpo habituado: sentidos e sensibilidades na formação das Irmãzinhas da Imaculada Conceição (Província Nossa Senhora de Lourdes, 1960-1990)", de Caroline Jaques Cubas.

As transformações implementadas pelo Concílio Vaticano II e sua proposta de aproximação entre leigos e clero motivou o trabalho de Maria de Lourdes Gascho. Em "Catequistas Franciscanas: uma antecipação do aggiornamento em Santa Catarina (1915-1965)", a autora apresenta a congregação escolhida, ressaltando a inovação implementada pelas irmãs que, antes mesmo das determinações conciliares, atuaram de forma bastante próxima às comunidades nas quais se inseriam. Para tanto, direciona sua análise à história da congregação, uma vez que o contexto de seu surgimento auxilia a compreender o direcionamento dado ao trabalho das irmãs. Analisa ainda o modelo de Igreja existente na primeira metade do século XX e o espaço destinado nesta ao trabalho das irmãs, ressaltando a questão da hierarquia na Igreja e sinalizando-a como masculinamente institucionalizada.

Ainda acerca de trabalhos que, de alguma forma tratam da VRF a partir de experiências congregacionais, temos ainda "Tecendo Memórias, gestando futuro: história das irmãs negras e indígenas Missionárias de Jesus Crucificado." Nesta obra, organizada por José Oscar Beozzo e dividida em três partes, encontramos artigos direcionados a reflexão acadêmica sobre a história das Missionárias de Jesus Crucificado, a primeira congregação brasileira a permitir a entrada de jovens negras e indígenas, ainda que de forma bastante desigual. Ali, apenas as mulheres brancas tinham direto a serem coristas e realizarem trabalhos externos, delegando às negras e indígenas as tarefas domésticas e trabalhos manuais. A obra, além de descrever o processo de fundação do instituto, das mudanças vividas durante o período conciliar e da inserção em CEBs, apresenta ainda cartas, testemunhos, registros e gráficos concernentes à história da congregação.

Estudo bastante singular sobre a vida religiosa feminina é apresentado também por Robson Dias de Assis na dissertação "Freiras ou Judias? Congregação Nossa Senhora de Sion em Sergipe." O autor propõe uma discussão identitária ao perceber o entrecruzamento de elementos do cristianismo e do judaísmo nas práticas cotidianas e religiosas das irmãs. Para tanto, além de analisar a congregação nas décadas de 1960 e 1980 a partir dos documentos produzidos internamente, Assis elabora uma síntese sobre a constituição histórica da congregação, sua implantação em Sergipe, na década de 1960, os fatores condicionantes desta instalação e como se configurava o campo religioso regional no período proposto. É interessante pontuar que, para compor sua análise identitária, o autor é bastante atento às práticas cotidianas e, para tanto, descreve com pormenores as relações estabelecidas entre as freiras, a comunidade e as autoridades políticas da região.

O forte interesse por elementos da vida religiosa feminina pode ser percebido ainda nos trabalhos de Silvia Regina Alves Fernandes. Em "Vinho Novo em Odres Velhos? Uma Análise da Vida religiosa Feminina na Modernidade Contemporânea", a autora se propõe a refletir acerca das relações entre tradição e modernidade na vida religiosa feminina e percebe, ao longo de seu estudo, uma série de tensões entre a tentativa de manutenção de determinadas tradições e o avanço de novos modelos para a vida religiosa feminina. Já na tese "Ser padre para ser santo; Ser freira para servir: a construção social da vocação religiosa – uma análise comparativa entre rapazes e moças no Rio de Janeiro", Fernandes direciona-se ao ingresso vocacional na atualidade. Para tanto, constrói uma análise comparada de rapazes e moças, suas motivações, trajetórias pessoais e representações sobre a Igreja ao optar pela vida consagrada. Refere-se, assim como os demais autores e autoras aqui citados, ao restrito número de trabalhos acadêmicos que abordam a vida religiosa em suas especificidades e, no caso da vida religiosa feminina, sugere o fato de as mulheres não participarem da hierarquia da igreja como possibilidade explicativa de tal escassez.

Esta breve apresentação bibliográfica não se propõe a ser exaustiva e, seguramente, não apresenta a totalidade da produção historiográfica sobre VRF no Brasil. O propósito foi apenas exemplificar alguns eixos de análise possíveis como a histórias de ordens e congregações, vida contemplativa, questões identitárias, vocação religiosa percursos e histórias de vida, que constituem o campo em questão. É importante ressaltar que os trabalhos aqui descritos foram encontrados através de pesquisas em bancos de teses e dissertações e indicavam a vida religiosa feminina como objeto central de análise. Além disso, é interessante notar que, ainda que alguns trabalhos tenham sido desenvolvidos nas décadas de 1980 e 1990, a maioria das pesquisas aqui referenciadas foi desenvolvida na década de 2000. Tal elemento é significativo na medida em que consideramos a amplitude das abordagens realizadas, assim como alguns conceitos empregados como identidade, subjetividade, gênero e cotidiano. A seguir, nos dedicaremos de maneira mais detida a outro eixo de reflexão, voltado às imbricações entre a vida religiosa feminina e as questões político-sociais que, em certa medida, atuam no sentido de conformar nosso tempo presente.

Ação social, ditadura e redemocratização

A história do tempo presente volta-se ao estudo de temporalidades que, mesmo quando passadas, evocam conflitos e tensões em nosso presente. Emerge, assim, como um campo bastante promissor para pensarmos a vida religiosa feminina. Isto porque podemos compreendê-la, a VRF, como uma escolha ou um modo de vida que, por si só, é atravessada por múltiplas temporalidades. Estas distintas formas de experienciar o tempo, determinadas pela instituição, pelos votos, pela congregação, são ancoradas em passados que coexistem com as demandas de um presente vivido. Há, nesse sentido, uma incontendível (ainda que nem sempre evidente) dimensão política na opção pela vida religiosa. Isso porque, conforme Aline Coutrot, "a política não para de impor, de questionar, de provocar as Igrejas e os cristãos, a título individual ou coletivo, obrigando-os a admitir atos que os comprometem perante si mesmo e perante a sociedade" (2003, p.335).

No que concerne a vida religiosa feminina, desde a instauração das congregações estrangeiras no século XIX até os dias atuais, é bastante comum encontrar a atuação destas mulheres em obras sob o jugo de suas congregações, como hospitais, orfanatos e educandários. A dimensão do cuidado com o outro, comumente atribuída às mulheres, foi institucionalmente assumida por religiosas (principalmente após a proclamação da República, como dito anteriormente).[5] Apesar da noção banal de obediência e abnegação que caracteriza, de forma simplória e generalista, a vida religiosa feminina, na segunda metade do século XX, ela se mostrava demasiado complexa, impondo conflitos e escolhas. Além do conturbado momento político e social que assolava o Brasil, a própria Igreja Católica passava por um processo de reformulação institucional, oficializado através do Concílio Vaticano II.

Convocado em 1961 e realizado oficialmente entre 1962 e 1965, o Concílio Vaticano II instaura um reposicionamento da Igreja como instituição diante dos tempos então vividos. À atuação de padres e freiras era atribuída fundamental importância, pois seriam eles e elas, através de suas obras, anunciadores das mudanças e responsáveis por propagar ideias de transformação. Com este objetivo anunciado, algumas modificações foram implementadas também à vida religiosa. As possibilidades de abandono gradual do hábito religioso e da batina assim como a vida em inserção foram sugeridas com esse propósito.

Tais transformações, todavia, transcenderam a premissa de aproximação entre religiosos e fiéis, ganhando outros contornos, nem sempre previstos e desejados pela hierarquia eclesial. Como exemplo citamos, em alguns casos, um – considerado excessivo – engajamento social e político, ao longo dos anos 1960, 1970 e início da década de 1980.[6] Este engajamento fora incitado tanto por situações de pobreza ou mesmo miserabilidade que atingia os países da América Latina, dentre os quais o Brasil, quanto pelas ditaduras militares que se instauravam nos mesmos espaços. Tal contexto, conforme as preleções de Coutrot, impôs questionamentos e comprometimentos àqueles e àquelas cujas

5 A este respeito sugerimos a consulta de "Igreja e Educação feminina: uma face do conservadorismo", de Ivan A. Manoel.

6 Tal engajamento pode ser aliado ao desenvolvimento da Teologia da Libertação.

vidas eram dedicadas institucionalmente à religião. Há, assim, uma dimensão política na opção pela vida religiosa que, creio, é possível observar nos trabalhos, ainda que pouco numerosos, que abordam a vida religiosa feminina, particularmente as religiosas de vida ativa, na segunda metade do século XX.

Apesar dos enfrentamentos impostos por estas novas possibilidades de vida religiosa, um considerável número de freiras assumiu a vida inserida e o trabalho em comunidades. Segundo Maria José Rosado Nunes, referindo-se as Comunidades Eclesiais de Base, as CEBs, "as religiosas foram não somente as mais numerosas [...], mas também, a qualquer outro fator que se possa compará-las, as mais eficazes no estabelecimento de comunidades nos bairros pobres das cidades" (NUNES, 1997, p. 504). Essa nova forma de vivência religiosa, através da atuação nas pequenas comunidades inseridas e nas CEBs, tornaram muito mais nítidas as desigualdades sociais, de classe e gênero. Nesse sentido, iniciaram-se trabalhos de conscientização no interior dessas comunidades. Marili Bassini (2007), em trabalho sobre a atuação de mulheres nas CEBs, indica que estas tiveram participação destacada nos movimentos sociais de base, como participantes da luta contra a ditadura e pela abertura política no Brasil. A proximidade com os problemas concernentes às classes populares fez com que algumas irmãs assumissem como seus os mesmos problemas.

Existem inúmeras referências às relações entre a Igreja e os governos militares, sejam elas de embate ou colaboração, em consistentes trabalhos de pesquisa acadêmica. Essas referências citam a importância da participação de padres seculares, bispos, religiosos e religiosas nas lutas pelos direitos humanos, especialmente contra a prática das torturas, e reivindicando o paradeiro de desaparecidos políticos. Em relação às religiosas, porém, são pouco numerosas as reflexões que demonstrem consistentemente como foi esta participação. Ainda que sejam citadas, comumente aparecem como coadjuvantes, sendo incomum encontrarmos descrições precisas acerca de suas ações. O monumental projeto "Brasil Nunca Mais" apresenta em detalhes o processo de Irmã Maurina Borges da Silveira, presa, torturada e exilada, mas, no que se refere aos números, das cento e vinte e duas prisões registradas de padres, bispos e religiosos que ocorreram entre 1968 e 1978, nove foram bispos, oitenta e quatro sacerdotes, treze seminaristas e irmãos e apenas seis irmãs. Estes dados tornam-se bastante curiosos quando sabemos que as religiosas tiveram participação massiva nas CEBs, organizando grupos de reflexão e conscientização. Apesar das poucas produções, no que tange ao que poderíamos considerar como indícios de participação político-social por parte das religiosas na segunda metade do século XX, é preciso destacar os trabalhos de Maria José Rosado Nunes e Maria Valéria Rezende.

O livro *Vida Religiosa nos Meios Populares,* de Rosado Nunes, publicado em 1985, apresenta questões extremamente originais e desafiadoras tanto para pesquisadores quanto para as mulheres que se dedicam/dedicavam à vida consagrada. Isso porque, através de ampla pesquisa documental e entrevistas, a autora problematizou os significados e implicações da vida inserida como modelo de vida religiosa. Tal questão é de fundamental relevância pois a possibilidade da vida inserida colocava em xeque inúmeras prerrogativas que, durante séculos, atribuíam sentido à vida religiosa (como o uso do hábito religioso e a disciplina em relação aos horários). A vida inserida, seguindo as prerrogativas do Concílio Vaticano II e mesmo da Teologia da Libertação, impossibilitava determinadas práticas e, por isso, não era aceita de forma homogênea. Rosado Nunes capta tal atmosfera e a analisa não apenas nas suas consequências para a vida prática das irmãs, mas apresenta meandros do processo, inserindo-o no contexto eclesial da época. Vale pontuar ainda que, além da originalidade do objeto, a autora coteja discussões sobre a vida religiosa feminina, gênero e feminismo entre os temas abordados. Além disso, questiona os atributos considerados naturalmente femininos e a forma como esses são reafirmados em determinadas imagens atribuídas às freiras, como "a boazinha, a paciente e aquela que tudo aceita". (NUNES,1985, p. 261). A obra se divide em duas partes: "Vida Religiosa Tradicional" e "Vida Religiosa nos Meios Populares". Na primeira, Nunes apresenta o modelo de cristandade implementado no Brasil e a forma como a vida religiosa feminina foi, durante os períodos Colonial e Imperial, adequada a este modelo. Analisa a crise que começa a se esboçar especialmente a partir da década de 1950, quando a Igreja passa a inserir-se em um modelo desenvolvimentista e surgem movimentos (Ação Popular, JUC) reivindicando um maior compromisso social a ser assumido pela Igreja. Neste contexto, percebem-se as primeiras mudanças estruturais na vida religiosa, a qual, a partir do Concílio Vaticano II, passa a ser regida por motes como o *aggiornamento* e a renovação. A segunda parte do livro é dedicada à vida religiosa feminina nos meios populares. Nesta, a autora demonstra em detalhes como elementos da VRF foram ressignificados durante a constituição de um novo modelo. Os votos, a oração e mesmo espiritualidade passaram por um processo de inovação criativa, ou seja, pela "alteração da justificativa que o grupo dá de sua razão de ser". Esta, segundo a autora, "já vinha se desenvolvendo desde a etapa anterior, com substancial modificação da postura católica frente ao mundo". (NUNES, 1985, p. 126). Esta nova prática é descrita na obra em detalhes, entre os quais ressaltamos aqui a significação político-social a ela atribuída. Além disso, Nunes dedica o último capítulo da obra a uma discussão sobre o lugar das mulheres-religiosas na Igreja e na sociedade, pontuando desde papéis tradicionais até a ruptura deste em alguns depoimentos alinhados com ideias que poderiam ser facilmente caracterizadas como feministas.

Em "A Vida Rompendo Muros: Carisma e Instituição", Maria Valéria Vasconcelos Rezende apresenta uma importante reflexão sobre a tensão existente entre as exigências do mundo monástico e as da vida em inserção através do estudo de Pequenas Comunidades Inseridas (PCIs). As PCIs, segundo Rezende, eram pequenos grupos de freiras (formados por entre 3 a 5 mulheres) que abandonavam o estilo de vida conventual e passavam a residir em bairros pobres, dedicando-se especialmente à "convivência com os pobres, entendida em si mesma como intervenção evangelizadora e a trabalhos de educação informal e de pastoral popular" (REZENDE, 1999, p.1). Cita que em 1981 existiam 122 dessas comunidades nos estados do Rio Grande do Norte, Pernambuco, Paraíba e Alagoas. A dissertação tem como principais objetivos a compreensão das relações de poder que atravessam a história e existência das PCIs e a percepção dos sentidos atribuídos e legitimadores da vida em inserção. Ao analisar o surgimento e organização de pequenas comunidades inseridas no Nordeste, a autora elabora uma contextualização sobre o impacto do Concílio Vaticano II e os outros fatores que motivaram transformações na estrutura e atuação da VRF. Apresenta a participação de freiras em movimentos de mudança social, afirmando que algumas dessas comunidades atuavam com a perspectiva de promoção de lutas políticas e sociais. Importante pontuar que o trabalho de Rezende é o primeiro a estabelecer, ainda que de forma bastante breve, uma relação direta entre o trabalho social desenvolvido por irmãs e a resistência política à ditadura militar instaurada a partir de 1964.

Dada a escassez de trabalhos que abordam diretamente a relação entre vida religiosa feminina e as possibilidades de participação político-social a partir da ditadura militar brasileira, referenciaremos ainda alguns trabalhos que vem ao encontro das reflexões aqui colocadas.

Em "Fé e Prática: Mulheres Católicas na Resistência às Ditaduras no Brasil e Paraguai", Priscila Carboneri de Sena parte da prerrogativa de que "é possível afirmar que as mulheres católicas desempenharam papéis importantíssimos na contestação do status quo existente no período das Ditaduras Militares" (SENA, 2010, p. 62) e, ainda que não se refira exclusivamente à freiras, discute os casos da Maurina Borges da Silveira e Maria Valéria Rezende como representativos do envolvimento de religiosas durante o período em questão.

Clarice Bianchezzi desenvolveu duas pesquisas que devemos referenciar. Indica a aproximação entre vida religiosa feminina e ditadura militar no artigo "Dom Afonso Niehues: memórias da rede de proteção aos perseguidos pelo regime militar em Santa Catarina". Ao longo do texto, a autora apresenta dados e relatos que indicam a atuação de dom Afonso na proteção e acobertamento de presos políticos durante o regime militar. Segundo Bianchezzi, existia na arquidiocese de Florianópolis uma organização de proteção da qual participavam religiosas. Além do artigo, a dissertação "Entre documentos e narrativas, marcas de identidade: A organização dos Centros de Desenvolvimento Infantil pelas religiosas da Fraternidade Esperança" é bastante relevante na medida em que aborda uma ruptura. Na década de 1970, em meio à difusão da Teologia da Libertação e da pedagogia de Paulo Freire, um grupo de irmãs da Divina Providência em Florianópolis assumiu o trabalho em inserção e envolveu-se de forma tão intensa que o processo gerou conflitos e teve como desfecho o rompimento com a Congregação e a fundação da "Fraternidade Esperança".

O trabalho educativo de irmãs inseridas em vilas operárias na zona carbonífera de Santa Catarina, entre os anos de 1950 e 1980, é o tema norteador da tese "Entre o Hábito e o Carvão: Pedagogias Missionárias no Sul de Santa Catarina na Segunda Metade do Século XX", de Giani Rabelo. A autora trabalha a atuação de três congregações religiosas femininas nas vilas operárias carboníferas e, para tanto, dedica um significativo espaço à apresentação destas congregações e ao significado de seus trabalhos educativos naquele contexto. O contexto político é também o elemento que desperta forte interesse no trabalho "Migração e Escolarização: História de Instituições Escolares de Tangará da Serra – Mato Grosso – Brasil (1964-1976)", de Carlos Edinei de Oliveira. Ao falar sobre o trabalho educativo de irmãs em Tangará da Serra, o autor apresenta o inusitado caso da irmã Myriam Hansel e das lideranças políticas locais em tempos de ditadura militar. Seu posicionamento e envolvimento comunitário foi tomado por partidarismo político e tal fato ocasionou sua transferência do Mato Grosso para o Rio Grande do Sul.

Relações diretas com o Regime Militar Brasileiro são encontradas na dissertação "Regime Militar, Resistência e Formação de Professores na Faculdade de Filosofia, Ciências e Letras Santo Tomás de Aquino em Uberaba/MG (1964-1980)" de Eustáquio Donizeti de Paula. A dissertação fala do trabalho de irmãs dominicanas na instituição e aborda as modificações implementadas no cotidiano da faculdade a partir do Regime Militar. Não apenas modificações cotidianas, mas o conteúdo ministrado nas aulas, as liberdades de algumas irmãs cercadas a partir de 1964 e as relações entre política e prática educativa são analisadas pelo autor. O cerceamento de liberdades imposto pelo regime militar, em uma unidade educativa, é contemplado também na dissertação "Mulheres Contra o Arbítrio: As Missionárias de Jesus Crucificado e a Escola de Serviço Social Padre Anchieta em Maceió em Tempos de AI5", de Maria Jeane dos Santos Alves. Neste, encontramos a história da escola, um levantamento histórico a respeito da presença das Missionárias de Jesus Crucificado em Alagoas e as relações estabelecidas entre a escola e o regime militar.

A participação de religiosas em movimentos de oposição e resistência a ditadura militar no Brasil foi objeto da tese "Do hábito ao ato: vida religiosa feminina ativa no Brasil (1960-1985)", defendida em 2014 e publicada em 2018 pelo Arquivo Nacional com o título *Do hábito à resistência: freiras em tempos de ditadura militar no Brasil*. Nesta, problematizei experiências de vida religiosa feminina ativa, ocorridas entre 1964 e 1985, as quais permitiram refletir sobre os espaços políticos e sociais de atuação das religiosas no Brasil, tecendo considerações sobre suas condições de participação em movimentos organizados ou ações isoladas de resistência ao regime autoritário. Para tanto, a partir de uma proposição conceitual acerca da noção de resistência, foram analisados, amparados pela categoria de gênero, eventos diversos acessados por fontes institucionais, jornalísticas e memorialísticas. O objetivo central da pesquisa foi apresentar os espaços de atuação político-social ocupados pelas religiosas no contexto em questão.

Os enfrentamentos e engajamentos assumidos pelas religiosas nem sempre são evidentes. Não podemos esquecer que o lugar que ocupam na instituição a qual pertencem contribui sobremaneira para esta pouca visibilidade. No citado estudo sobre a vida religiosa nos meios populares, Maria José Rosado Nunes afirma que "limites sócio-culturais sofridos pela mulher religiosa na Igreja e na sociedade [...] impediram que as freiras tivessem uma participação política consciente nos acontecimentos vividos no país a partir de 1964" (NUNES, 1985, p. 102). Ainda assim, o mesmo estudo apresenta uma série de depoimentos, nos quais religiosas falam explicitamente da não separação entre política e fé, da necessidade de se opor à miséria, fome, salários baixos, da repressão e da participação em projetos democráticos que rejeitem estruturas postas (Nunes, 1985, p. 173-175). A leitura dos trabalhos acima citados sugere que observar a atuação das religiosas como política requer uma certa ampliação daquilo que comumente entendemos por político ao mesmo tempo que consideramos os lugares institucionais e de gênero habitados por estas mulheres.

Considerações Finais

Ao analisarmos a vida religiosa feminina no Brasil, atentando particularmente às transformações institucionais e às possibilidades de participação em movimentos e organizações de cunho político social a partir da segunda metade do século XX, é relevante considerar a contribuição da categoria de gênero para as análises propostas. Isso porque, conforme sugere Joan Scott, é possível (senão necessário) observar a interdependência entre sistemas ou processos, uma vez que as "características que marcam as diferenças entre os sexos [...] não existem separadas das teorias e práticas políticas, e são, na verdade, produzidas através delas" (SCOTT, 2019, p. 19). No que concerne à vida religiosa feminina, vale lembrar que, mesmo proferindo os votos perpétuos, a irmã não é ordenada como um padre e, portanto, não está apta a ministrar os sacramentos. Não participa de sínodos e das definições mais significativas dentro da Igreja. Seus espaços de atuação, em nome dessa instituição, que restringe sua participação de forma veemente, estão relacionados à ação pastoral, em comunidades de base, escolas, asilos e hospitais. Concordamos, por esta razão, com Maria José Rosado Nunes na afirmação de que a vida consagrada não pode ser analisada fora do contexto social e eclesial em que se realiza. Ao avaliar os impactos do feminismo nos estudos de religião, é também Rosado Nunes que indica a possibilidade de "se interrogar as religiões do ponto de vista das relações sociais entre os sexos, ou do gênero" (Nunes, 2001, p. 79-96), acrescentando como uma das questões fundamentais para o campo de estudo das religiões a "compreensão da maneira pela qual atividades simbólicas – crenças, ritos e discursos religiosos – que parecem escapar à diferenciação sexual, são, na verdade, moldadas por ela." (NUNES, 2001, p. 90). Questões semelhantes, me parece, podem ser realizadas à prática de escrita da história.

Ainda no que concerne a categoria de gênero, esta remete à ideia de que as formas de se compreender aquilo que é considerado característico do masculino e do feminino possui historicidade, assim, o gênero pode ser compreendido como um elemento constitutivo das relações sociais. Uma vez que sua definição envolve diferentes símbolos, conceitos, normas, políticas e instituições, é nela que nos amparamos para analisar seus efeitos nas relações sociais. No caso das freiras, o espaço que (não) ocupam na Igreja Católica pode ser compreendido através de relações de gênero, uma vez que o "ser mulher" foi diversas vezes utilizado como justificativa para recorrentes exclusões e atribuições. Acreditamos então, assim como a teóloga Ivone Gebara, que o gênero está relacionado às instituições, estruturas e práticas que pautam nossas relações sociais e de poder (GEBARA, 2005, p. 99). A este respeito, Ana Maria Bidegain (1996, p. 28) afirma que a incorporação da categoria de gênero é também uma chave essencial para a compreensão da história invisível das mulheres nas religiões e suas relações com todas as formas de estruturação do poder.

Ao atentarmos à vida religiosa feminina no Brasil, são incontornáveis estes aspectos interseccionais, afinal ainda que assumam uma vida devota e consagrada à Igreja, suas identificações de gênero, classe e etnia acabam por pautar ações e posições em uma Igreja que passava - e passa - por transformações. Podemos perceber que, ao mesmo tempo em que as modificações institucionais traziam conflitos e implicavam em resistências, o contexto político-social findava por impor tantas outras. O arrolamento dos trabalhos aqui apresentados nos aproxima, ainda que de forma um tanto caleidoscópica, destas experiências de vida religiosa feminina no tempo presente. O tempo presente aqui ressaltado não se refere apenas a um marco cronológico. Antes, considero-o uma possibilidade teórico metodológica, na medida em que possibilita tematizar eventos e acontecimentos constitutivos da experiência de mulheres que vivenciam, ainda, as reverberações destes mesmos eventos e acontecimentos de forma não encerrada.

Tais possibilidades tem mobilizado pesquisadoras e pesquisadores no Brasil, como buscamos demonstrar, mas é importante registrar esforços para além das fronteiras nacionais. Neste sentido é salutar a publicação em 2020 da coletânea *Religiosas en América Latina: memorias y contextos*, organizada por Ana Lourdes Suárez, Brenda Carranza, Mariana Facciola e Lorena Fernández Fastuca. O livro congrega textos de pesquisadores e pesquisadoras latino-americanos que participaram das *Primeras Jornadas Latinoamericanas sobre congregaciones religiosas femininas*, as quais ocorreram entre os dias 16 e 17 de outubro de 2019 na Universidade Católica Argentina (UCA). A intenção primeira da obra, segundo suas organizadoras, fundamenta-se no desejo de "conhecer, compreender, analisar e contextualizar este coletivo social, das congregações religiosas femininas" (Suárez *et al*, 2021, p. 8).

Evoco aqui Beatriz Sarlo ao falar sobre as considerações da subjetividade na escrita da história. Para a autora, os novos sujeitos do novo passado são esses "caçadores furtivos, que podem fazer da necessidade, virtude, que modificam sem espetacularização e com astúcia suas condições de vida" (Sarlo, 2012, p. 19). É neste ânimo que temos observado e acompanhado a constituição de um campo potente, voltado a um novo passado, habitado de forma bastante efusiva por aquelas que decidiram, pelas mais distintas razões, dedicar sua vida à religião. Uma aproximação à complexa realidade da vida religiosa feminina, métodos de pesquisa centrados em documentos plurais, respaldos epistemológicos como aqueles advindos da categoria gênero e da História do Tempo Presente auxiliam-nos a adentrar este universo composto por ações e experiências múltiplas, vívidas e, ainda hoje, pouco conhecidas.

Referências bibliográficas

ALGRANTI, Leila Mezan. *Honradas e Devotas*: Mulheres da Colônia. Rio de Janeiro: José Olympio, 1999.

ALVES, Maria Jeane dos Santos. *Mulheres Contra o Arbítrio*: As Missionárias de Jesus Crucificado e a Escola de Serviço Social Padre Anchieta em Maceió em Tempos de AI5. 2008. Dissertação (Mestrado em Ciências da Religião). Universidade Católica de Pernambuco. Maceió.

ASSIS, Robson Dias de. *Freiras ou Judias?* Congregação Nossa Senhora de Sion em Sergipe. 2012. Dissertação (Mestrado em Sociologia). Universidade Federal de Sergipe. São Cristóvão.

ASSMANN, Hugo. CEHILA: uma nova maneira de estudar a história da Igreja e da Teologia na América Latina. *Revista Caminhando*, v. 1, n. 1, p. 65-69, 2009.

AZZI, Riolando. A vida religiosa feminina no Brasil colonial. In AZZI, Riolando (org.) *A vida religiosa no Brasil:* enfoques históricos. São Paulo: Ed. Paulinas, 1983. p. 55-56.

______. *A Igreja e o Menor na História Social Brasileira.* São Paulo: Edições Paulina, 1992. p.

AZZI, Riolando e BEOZZO, José Oscar (orgs). *Os Religiosos no Brasil:* Enfoques Históricos. São Paulo: Paulinas, 1986.

BASSINI, Marili. Entre discursos e representações: Uma leitura da participação religiosa das mulheres nas comunidades eclesiais de base no Brasil, 1960-1980. *Revista Aulas,* Campinas, n. 4, p.1-23, abr. 2007.

BEOZZO, José Oscar. Decadência e morte, restauração e multiplicação das ordens e congregações religiosas no Brasil 1870-1930. In AZZI, Riolando (org.) *A vida religiosa no Brasil:* enfoques históricos. São Paulo: Ed. Paulinas, 1983. p. 97-105.

BEOZZO, José Oscar (*et alli*). *Tecendo memórias, gestando futuro:* história das Irmãs Negras e Indígenas Missionárias de Jesus Crucificado (MJC). São Paulo: Paulinas, 2009.

BIANCHEZZI, Clarice. *Entre documentos e narrativas, marcas de identidade:* A organização dos Centros de Desenvolvimento Infantil pelas religiosas da Fraternidade Esperança. 2009. Dissertação (Mestrado em Educação). Universidade Federal de santa Catarina.Florianópolis.

BIANCHEZZI, Clarice. *Dom Afonso Niehues*: memórias da rede de proteção aos perseguidos pelo regime militar em Santa Catarina. *Revista Expedições*: Teoria da História e Historiografia. V.3, n.2, julho-dezembro de 2012.

BIDEGAIN, Ana Maria. Gênero como Categoria de Análise na História das Religiões. In: BIDEGAIN, Ana Maria (Org.). *Mulheres:* Autonomia e Controle na América Latina. São Paulo/ Petrópolis: Vozes/ Cehila, 1996.

BIDEGAIN, Ana Maria. Una historia silenciada, no reconocida, ignorada, ocultada, invisibilizada: la vida religiosa femenina en la historia brasileña e hispanoamericana. *REVER*. Ano 14 No 02 Jul/Dez 2014

BUENO, Wilma. *Enamoradas do Silêncio:* Monjas do Mosteiro do Encontro (1964-1999). 2008. 274f. Tese (Programa de Pós-Graduação em História). Universidade Federal do Paraná. Curitiba.

COUTROT, Aline. Religião e Política. In: RÉMOND, René (org). *Por uma história política*. Rio de Janeiro: Editora da FGV, 2003.

CUBAS, Caroline Jaques. *O corpo habituado:* sentidos e sensibilidades na formação das Irmãzinhas da Imaculada Conceição (Província Nossa Senhora de Lourdes, 1960 – 1990). 2007. 147f. Dissertação (Mestrado em História). Centro de Filosofia e Ciências Humanas da Universidade Federal de Santa Catarina, Florianópolis.

______. *Do hábito à resistência:* freiras em tempos de ditadura militar no Brasil. Rio de Janeiro: Arquivo Nacional, 2018.

______. A vida religiosa feminina no Brasil durante a segunda metade do século XX: um olhar historiográfico. *Revista Expedições*: teoria da história e historiografia. v.5, n.2, 2014.

CUSTÓDIO, Maria Aparecida. *Artes de fazer de uma congregação católica:* uma leitura certeusiana da formação e trajetória das Filhas da Imaculada Conceição (1890-1909). 2011. 254f. Tese (Doutorado em Educação). Faculdade de Educação da USP. São Paulo.

______. *A invenção do cotidiano feminino*: formação e trajetória de uma congregação católica (1880-1909). São Paulo: Annablume: Fapesp, 2014.

DINIZ, Daniela. *O Reino da Solidão*: uma etnografia da vida em clausura das monjas Carmelitas Descalças. 1995. Dissertação (Programa de Pós-Graduação em Antropologia). Universidade de Brasília.

GARCIA, Miriam Verri. *Liberdade em Clausura:* trajetórias pessoais e religiosas de monjas carmelitas descalças. 2006. 145f. Dissertação (Programa de

Pós-Graduação em Ciências da Religião). Pontifícia Universidade Católica. São Paulo.

GARCIA, Martnina M.E.G. *Recomposição da Vida Religiosa:* Estudo das relações entre indivíduo e comunidade em congregações femininas. 2006. Tese (Programa de Pós-Graduação em Ciências da Religião). Pontifícia Universidade Católica. São Paulo.

GASCHO, Maria de Loudes. *Catequistas Franciscanas:* uma antecipação do aggiornamento em Santa Catarina (1915-1965). 1998. Dissertação (mestrado em História). Centro de Filosofia e Ciências Humanas da Universidade Federal de Santa Catarina Florianópolis.

GEBARA, Ivone. Corporeidade e gênero. uma perspectiva ecofeminista. In SOCIEDADE DE TEOLOGIA E CIÊNCIAS DA RELIGIÃO. *Corporeidade e teologia.* São Paulo: Paulinas, 2005. p.99-123.

GROSSI, Mirian Pillar. Jeito de Freira: estudo antropológico sobre a vocação religiosa feminina. *Cadernos de Pesquisa.* Fundação Carlos Chagas, n. 73, maio de 1990.

LEONARDI, Paula. *Além dos Espelhos:* memórias, imagens e trabalhos de duas congregações francesas no Brasil. 2008. 269f. Tese (Programa de Pós-Graduação em Educação).USP. São Paulo.

MANOEL, Ivan A. *Igreja e Educação Feminina* (1859-1919): uma face do conservadorismo. São Paulo: Editora da Unesp, 1996.

NUNES, Maria José Rosado. *Freiras no Brasil.* In DEL PRIORE, Mary (org). *História das Mulheres no Brasil.* São Paulo: Contexto, 1997. p. 504.

______. *Vida Religiosa nos Meios Populares.* Petrópolis: Vozes, 1985.

______. O impacto do feminismo sobre o estudo das religiões. *Cadernos Pagu,* Campinas, v. 16, p.79-96, 2001

OLIVEIRA, Carlos Edinei de. *Migração e Escolarização:* História de Instituições Escolares de Tangará da Serra, Mato Grosso – Brasil (1964-1976). 2009. Tese (Doutorado em Educação). Universidade Federal de Uberlândia.

PAULA, Eustáquio Donizeti de. *Regime militar, resistência e formação de professores na Faculdade de Filosofia, Ciências e Letras Santo Tomás de Aquino em Uberaba/MG (1964-1980).* 2007. Dissertação (Mestrado em Educação). UNIUBE. Uberaba – MG.

RABELO, Giani. *Entre o Hábito e o Carvão:* Pedagogias Missionárias no Sul de Santa Catarina na Segunda Metade do Século XX. 2007. Tese (Doutorado em Educação). Programa de Pós-Graduação em Educação da UFRGS. Porto Alegre.

REZENDE, Maria Valéria Vasconcelos. *A Vida Rompendo Muros:* Carisma e Instituição – As pequenas comunidades religiosas femininas inseridas no meio popular no Nordeste. 1999. Dissertação (Mestrado em Sociologia). Universidade Federal da Paraíba. João Pessoa – PB.

ROSADO, Maria José. A história esquecida das mulheres. In CUBAS, Caroline Jaques. *Do hábito à resistência*: freiras em tempos de ditadura militar no Brasil. Rio de Janiero: Arquivo Nacional, 2018.

SARLO, Beatriz. *Tiempo Passado:* cultura de la memoria y giro subjetivo. Buenos Aires: Siglo Veintiuno, 2012.

SCOTT, Joan W. Outras reflexões sobre Gênero e Política. *Crítica Histórica.* Ano X, n.19, 2019.

SENA, Priscila Carboneri de. *Fé e Prática:* Mulheres Católicas na Resistência às Ditaduras no Brasil e Paraguai. 2010. Trabalho de Conclusão de Curso (Graduação em História). Universidade Federal de Santa Catarina. Florianópolis.

SUÁREZ, Ana Lourdes (*et al*) (orgs). Religiosas en América Latina: memorias y contextos. Buenos Aires : Universidad Católica Argentina: Instituto de Investigaciones de la Facultad de Ciencias Sociales, 2020.

TRIDAPALLI, Ramon Antonio. *A Congregação das Irmãzinhas da Imaculada Conceição e a sua ação em Santa Catarina e no Brasil (1895-1975).* 1984. Dissertação (Mestrado em História). Centro de Filosofia e Ciências Humanas da Universidade Federal de Santa Catarina. Florianópolis *Apud* CUSTÓDIO, Maria Aparecida.

Depoimento Adriana Arantes dos Santos (Adriana Veridiana)

Adriana Arantes dos Santos, ou Adriana Veridiana, como é mais conhecida, é um dos mais atuantes nomes da Comunidade Eclesial de Base Santa Veridiana, em Santa Cruz, no Rio de Janeiro. Socióloga e guarda municipal, ela também é integrante da Comissão de Pastoral Afro do Rio de Janeiro e coordenadora do grupo MariAmas, inspirado no Tambor de Crioula do Maranhão. Este depoimento de história de vida de Adriana Veridiana, concedido à Veruska Delfino, da Agência de Redes da Juventude, em agosto de 2021 no espaço Ser Cidadão, faz parte do projeto Cartas para Esperança Santa Cruz – que destacou o protagonismo de mulheres negras do bairro – realizado pela Festa Literária das Periferias (FLUP).

Meu nome é Adriana Arantes dos Santos. Eu sou filha de Francisco Arantes dos Santos e Roseli dos Santos, e neta de Maria Rodrigues dos Prazeres. Hoje, morando aqui na Zona Oeste, em Santa Cruz, Rio de Janeiro, conhecida como Adriana Veridiana. Sou uma mulher negra, periférica, favelada e da roça.

Eu venho para Santa Cruz 27 anos atrás, depois de passar por outros choques de vida, cultural e tudo, vindo da roça. Me vejo em Santa Cruz como uma grande vitória, não só para a minha pessoa, mas para a minha mãe também, que foi a conquista da casa própria. Porque nós não tínhamos nossa casa própria: ou a gente ficava de favor ou a gente morava sempre com um parente, ou alguma coisa assim. E foi quando ela foi sorteada para a casa própria dela. E aí eu venho para cá – e não era nem tão envolvida com movimentos. Quando venho morar em Santa Cruz, venho morar no Conjunto Habitacional Santa Veridiana.

Aí começa um grande processo na minha vida, que é o de conhecer o lugar, me adaptar. Eu começo a associar o meu nome... no Facebook, no meu e-mail, eu coloquei Adriana Veridiana, e ficou Adriana Veridiana. Mas também tem uma outra parte da minha vida muito importante, que foi conhecer a Comunidade Eclesial de Base Santa Veridiana, que é a CEB onde eu passei uma parte da minha vida e associou mais ainda. Então, a Adriana Veridiana vem de todo esse processo, de toda essa descoberta de vir para Santa Cruz, com essa ligação que vem do interior. Eu fui me redescobrindo em Santa Cruz. Aí vem a Adriana Veridiana.

Eu sempre falo em choque cultural. Quando venho para o Veridiana, eu morava na Cruzada São Sebastião, em uma outra periferia, na zona sul do Rio. Então, por isso que eu falo choque cultural, da diferença de tratamento, de vir da zona sul para a zona oeste, ver as diferenças e me adaptar a isso. A questão da ilusão, de vir da zona sul para a zona oeste, eu nem me ligava tanto a essa questão. Mas eu via, nas falas e nos olhares: "Ai, você vai para longe; você vai para a roça". Eu sentia o preconceito, mas eu me sentia bem com isso, porque eu era da roça. Andar a pé, isso já faz parte do meu processo. Então, eu fui me adaptando e, ao longo do tempo, conhecendo um pouquinho mais de Santa Cruz e de passar a ser filha de Santa Cruz, como Adriana Veridiana.

Não tenho como deixar de falar do meu apelido familiar. Eu não sabia falar meu nome quando criança. De Adriana, eu falava Duduana, e a minha família acabou me chamando de Dudu. Ficou. Tanto que muitas pessoas da minha família ainda me chamam de Dudu, principalmente lá no interior, em Itaperuna. E a Dudu era aquela menina levada, que corria, tomava banho de rio, subia em árvores, gostava de brincar com animais, e isso fica muito na minha memória. A memória de minha avó, eu sentada na porta da sala com ela, e ficava mexendo no braço dela.

Por volta dos meus sete anos, minha avó faz a sua passagem. Mas eu me lembro de muitas que eu passei, subindo em árvore, brincando... E aí eu passo a viver, continuando lá, com a minha tia, que é minha madrinha, também MariAma que sou.

Sempre tive contato com o Rio, porque tinha minha mãe trabalhando aqui. Mas ela vivia nos quartos de empregada. Depois minha mãe vem a ser merendeira. Então, eu sempre tive essa questão, essa luz na minha vida, de certa forma, de estar ligada à educação. Porque eu não posso deixar de falar que a educação é... principalmente na vida de uma pessoa como eu, negra, periférica, que vem da roça, e que você vai se redescobrindo. Esse espaço educacional, no qual minha mãe foi uma protagonista na minha vida e na vida de muitas outras, porque eu sou a primeira mulher formada da minha família em nível superior. Trazendo lá da minha infância para hoje, essas idas e vindas, nesses choques culturais, vivendo aqui, vivendo ali – depois eu venho para o Rio; depois volto para Itaperuna –, já cheguei a morar em Três Rios, com uma tia minha, e eu andava oito quilômetros, para estudar. Eram quatro para ir e quatro para voltar.

São histórias da minha vida que eu conto, mas eu não conto com tristeza; conto com alegria, porque fez parte do meu processo. Naquela época, eu poderia não entender, mas hoje eu entendo que tudo fez parte para que eu estivesse até aqui hoje, falando isso com você. É um crescimento, é uma luz, é uma história da menina que vem da roça, que brinca com os bichos, que brinca com os primos, que vem à luz de lamparina, que pegava seu embornalzinho, colocava seus caderninhos simples e ia para aquela escolinha lá na roça e que brincava, corria, chorava, porque não queria às vezes andar a pé. Quando tinha uma festinha no centro da cidade que iam os tios, que as pessoas iam nos levar, eu não queria andar a pé; fazia pirraça, porque eu queria colo. Toda criança faz isso.

Tudo isso está na minha memória e é importante. Por isso a importância de conversar com os mais velhos, buscar a sua história. Eu sou uma das pessoas que busco muito fazer isso. A minha infância está muito ligada à minha vida hoje, às minhas mais velhas. Antes dessa entrevista, eu poderia ter pedido licença às minhas mais velhas e às minhas antepassadas. Mas nunca é tarde. E tomar a bênção. Porque é muito importante isso. Não a bênção obrigatória, mas uma benção em forma de carinho, de amor, de luz e de dizer assim: "Muito obrigada, sou muito grata por tudo isso".

Essa mulher, essa rainha, ela se chama Maria José. É conhecida como Fia, tia Fia. Ela não tem filhos biológicos, mas ela tem, acho, que centenas de filhos de coração, de alma, de luz. Ela, na realidade, é minha tia, e veio ser minha madrinha também. Ela é irmã do meu avô, o qual eu não conheci. Mas ela tem uma trajetória de amizade e de cumplicidade com a minha avó, a qual me criou, cuidou de mim até certo ponto da minha vida. Ela é de grande importância para a nossa família, porque ela senta, orienta, acalenta. É de uma fortaleza espiritual muito grande. Quando eu não estou bem, às vezes estou conversando com ela, sinto uma paz muito grande. Ela tem uma força, ela tem uma história... não teria como eu não falar dela aqui, porque eu faço parte da história dela; ela está na minha vida. Ela lutou para encontrar a família. Teve um tempo que [ela] ficou longe. Ela cuidou de pessoas que não eram da família; foi cuidada, também. E é de uma fortaleza muito grande. Ela cuidou da gente, mesmo estado distante.

Teve um período da minha vida que eu passei por coisas relacionadas à saúde, e ela me contou que sentiu que tinha alguma coisa errada, e era o momento em que eu não estava bem. A gente estava distanciada – eu estive com ela quando eu era criança. E nessa época ela sentiu. É uma ancestralidade; é um sentir muito forte. As coisas que ela conta: as coisas da infância, as coisas da minha avó. Ela é a pessoa que me leva ao encontro da minha avó, porque ela conta como foi o casamento. Eu não existia ainda. Já existia para o Universo, mas não existia nessa história. Ela não teve oportunidade de estudar, de realizar muitos sonhos, mas salvou muitas vidas, e ainda salva. É uma longa história. Então, eu trouxe porque eu queria prestar essa homenagem a essa pessoa, a essa mulher, essa rainha, essa guerreira, essa luz. Essa é a Maria José, que tem muitas histórias a serem contadas. Eu fico emocionada, peço desculpas, mas nós somos humanos, nós somos feitos de carne, nós somos luz, nós somos parte dessa natureza; nós somos parte desse povo que tem sua história omitida; nós somos parte dessas mulheres que parem todos os dias. Eu sou parte dessa mulher que conta as suas histórias, que me faz renascer a cada dia e que diz para mim: "Minha filha, segue em frente, tenha fé, não desiste, porque é assim mesmo. Ah, minha filha, já passei por tanta coisa, você não tem noção. Cortaram meu cabelo; já fui quase escravizada... Tanta coisa". Ela foi escravizada, na realidade, abusada, desrespeitada. Mas ela está aqui, me dando força. E é viva. Ela tem 84 anos. E vale a pena conversar com ela.

A maternidade foi algo que eu decidi, vamos colocar entre aspas, um pouquinho mais tarde. Eu sempre dizia que não ia ser mãe, que eu não queria ser mãe. Mas depois eu mudei e falei: "Se até meus 30 anos eu não tiver filho, eu não vou ter". Eu conheci uma pessoa, convivi com ele um tempo e resolvemos ter um filho. E hoje está aí o Angelo. Ele tem 14 anos. Sou mãe solo, porque decidi não conviver e nem deixar que o meu filho carregasse a responsabilidade de um relacionamento que não estava dando certo. É outra parte da minha vida, que foi uma decisão muito séria, que foi decidir abrir um relacionamento grávida de três meses. Até hoje eu crio meu filho mãe solo, sem nenhum problema com isso. Porque você aprende a se libertar, você aprende a se defender. A gente vive em uma sociedade, infelizmente, sexista, machista, racista, em que a gente é apontado de todos os lados. Meu filho, eu tive vários problemas com ele, com relação até à questão da paternidade. Mas eu lido com isso. Eu sempre falo a verdade para ele e jogo limpo. Cobro bastante. Cobrar no sentido de mostrar para ele que ele tem o valor dele. O que eu não quero para mim, eu não quero para o meu filho. E ele vai ter que seguir o caminho dele. Ele usa black, e já sofreu preconceito por isso, por deixar o cabelo crescer e tudo. Porque tem os padrões, não é? Padrões que não são reais, pelo menos para a nossa vida, para a minha vida e nem para a vida dele. E ser mãe, para mim, foi uma grande descoberta; foi renascer novamente. Procuro ser parceira, não prendê-lo tanto; e vejo a necessidade de orientá-lo, porque, infelizmente, a gente vive em uma sociedade em que nossos filhos negros são alvos. Assim como eu me sinto alvo.

Por incrível que pareça, sou guarda municipal. E eu, nessa questão da segurança... querendo ou não, na parte da segurança do município, eu, enquanto mulher negra, não me sinto segura. Até para trabalhar dentro dessas áreas não é tão simples: a gente precisa rever os nossos conceitos a cada dia, a cada hora, e trabalhar isso não é fácil.

Ser mãe solo, sair para trabalhar, a preocupação com o filho, os estudos, tudo isso é uma responsabilidade muito grande. A gente é muito cobrada. Porque a gente precisa ser realista, pé no chão: ser mãe é maravilhoso, mas não é romântico assim como as pessoas falam. E a gente precisa falar sobre isso para as nossas meninas e até para as nossas mais velhas que ainda têm esse resquício de... Às vezes, a mulher que não quer ser mãe parece que é uma coisa horrível. Não. A gente tem a liberdade, nos nossos corpos e nas nossas decisões. Mas não é fácil. Eu tenho muita felicidade de ter meu filho. Eu planejei e quis tê-lo. Não deu certo ficar com o pai dele, mas estamos seguindo. Eu ensino a ele sempre a seguir em frente; perdoar, no sentido de que não precisa fazer mal a ninguém, nem ao seu pai. Se o seu pai não quis olhar para você, não quis ficar, não entendeu o processo, talvez ele tenha um processo de vida que dificulte ele entender isso. E eu penso dessa forma.

Eu acho que a grande maioria das mães tem uma preocupação. O sono nunca mais é o mesmo, realmente. Pelo menos, eu posso falar por mim. Porque é isso. Porque, infelizmente, ele ainda é alvo. Ele é alvo dessa sociedade, dessas crueldades que acontecem, das incursões nas comunidades e nas favelas. É uma preocupação que eu tenho, porque, além de ser negro, periférico, usar black – todos os "defeitos"[1] que a sociedade coloca –, ele ainda é tratado como adulto em alguns lugares que ele vai, porque as pessoas não têm a sensibilidade, às vezes, nem de olhar para o rosto. Então, são coisas que ele passa e que eu passei. Eu tenho essa preocupação com ele, sim, porque nossos jovens negros periféricos, nem precisa ser periférico. A cor da pele conta muito. Os noticiários nos apontam isso a todo o momento.

A minha genética. Eu sou uma mulher alta, sou negra, preta, mas não retinta. Minha mãe é uma negra retinta. Minha família é toda misturada. E há pouco tempo... Por que eu estou falando isso? A questão do meu pai. Eu nunca morei com meu pai. Minha mãe teve um relacionamento com ele, engravidou, porém, [foram] poucas as vezes de contato. Hoje tenho contato, falo. Mas eu sou muito... Meu jeito, esse meu jeito elétrico, de falar muito e ser agitada, aquela menina da roça, eu hoje consigo olhar e ver alguns traços meus no meu pai. Meu pai é de Miracema, então, eu costumo dizer que eu fui gerada em Miracema; nasci em Itaperuna, criada na roça. Então, esse meu jeito, as veias altas, eu sou uma mulher de mão grande, de pé grande, e eu tinha muita dificuldade de aceitar, por causa dos xingamentos, da falta de respeito comigo, porque ser alta é ser fora do padrão para uma mulher.

Falando de mim hoje, com esse processo de ser MariAma, de ser guarda, dessa loucura toda, é buscar o equilíbrio; aprender... eu sempre fui uma pessoa

1 As aspas são sinalizadas com gestos pela entrevistada.

que gostei de estudar, de conversar. Nas oportunidades que eu tive, mesmo morando na casa de outras pessoas, eu sempre coloquei na minha cabeça: "Eu quero estudar e ter a minha casa; eu quero ter a minha vida; eu não quero depender", no sentido de ficar na mão de ninguém. Então, eu comecei a me cuidar. A minha defesa foi essa. Porém, com essa genética minha, esse meu jeito... Meu pai é muito agitado. Se vocês forem a Miracema e procurarem saber quem é o senhor Mestiço, vocês vão entender um pouquinho dos meus traços genéticos.

Quando eu chego em Santa Cruz, eu já era guarda. Não, não era guarda; eu fui chamada para a Guarda [Municipal]. E aí eu nem acreditei. Porque meu primeiro emprego, vamos colocar assim, informal, foi aos 13 anos, como doméstica. Mas eu não fiquei muito tempo, porque eu vi que não era aquilo ali que eu queria para mim. Porque a trajetória das mulheres da minha família é de ser doméstica. Está ligado ainda àquele processo que vem da roça, que trabalhava para os fazendeiros; meus tios... depois cada um foi seguindo o seu rumo. Porque é importante também falar dos meus tios. Eu sou muito ligada à questão das mulheres, mas a sociedade é composta por homens e por mulheres, e nós precisamos saber que os homens também são nossos parceiros e que essa sociedade foi construída dessa forma e pode ser desconstruída.

Eu tinha feito vários outros concursos, nesse processo de estudar, de minha mãe trabalhar em escola. Cheguei a estudar no Rio, depois voltei para Itaperuna; fui para Três Rios, andando oito quilômetros. Olha a loucura! E aí comecei a juventude, adolescente, estudei e tal. Não consegui, não fiz minha faculdade, que era meu sonho. Na época, eu queria fazer Informática ou Educação Física. Era uma das coisas que eu queria fazer, Educação Física. Só que a vida foi me levando para outros caminhos e eu comecei a fazer concurso. Fiz uns dois ou três concursos, e aí fiz para a Guarda. Mas aí, morando em Santa Cruz, comecei a trabalhar em supermercado. Olha que loucura! Eu morava na Cruzada São Sebastião e fui sorteada para morar em Santa Cruz. Quando eu estou em Santa Cruz, eu vou trabalhar em uma inspetoria na zona sul. Aí começou a minha trajetória. Só que eu estudei. Eu estudava na Gávea, mesmo morando em Santa Cruz. E continuei fazendo esse trajeto. Então, eu já estava até mais ou menos acostumada. Quando eu sou chamada para a

Guarda, começo todo esse processo de trabalhar, saindo quatro horas da manhã de Santa Cruz para ir trabalhar no Leblon, ali naquelas imediações.

Estando na Comunidade Eclesial de Base já, morando em Santa Cruz, começou a minha vida de caminhada na CEB. A CEB Santa Veridiana surge em 1992 com o tema da Campanha da Fraternidade "Juventude Caminho Aberto". Minha trajetória na CEB começa no ano 2000 através de uma visita em minha casa com o saudoso Alair e sua esposa, e, assim, eu comecei a caminhar na espiritualidade libertadora. Antes de minha chegada já existiam algumas lideranças e em sua maioria mulheres. A CEB Santa Veridiana foi construída em um terreno ocupado no Conjunto Habitacional Santa Veridiana através de um mutirão. A CEB Santa Veridiana sempre atuou com círculos bíblicos, catequese, pastorais, celebrações e participações em curso de formações e eu participei de alguns cursos chamados "Curso do Rio". Assim fui aprendendo muita coisa nesses cursos, que são ecumênicos, mesmo que o protagonismo seja do catolicismo. Eu passei a fazer parte de alguns movimentos dentro da CEB, como encontro de mulheres, reuniões, atuações em festas etc. Minha principal atuação foi quando passei a participar da Pastoral Afro, na qual tive contato com os cursos ecumênicos que participei através da Liturgia Inculturada Afro e assim me tornei a primeira Coordenadora de Pastoral Afro na CEB Santa Veridiana, de 2006 até 2017.

A CEB Santa Veridiana foi construída através de mutirão e trata-se de um espaço eclesial, porém com uma forte atuação nas causas sociais e culturais com objetivo de trabalhar fé e vida, caminhando com uma leitura bíblica, geralmente com o público católico voltado para a partilha ecumênica, valorizando as experiências comunitárias. É um local que atua na prática da inclusão e diálogos inter-religiosos com abertura para discussões acerca de movimentos sociais, política, cultura, projetos, educação, rodas de conversa, dentre outros aspectos, e tudo isso aos cuidados de pessoas que ainda acreditam no verdadeiro projeto de vida para que a população marginalizada tenha vez e voz, sempre animados e animadas pela fé, independentemente de qual seja sua denominação religiosa.

Por meio da Teologia da Libertação, a CEB Santa Veridiana vem em busca de uma leitura bíblica libertadora e orientadora no que diz respeito às práticas solidárias, com abertura para o ecumenismo e valorização da classe trabalhadora. Dentre as lutas e causas da CEB Santa Veridiana estão as pastorais sociais, que vêm de encontro com a abertura para aqueles e aquelas que são desconhecidos e discriminados em alguns casos. Se tratando de uma comunidade periférica situada no bairro Santa Cruz, no Conjunto Habitacional Santa Veridiana, pode-se dizer que está à frente de seu tempo, em matéria de causas como a de gênero, Pastoral Afro, e está sempre em articulação com a cultura, sem perder a sua essência espiritual.

A CEB Santa Veridiana, mesmo diante das dificuldades, jamais desistiu de festejar e valorizar as riquezas e, por trabalhar fé e vida, nunca deixaria de dar ênfase à sua padroeira, Santa Veridiana, que em sua história lutou pelos mais pobres. Assim sendo, o maior bem da comunidade são as pessoas que ali atuam, realizando viagens, casamentos, batismos, catequese, reuniões, círculos bíblicos, retiros espirituais, novenas, celebrações, mutirões, festas, debates, rodas de conversa.

Assim, nesses 30 anos de diálogos e trocas de experiências, a CEB Santa Veridiana tem uma presença marcante das mulheres que protagonizam e fazem acontecer a maioria dos eventos. Também tem uma preocupação com a juventude e caminha em direção a uma dinâmica não excludente onde a juventude deve ter vez e voz, independentemente de sua religião, pois, em 1992, talvez não tenha sido por acaso, a Campanha da Fraternidade foi voltada para a juventude mesmo.

As práticas de uma Comunidade Eclesial de Base devem ser voltadas para o coletivismo e para além das questões religiosas em comunhão democrática, com as questões relacionadas à fé e vida em relação às práticas pastorais, sociais e culturais. Observando por esse lado pode-se dizer que as CEBs são um sinal de esperança para uma sociedade melhor, levando-se em consideração que o próprio papa Francisco nos deixou sinais referentes às retomadas e o fortalecimento das CEBs. E a CEB Santa Veridiana está aí presente na caminhada, como na canção que serve de inspiração em seu refrão: "Animados pela fé e bem certos da vitória vamos fincar nosso pé e fazer a nossa história".

Na CEB, essa trajetória minha, eu fui indo: tinha celebrações, tinha todas essas questões. Mas o crucial na minha vida foram os cursos de formações, os encontros que aconteciam. Mas, no momento ali, o meu chamado foi para a Pastoral Afro. E o que foi isso na minha vida? Foi um grande marco, porque eu comecei a me ver como uma pessoa que tinha importância no espaço da Igreja e que poderia mostrar esse meu lado. Eu falo muito do axé, da luz, das linguagens, e a gente fala: "Ah, mas é propriedade de...". Não, não é propriedade; é nosso, é a nossa cultura, é a nossa raiz. Por que eu não posso desejar uma luz, uma alegria? Porque eu tenho o axé como uma grande luz, uma grande festa, um cumprimento, como se fosse o amém. As pessoas falam aleluia, amém e tudo, e por que a gente não pode falar o axé? Porque vem de matrizes muitas das vezes marginalizadas. Isso é triste. E não se sabe que marginalizado vem das margens, mas é esse povo que trabalhou, que lutou para a gente conseguir estar aqui hoje, fazendo alguns trabalhos e estar na luta contra o racismo, contra o racismo na Igreja.

Não foi um processo fácil, porque você sofre rejeição; as pessoas não entendem e levam até para o lado do pecado e tudo. Mas foi crucial na minha vida. E através da pastoral foi que surgiu As MariAmas.

O coletivo As MariAmas surgiu em 2008, em uma festa cultural realizada pela CEB Santa Veridiana. A Pastoral Afro resolveu apresentar alguma atração para a festa onde o tema falava a respeito da região Nordeste, daí a ideia de apresentar uma dança típica da região com ênfase na questão afrobrasileira. Pesquisamos algo a respeito do Tambor de Crioula do Maranhão e apresentamos uma dança muito bonita e divertida, que acabou agradando muito o presente. Antes o grupo se chamava Tambor de Crioula, mas resolvemos substituir por MariAma, que significa mulher que ama ou Maria que ama, por se idealizado e realizado por mulheres da comunidade e também por se tratar de um grupo inspirado e não sendo o verdadeiro Tambor de Crioula. Assim ficamos com uma maior liberdade para apresentar outras danças que valorizam a cultura afro e também a cultura popular brasileira.

O coletivo MariAma valoriza a cultura afro, porém estamos abertas a dialogar e construir com outras culturas e etnias sem que haja exclusão e discriminação por parte do grupo. Nosso objetivo é a participação na sociedade com ênfase na cultura afro, valorizando as riquezas culturais existentes nas periferias com roda de conversa, dinâmicas e, principalmente, levar alegria e descontração pelo movimento do corpo e de todo nosso colorido, levando nosso axé para quem quiser.

Somos livres para realizar nossas apresentações dentro de nossas possibilidades e todos e todas que queiram fazer parte serão sempre bem vindos e bem vindas, pois somos mulheres e homens no processo de construção de uma sociedade melhor. Não há uma idade específica para atuar no grupo. Somos amadores desde a criação do grupo, que vem de 7 de agosto de 2008. Hoje nós celebramos nosso aniversário no início da primavera, data escolhida para que possamos girar nossas saias coloridas e floridas, fazendo alusão à chegada da estação das flores.

Então, nessa minha trajetória, eu sempre gostei muito de buscar mais, de estudar, de ler e estar aprendendo mesmo, ouvindo, estando atenta. As pessoas começam a te envolver, te chamam para um evento e para outro, e eu vi que tinha a Conferência de Política para as Mulheres. Foi outro marco na minha vida. Eu fui vendo as lutas, as questões raciais, a questão da mulher, a questão dos nossos direitos, e aí fui me redescobrir mais ainda, enquanto mulher negra; fui me empoderando, olhando para a Adriana e para o meu passado, para tudo aquilo que eu estava fazendo. Essa trajetória de ser guarda, de estar na CEB, de estar com as MariAmas se misturaram em um mesmo momento.

Ser referência é ser grata; ser referência é ser MariAma; ser referência é ser Maria que ama, mulher que ama. Nós somos um movimento circular, um movimento de mulheres, um movimento de mulheres que botam as suas saias, que vão em escola, que fazem fala. Eu fui fazendo curso e me aperfeiçoando, buscando ajuda. Hoje, performista, contadora de história, e vou trazendo isso para a nossa realidade.

E Santa Cruz é engraçado. Meu nome foi associado ao nome de uma santa. Para quem não conhece a história de Santa Veridiana, ela abriu mão de seus bens para partilhar. Santa Cruz significa, para mim, uma grande partilha, um grande momento e redescoberta da minha vida, de quem eu sou e de quem eu ainda posso ser, de quanto eu ainda posso me transformar e de quanto essa transformação pode transformar outras pessoas. Para Santa Cruz, eu sou o fruto, eu sou semente, e vou repetir uma frase que eu falei há poucos dias: eu sou erva, eu sou planta, eu sou flor, mesmo que precise usar os espinhos de vez em quando, mas eu broto da pedra. Axé.

PARTE 2.

ECUMENISMO E MUNDOS DO TRABALHO

O ecumenismo na America Latina durante as ditaduras militares e a presença de Jaime Wright: eu sou porque nós somos[1]

Evanize Sydow[2]

O presente artigo[3] busca trazer uma abordagem histórica sobre as relações ecumênicas de igrejas do Brasil; e um breve histórico de alguns dos personagens atuantes nesse tema, em especial nos anos de ditadura militar na América Latina, quando o ecumenismo fortaleceu o movimento de apoio aos perseguidos políticos no âmbito das igrejas progressistas. Abordará a formação e importância de algumas das redes de solidariedade que se formaram a partir das articulações religiosas e da sociedade entre os anos 1950 e 1980, e um dos casos exemplares de como essa teia de apoio produzia resultados: o do preso político paraguaio Guillermo Escolástico Ovando. A presença e

1 O presente trabalho foi realizado com apoio da Coordenação de Aperfeiçoamento de Pessoal de Nível Superior - Brasil (CAPES) - Código de Financiamento 001.

2 Evanize Sydow é doutoranda em História, Bens Culturais e Projetos Sociais (FGV CPDOC) e atualmente faz período sanduíche na Brown University, nos Estados Unidos, sob supervisão do professor James Green, estudando a trajetória do pastor presbiteriano Jaime Wright e as redes de solidariedade construídas na América Latina durante as ditaduras militares (bolsa Capes PrInt). É mestre em História Contemporânea pela FGV CPDOC. É autora das biografias *Dom Paulo, um homem amado e perseguido* (Editora Expressão Popular) e *Frei Betto: biografia* (Editora Civilização Brasileira), finalista do Prêmio Jabuti 2017.

3 Partes deste artigo compõem a íntegra da minha tese de doutorado, *Jaime Wright e a Teologia das Brechas - Biografia do pastor presbiteriano responsável por redes de solidariedade ligadas a igrejas progressistas nas ditaduras militares da América Latina*, que estou desenvolvendo na FGV CPDOC, sob a orientação do professor Américo Oscar Guichard Freire.

atuação do pastor presbiteriano Jaime Wright perpassará todos esses temas, reconhecendo o peso de seu trabalho sobre o trinômio comunicador-articulador-teólogo das brechas.

"Na luta pela justiça, aprendemos que a solidariedade não tem fronteiras – nem geográficas, nem ideológicas, nem linguísticas, nem políticas, nem raciais, nem sexuais, nem religiosas. E que entre os riscos que precisam ser tomados para demonstrar solidariedade está a contestação do conceito de que a segurança nacional deve prevalecer acima das preocupações humanitárias."

Com esta reflexão, Jaime Wright agradeceu por ter sido agraciado com o título de doutor *honoris causa* pela Universidade de Dubuque, nos Estados Unidos, em 1988. A forma como Jaime entendia o ecumenismo passava, necessariamente, pela ação prática. A "solidariedade sem fronteiras", que ele menciona, foi a tônica de sua atuação ao longo do seu trabalho entre os anos de 1960 a 1999, quando faleceu. Jaime estabeleceu um eficiente trânsito internacional e a sua capacidade de articulação de redes fez com que a sua participação fosse fundamental em iniciativas ecumênicas estratégicas, especialmente durante as ditaduras militares na América Latina.

Jaime tornou-se conhecido como bispo-auxiliar honorário de dom Paulo Evaristo Arns, encarregado de direitos humanos e relações internacionais, tamanha a aproximação que o pastor presbiteriano tinha com o cardeal da Igreja de São Paulo. Ele costumava dizer que esse era uma fato inédito. Com seu amplo trânsito internacional, especialmente nos Estados Unidos e na Europa, tendo em vista sua proximidade com o Conselho Mundial de Igrejas, Jaime tornou-se eficiente em relações internacionais não apenas para denunciar a situação brasileira, mas de outros países, como Argentina, Chile, Uruguai e Paraguai. Era considerado uma ponte com a Igreja progressista do Brasil por militantes dos direitos humanos nestes lugares. Ele passou a se envolver diretamente no trabalho de apoio aos refugiados, por meio da Comissão Arquidiocesana de Pastoral dos Direitos Humanos e Marginalizados de São Paulo e era quem conseguia boa parte do recurso financeiro necessário para a ajuda aos latino-americanos em São Paulo, pelos seus contatos com organismos de cooperação internacional. Além disso, quando não era ele mesmo o foco dos convites para ajudar a criar estratégias de apoio a militantes políticos, Jaime era quem representava o cardeal em boa parte das vezes em que era solicitado apoio para casos mais extremos de perseguições nos países vizinhos.

Foi assim, por exemplo, no caso de Guilhermo Escolástico Ovando, que já havia cumprido 21 anos de prisão no Paraguai, apesar de ter sido condenado a 15 e sendo de 20 anos de reclusão a pena máxima permitida pela lei paraguaia. Em dezembro de 1983, Jaime foi a Asunción acompanhado por Charles Harper, pastor, amigo de longa data que ocupava o cargo de diretor do Programa de Recursos para Direitos Humanos para a América Latina no Conselho Mundial de Igrejas, para entregar uma carta de solidariedade do cardeal Arns à esposa de Ovando, Sofía Torres, e tentar sensibilizar o governo a respeito do caso de Escolástico Ovando.

Harper sublinhava nas reuniões que fizeram no Paraguai que sua presença era para levar a representação das Igrejas em âmbito mundial ao caso. Ovando estava havia 25 dias em greve de fome quando Wright e Harper o visitaram. Na viagem, à imprensa, Jaime dizia que "ceder e tornar-se flexível não é jamais, não deve jamais ser tomado como sinal de fraqueza, mas sim de força; porque somente os fortes podem ceder algo".[4] Oscar, um dos filhos de Ovando, refletiu junto a Wright e Harper: "Esperamos que com a visita de vocês isto possa ter transcendência mundial porque, como se sabe aqui, dentro do país o limite se acabou. Pedindo justiça estamos todos os dias, mas esta justiça não se vê. Com a vista de vocês, esperamos que o meu pai esteja conosco na festa de Natal."[5]

Charles Harper, em parceria com Wright, alertava que o caso seria denunciado em âmbito internacional. "Vamos levar relatórios dos familiares de Ovando para várias instâncias internacionais que estão por dentro do caso, para que saibam de sua situação atual, de sua saúde, de sua situação carcerária."[6] Wright chegou a assinalar em entrevista ao jornal paraguaio *ABC Color*: "Te digo com segurança que hoje pessoas de todos os países do mundo estão pressionando por meio de telegramas ao presidente e ao ministro do interior daqui. Estão vindo milhares de telegramas de vários países, de várias entidades religiosas, civis, sindicais. Tudo para fazer com que o governo paraguaio

4 Jornal ABC Color, 09/12/1983.

5 *Idem.*

6 Ib.

veja que a comunidade internacional está escandalizada com esse assunto, de uma pessoa que cumpriu sua sentença e tem que esperar quem sabe quanto tempo para receber sua liberdade."

Junto com o amigo, Jaime utilizou-se da estratégia que o acompanhou a vida inteira para pressionar o governo paraguaio: concedeu uma série de entrevistas para veículos de comunicação de várias origens, no Paraguai, no Brasil e nos Estados Unidos; escreveu artigos e ajudou a desencadear o movimento que levou à libertação de Ovando em 1984.

A estratégia de levar a carta de dom Paulo para Sofía Ovando em Asunción e chamar a atenção dos meios de comunicação para o caso repercutiu na imprensa paraguaia. A carta foi publicada na íntegra, em página inteira, no jornal *ABC Color*, com direito a foto de Wright entregando a carta para Sofía. Por outro lado, o jornal *Patria*, do partido do governo, fez duras críticas ao cardeal de São Paulo. "O cardeal Arns cometeu o mesmo erro fanático de um ataque indiscriminado e irracional, ao invés de apelar ao único digno e possível: a invocação não da justa condenação já cumprida, mas sim da regeneração do condenado pela aceitação da justiça do castigo."[7]

Wright e Harper foram a Asunción munidos de vasta documentação. O arquivo pessoal de Jaime sobre esse assunto inclui ofícios e relatórios – alguns confidenciais – que tratam do drama de Ovando. São cartas do Comite de Iglesias para Ayudas de Emergencia, assinadas pelo padre José María Blanch, com dados sobre a situação de direitos humanos no Paraguai; um "dossiê especial sobre o caso Escolastico Ovando" da Asociación de Abogados Latinoamericanos por la Defensa de los Derechos Humanos; cópias de ofícios da Anistia Internacional para o presidente do Paraguai à época, Alfredo Stroessner, denunciando a greve de fome de Ovando e outros presos; carta de apelo do Instituto de Estudios Politicos para America Latina e Africa, para Charles Harper "con el ruego de que El Consejo se interesse por la situación de dichos presos e interceda por su amnistía";[8] notas confidenciais feitas por membros do Comitê de Igrejas para difundir informações entre os amigos da instituição; além de uma série de reportagens.

7 Citado em *Clamor*, dezembro de 1983, no. 15.

8 Carta del Comite Ejecutivo de Iepala, 16/12/1983.

Jaime encontrou-se com o arcebispo de Assuncão e aproveitou para jogar a isca: "Eu gostaria de levar de volta ao Brasil um convite do senhor para que dom Paulo venha aqui fazer uma visita." Assustado, o religioso paraguaio enviou o convite. No dia seguinte à sua chegada ao Brasil, ao informar ao cardeal de São Paulo sobre o convite da Igreja de Assuncão, dom Paulo, sozinho, pegou um avião para o país vizinho. Figura conhecida que era, ao passar pelo balcão da companhia aérea, foi reconhecido e logo chegou ao Paraguai a notícia de que o cardeal Arns estava a caminho de Assuncão. "Ao chegar no aeroporto, já tinha tapete vermelho e autoridades para recebê-lo. Dom Paulo disse 'estou aqui para conhecer os presos políticos que estão sofrendo em tal lugar, há tantos presos... Nós tínhamos os dados e essas notícias não tinham saído na imprensa; era a primeira vez que um cardeal visitava o Paraguai, por incrível que pareça. Então, a imprensa se aproveitou da ocasião para divulgar, pela primeira vez, a situação dos presos. A cadeia era a Emboscada."[9]

Na visita, dom Paulo pediu uma lista com os nomes dos presos e o governo paraguaio prometeu entregar, mas não cumpriu. Dom Paulo, com a ajuda de Jaime, então, resolver denunciar. Sentindo a pressão da igreja de São Paulo e das embaixadas americana e alemã, com a repercussão negativa na imprensa, o cárcere Emboscada foi fechado. Ovando foi libertado. Essa era a forma que Jaime melhor entendia o ecumenismo: a solidariedade em acões concretas.

O perfil de Jaime Wright e a influência de Richard Shaull

O perfil[10] de Jaime Wright disponível no acervo da Igreja Presbiteriana dos Estados Unidos na década de 1980, que circulava nos relatórios e entre os membros da instituição, foi escrito por ele mesmo, ainda que se apresente em terceira pessoa. As informações davam conta de que ele foi nomeado em 1950 pela antiga Junta de Missões Estrangeiras da Igreja Presbiteriana dos EUA e designado para o Brasil, e que serviu a Igreja como educador, pastor, evangelista, jornalista, administrador e líder nas áreas de relações ecumênicas e obras humanas. Aos 24 anos tornou-se diretor do Instituto Ponte Nova, instituição

9 Entrevista de Jaime Wright à autora, outubro, 1997.

10 Documento disponível no *Presbyterian Historical Society – The National Archives of the PCUSA*, Filadélfia, EUA.

de formação de professores de escolas públicas do Estado da Bahia, cargo que ocupou até 1960.

Em 1961, após integrar uma equipe internacional que pesquisou 13 instituições de ensino presbiterianas do Brasil e de trabalhar como executivo interino no Brasil para a UPCUSA (Igreja Presbiteriana Unida dos Estados Unidos), Jaime organizou uma nova igreja em Sobradinho, cidade satélite de Brasília, entre 1962 e 1963. Em 1964 atuou novamente como executivo da UPCUSA no Brasil, especificamente na cidade de São Paulo. No ano seguinte ele retornou ao trabalho pastoral, com o objetivo de organizar um presbitério no Vale do Rio São Francisco. No final de 1968, quando retornou a São Paulo, quatro grandes campos missionários foram consolidados em um novo presbitério e integrados à Igreja Presbiteriana do Brasil. Atuou como executivo da Missão Brasil Central entre 1969 e 1978, pessoa jurídica no Brasil que administrava os bens da Igreja Presbiteriana Unida nos Estados Unidos, que tinha sede em Nova York. "Durante este período", escrevia ele em seu perfil, "conseguiu completar a transferência de todas as instituições, projetos e propriedades da Missão para grupos brasileiros responsáveis, ficando sem emprego pela quarta vez".

Ainda segundo o perfil, como jornalista credenciado no Brasil, Jim participou ativamente e reportou assuntos cívicos, escrevendo muitos artigos para periódicos brasileiros, latino-americanos e norte-americanos. Fez inúmeras traduções para o português, incluindo um livro sobre João Calvino e o documento "Repressão contra a Igreja no Brasil". Suas atividades eclesiásticas também incluíram ser presidente da Missão Brasil Central e do Conselho Inter-Presbiteriano, bem como vice-presidente da primeira associação ministerial de Brasília. Ele foi fundamental na organização de dois grupos ecumênicos: a Comissão de Serviço Ecumênico (CESE) e o Instituto para o Estudo da Religião (ISER). Era o único protestante na Comissão de Direitos Humanos da Arquidiocese de São Paulo.

Filho de pais missionários, Jim era cidadão brasileiro e serviu no exército brasileiro. Ele fez a maior parte de seu trabalho de graduação em instituições brasileiras, mas se formou no College of the Ozarks, Clarksville, Arkansas, e no Princeton Theological Seminary, Princeton, New Jersey. Em ambas as instituições foi eleito presidente do corpo discente. Em 1950 casou-se com Alma Jane Cole, de East Stroudsburg, Pensilvânia, graduada em 1949 pelo Seminário

Teológico de Princeton. Eles teve cinco filhos, todos cidadãos e residentes no Brasil. Jim também era membro do Presbitério do Arkansas (União).

O perfil era um pálido retrato do que Jaime representava, na verdade, para a Igreja Presbiteriana e o ecumenismo naqueles anos. Enfatizando em seu perfil o vínculo com o Brasil e suas instituicões, ainda que filho de missionários americanos, ele não mencionava que, aos 25 anos, em 1952, aproximou-se do missionário Richard Shaull, que trazia ao Brasil a Teologia do Evangelho Social, e de Rubem Alves, que vem a se tornar um dos principais nomes do protestantismo brasileiro. Jaime se acerca de uma linha mais progressista de Igreja desde os primórdios de sua atuação como pastor, já pelos idos dos anos 1950.

Ouso dizer que Jaime Wright se deixou tomar por completo diante da teologia protestante ecumênica trazida por Richard Shaull, e esse conceito moldou o modo de pensar do jovem pastor brasileiro para sempre.

Shaull chegou ao Brasil naquele início dos nos 1950, "após um período de estudos no Union Theological Seminary de Nova Iorque, em que se dedicou às relações entre marxismo e fé cristã" (HUFF JUNIOR, 2009). Em agosto de 1952 foi realizada no Brasil uma reunião latino-americana da Federação Mundial Cristã de Estudantes, e Shaull foi um dos principais conferencistas. O contato com este teólogo libertário fez com que jovens protestantes da América Latina, como Rubem Alves e Julio de Santa Ana, se encantassem por seu olhar amplo e ecumênico diante das possibilidades de ação na Igreja. Jaime foi um deles. À época, ele atuava como educador e pastor no interior da Bahia e as ideias de Shaull, à frente de sua época, chegaram como um incentivo aos desafios da fé cristã.

O uruguaio Julio de Santa Ana estava presente à reunião e deslumbrou-se com o que ouviu de Shaull: "Para nós, jovens estudantes de teologia, foi o deslumbramento. De repente, compreendíamos o que estávamos pressentindo, aquilo que até então não havíamos chegado a ver claramente: nossa avidez pela teologia não podia ser satisfeita somente com a leitura da Bíblia e dos textos de grandes teólogos, mas sim também requeria a participação na história, com todas as suas tensões e com todos os perigos que ela pressupõe."[11] Santa Ana observa que hoje não se coloca em dúvida, do ponto de vis-

11 SANTA ANA, Julio. A Richard Shaull: teólogo e pioneiro ecumênico – um testemunho reconhecido. In: De dentro do furacão: Richard Shaull e os primórdios da Teologia da

ta teórico, essa afirmação em torno da compreensão do primado da prática. "Naquele tempo, porém, essa insistência parecia ser inadequada, impertinente. Era um período no qual a metafísica contava na formação teológica. As ideias que vinham 'de cima' eram mais importantes do que as que surgiam do confronto com a prática. Shaull insistiu em que, do mesmo modo como para 'falar-Deus' devíamos estar participando em nossa situação histórica, assim era, a partir da prática de cada um, que podíamos referir-nos à matéria que conhecemos. Ou seja, que mais importante que as ideias abstratas e que toda a teoria que possamos acumular é nossa vivência, o que aprendemos a partir de nossa ação" (SANTA ANA, 1985).

Ao estudar Shaull, é possível entender como Wright – e outros de sua geração – passou a questionar o seu papel como religioso e como essa influência formou a teologia das brechas na maneira de agir de Wright. Mais adiante abordarei a ideia de teologia das brechas, da qual Wright sempre se utilizava para ajudar a descrever suas ações, especialmente no âmbito dos direitos humanos. Jovelino Ramos, que foi aluno de Shaull no Seminário Teológico de Campinas a partir de 1953, nos ajuda a entender esse conceito:

> A fronteira, a busca, o impacto da descoberta, a mensagem dos fatos, relações comunitárias, novas possibilidades, o problema real, a questão fundamental, a dimensão existencial, as rápidas transformações sociais, a missão da Igreja e outros eram temas constantes das vigorosas reflexões do Shaull. Os temas revelavam o caráter do teólogo e do scholar que estava sempre à procura do além do comum e sempre encorajando os discípulos a caminhar lado a lado com ele explorando novas formas de "testemunho dos poderosos atos redentores de Deus na história dos nossos dias". Participar dos fatos, discernir e interpretar criativamente os eventos, atuar criativamente desvendando alternativas eram e continuam sendo as marcas do apostolado do Shaull.
>
> [...] Quantas vezes o ouvimos dizer que, como cristãos, não podemos viver em isolamento. "Como cristãos somos membros uns dos outros." "Como cristãos não conseguimos nem mesmo pensar sozi-

---

Libertação. Coleção Protestantismo e Libertação. São Paulo: Sagarana, CEDI, CLAI, Progr. Ec. De Pós-Grad. Em Ciências da Relig., 1985.

> nhos." "Como cristãos, se não formos capazes de ouvir, entender e levar a sério a mensagem que nos vem de outros contextos de vida, estaremos sendo infiéis ao chamado da Graça."[12]

Esse vínculo com o social trouxe consequências concretas para Jaime dentro da historicamente conservadora Igreja Presbiteriana do Brasil (IPB). A relação entre eles era conflituosa e isso fez com que Jaime abandonasse a IPB em 1968 para não mais voltar. A IPB e alguns de seus membros perseguem Jaime Wright efetivamente. Como nos mostra Valdir González Paixão Júnior, em correspondência de 28 de fevereiro de 1971 o secretário executivo da IPB, Fuad Miguel, pede à Comissão Executiva do Supremo Concílio a substituição de Jaime e de outros missionários, como Carl Joseph Hahn Jr., Paul Pierson e Charles Harken – missionários da Missão Presbiteriana Brasil Central e membros da Comissão de Missão e Relações Ecumênicas da Igreja Presbiteriana Unida dos Estados Unidos (Coemar) – dos campos do Brasil.[13]

Membros da IPB – assim como ocorria em outras igrejas, como veremos o caso do jovem militante metodista Anivaldo Padilha – denunciaram Jaime aos militares brasileiros por diversas vezes. Ele chegou a ouvir de um delegado que não levava a sério as denúncias que protestantes faziam de protestantes porque esses "tinham problemas em suas igrejas e vem aqui denunciar para a gente resolver esses problemas que eles tem lá dentro". Sobre essa situação, Jaime dizia:[14]

> [...] fui contemplado com várias denúncias feitas pelos companheiros deles [Boanerges e aqueles que diretamente estavam relacionados a ele] e isso eu tenho de fonte muito limpa, porque um amigo que eu tive durante muito tempo foi o Coronel Teodoro de Almeida

12 RAMOS, Jovelino. "Você não conhece o Shaull." In: De dentro do furacão: Richard Shaull e os primórdios da Teologia da Libertação. Coleção Protestantismo e Libertação. São Paulo: Sagarana, CEDI, CLAI, Progr. Ec. De Pós-Grad. Em Ciências da Relig., 1985.

13 PAIXÃO JÚNIOR, Valdir Gonzalez. Poder, memória e repressão: a Igreja Presbiteriana do Brasil no período da ditadura militar (1966-1978). Revista Interdisciplinar de Direitos Humanos, Bauru, v.2, n. 2, p. 20-40, jun. 2014.

14 PAIXÃO JÚNIOR, Valdir Gonzalez. Poder, memória e repressão: a Igreja Presbiteriana do Brasil no período da ditadura militar (1966-1978). Revista Interdisciplinar de Direitos Humanos, Bauru, v.2, n. 2, p. 20-40, jun. 2014.

> (Pupo) que por sua vez tinha um cunhado Coronel, também. [...] Coronel [Renato] Guimarães. E o Coronel Guimarães, claro, passava as notícias para o cunhado, Coronel Pupo, e eu ficava sabendo de antemão dos planos, as estratégias da IPB com relação à repressão, a tentativa da repressão da Missão Presbiteriana Brasil Central, e as denúncias que eles pretendiam fazer. Razão porque, nesse período, eu preparei um dossiê com o nome de todos os membros da Missão Presbiteriana, com os seus RGs, os seus endereços, e fui quase de porta em porta, nas agências de repressão oferecendo uma cópia, me apresentando, dizendo que eu era responsável por este grupo e que eu sabia das denúncias que estavam sendo feitas contra mim e contra a Missão Presbiteriana. E, as denúncias eram feitas, mais ou menos, no seguinte estilo: eles sempre faziam questão de dizer que: "Jaime Wright não é da nossa Igreja Presbiteriana, ele é de outra Igreja Presbiteriana, é de uma Igreja Americana ecumenista – e, eles usavam o tom pejorativo para falar de ecumenismo; é membro do Conselho Mundial de Igrejas – que, notoriamente, é um órgão subversivo; e que, sendo esta Igreja membro do Conselho Mundial de Igrejas e, Jaime Wright sendo membro desta igreja, Jaime Wright, então, é, também, subversivo e perigoso. Era mais ou menos este estilo que eles usavam para me denunciar. Quem me falou especificamente sobre isso foi o delegado titular do DOPS, em São Paulo, que eu fui visitar, levar um dossiê. A conversa saiu que ele era "mackenzista" e ele me contou das tentativas periódicas, no Mackenzie, de reprimir pessoas, professores, estudantes (Entrevista, 26 mar. 1999).

Desde quando passou a morar em São Paulo, nos idos dos anos 1960, Jaime passa a promover ações ecumênicas, acreditando que o diálogo entre as religiões fortalecia a atuação das Igrejas em ocasiões como a situação de repressão que o Brasil passou a viver com a deflagração do golpe militar de 1964. Nessa época, seu irmão Paulo Stuart Wright já havia sido eleito deputado pelo Partido Social Progressista (PSP) em Santa Catarina. Era um dos principais líderes da Ação Popular. Paulo passa a ser perseguido e, em setembro de 1973, depois de sair da casa de uma amiga para um encontro na estação da Luz, em São Paulo, não mandou mais notícias. Jaime recebeu telefonemas anônimos dizendo que seu irmão estava morto. Um amigo de Paulo, que havia estado com o deputado pouco antes da prisão – e que também foi preso no mesmo dia e levado para o DOI-Codi –, encontrou, na sala de tortura, a blusa que Paulo vestia. Preso, torturado e morto pela ditadura militar, Paulo Wright torna-se um dos desaparecidos políticos até os dias atuais.[15]

A tragédia pessoal transforma a vida de Jaime, que lança mão de todos os contatos internacionais agregados com a atuação dentro da igreja dos Estados Unidos. Mas mais que isso: ele amplia essa rede para a Europa e, no Brasil, seu foco é a Igreja Católica, em especial a figura de dom Paulo Evaristo Arns, conhecida autoridade da Igreja de São Paulo que atuava em apoio aos perseguidos políticos, denunciando torturas e prisões arbitrárias. O apoio do cardeal Arns para localizar o irmão desaparecido se fortalece neste momento e vai marcar a história de ambos, com posterior realização de projetos como o *Brasil: Nunca Mais*, maior dossiê do que foi a ditadura militar no Brasil de 1964 a 1985.

A ditadura bate à porta: protestantes como perseguidos políticos

O processo de reflexão e discussão sobre a situação político-social do Brasil em meados dos anos 1950 fez com que muitos jovens protestantes acompanhassem eventos como o suicídio de Getúlio Vargas, a tentativa de golpe em seguida para impedir a posse do presidente Juscelino Kubitschek (JK) e a campanha anticomunista dos órgãos de imprensa contra JK, com acusações de corrupção. Tudo isso reverberava dentro das igrejas e aquecia os movimentos políticos que envolviam os jovens protestantes. Esse cenário também levava a juventude a querer participar desses coletivos. Foi assim com diversos nomes que, tempos depois, virão se tornar figuras fundamentais para a história da resistência à ditadura militar no Brasil de 1964 a 1985.

Um deles é Anivaldo Padilha. Em 1958, aos 18 anos, "Niva", como é conhecido pelos amigos, passou a participar ativamente de encontros regionais e nacionais do Movimento da Juventude Metodista e logo depois tornou-se

15 SYDOW, Evanize; FERRI, Marilda. *Dom Paulo Evaristo Arns* – Um homem amado e perseguido. Petrópolis: Vozes, 1999.

um de seus principais líderes. Esse período coincide com um processo de articulação das igrejas protestantes coordenado pela Confederação Evangélica do Brasil. Tratava-se de uma iniciativa das igrejas protestantes criada na década de 1930, buscando aglutinar as igrejas para ações conjuntas, principalmente na área de educação e assistência social. Não era um movimento progressista, mas com o objetivo também de autodefesa de alguns interesses, principalmente o da liberdade religiosa.[16] "A Confederação criou nessa época, na década de 1950, um setor denominado 'Setor de Responsabilidade Social da Igreja', para promover entre as igrejas uma reflexão sobre o papel delas no Brasil. Porque é importante entender que, até aquele momento, as igrejas protestantes eram guetos, uma mentalidade de minoria, e com muito pouco diálogo com a cultura brasileira", reflete Anivaldo.

A Confederação organizou seminários e cursos sobre a realidade brasileira, e abarcava um departamento que atuava especificamente junto aos jovens das igrejas. Nesse contexto, a instituição passou a promover conferências nacionais com reflexões bíblico-teológicas sobre a missão e a responsabilidade social da Igreja, e a focar sua ação na juventude. Interessante observar como aquele movimento despertou os jovens para a necessidade de uma consciência de responsabilidade social.

> Hoje se falaria em consciência cidadã. Começamos a questionar que, na medida que fazíamos esse trabalho mais assistencialista, distribuição de alimentos, de roupas, começamos a perceber que precisávamos entender, e não simplesmente ajudar os pobres. Mas saber o por que da pobreza, o por que do Brasil ser tão desigual quanto era, e continua sendo. Os mais jovens da minha geração na igreja metodista começamos a questionar a postura da igreja em relação aos problemas sociais. Por exemplo, perceber que a ênfase no assistencialismo, na caridade, era uma falta de compreensão do que deveria ser o amor ao próximo. Havia uma distorção naquilo que deveria ser o amor ao próximo. Havia também uma ênfase na ética individual, no comportamento moral. O jovem metodista, o jovem protestante era aquele que não bebia, não fumava, não dançava, uma coisa totalmente negativa. Questionamos bastante isso

16 Entrevista de Anivaldo Padilha à autora, 27/3/2019.

> e começamos a perceber que esse moralismo, na verdade, era uma falta de compreensão da ética. Não a ética como um comportamento individual, mas uma ética que era uma busca de discernimento entre o que era justo ou injusto. Que nos levava então até uma ética social. Outra coisa que era muito enfatizado, que o jovem deveria ser cumpridor da lei, da ordem. Não podia fazer bagunça, não podia transgredir nada. Nós questionamos isso e vimos que realmente o legalismo, que era ênfase da igreja, de obedecer as autoridades, por exemplo, era um legalismo de falta de compreensão do senso de justiça. Então esses três aspectos que eram, digamos, pilares da igreja, a ética individual, o assistencialismo e o legalismo, passaram a ser questionados por nós. E foi a partir daí que começamos a aprofundar nossos estudos sobre a compreensão da realidade brasileira, e que nos levou a assumir posturas mais, digamos, totalmente progressistas a partir dos anos 1960. Claro, isso não foi um processo fácil e nem tranquilo, com muito conflito interno na igreja. E também não foi isolado com os jovens, mas também com outros setores na igreja. Mas que teve na juventude tanto leiga quanto clériga, jovens pastores, seus principais promotores.[17]

Foi assim que Anivaldo passou a acompanhar de perto, por exemplo, a emergência e o fortalecimento das Ligas Camponesas, a luta sindical e o movimento de defesa do aprofundamento da democracia no Brasil, além das reformas de base que depois foram propostas no governo de João Goulart. Richard Shaull também foi grande influência para Anivaldo: "Além de teólogo, ele era um excelente professor no sentido de provocar. Ele não dava aula, eu nunca fui aluno dele, mas ele realmente procurava incentivar e extrair de seus, digamos, entre aspas, discípulos o que de melhor eles tinham. Como desenvolver uma consciência critica. O Shaull nos ajudou bastante, inclusive naquele momento de toda a reflexão sobre a revolução, por exemplo. Estava na ordem do dia a discussão sobre a revolução na América Latina. Ele ajudou bastante a fazer essa reflexão, a desenvolver quase que uma teologia da revolução." Além disso, o jovem metodista foi especialmente impactado pela Revolução Cubana em 1959.

17 Entrevista de Anivaldo Padinha à autora, 27/3/2019.

> O impacto da revolução foi muito grande, não só no sentido de despertar muita gente, mas naquele momento a gente já tinha consciência do papel negativo dos Estados Unidos no Brasil, das intervenções na América Latina. Do papel das empresas americanas aqui, também as europeias, mas principalmente as americanas. Quando acontece a Revolução Cubana, a gente reflete que, se um país tão pequeno, pobre, minúsculo tem condições de desafiar o grande império, nós também temos. Ali começa um processo rápido de conscientização e de efervescência política, inclusive dentro da Igreja. A Revolução Cubana teve um impacto muito grande nas igrejas, porque pouco depois da tomada de poder, e principalmente quando os Estados Unidos começam a fazer o cerco contra Cuba, até antes da revolução se declarar em caráter socialista, as igrejas... a católica se colocou totalmente contrária à Revolução Cubana naquele momento.
>
> Já as igrejas protestantes se dividiram. Não tenho os percentuais, mas sei que uma grande parte de pastores e padres saíram de Cuba. Os pastores foram para os Estados Unidos e os padres, para outros países da região. As lideranças protestantes e evangélicas que ficaram na ilha continuaram mantendo contato com outras igrejas da América Latina. Inclusive, lembro que, naquele período, dois cubanos líderes da igreja, e um deles médico, estiveram no Brasil, acho que em 1961 ou 1962, e sentamos para conversar muito com eles sobre a Revolução Cubana. Então, para nós não houve, vamos dizer, um abalo com relação à perseguição das igrejas. O discurso que começamos a ouvir das igrejas lá – que eram contra a revolução – é que a revolução tinha nacionalizado todas as escolas e hospitais. E as igrejas, que viviam disso, perderam quase que a razão de ser delas, tiveram que se reinventar. Para os protestantes isso não era problema. Ao contrário. A possibilidade de não ter que se preocupar com esse aspecto, mas com outras formas de formação dos membros.[18]

A Confederação possibilitou a reflexão sobre o que estava acontecendo na América Latina e organizou três conferencias, em 1956, 1960 e 1962, respectivamente. A última teve como tema "Cristo e o processo revolucionário

18 Entrevista de Anivaldo Padilha à autora, 27/3/2019.

brasileiro", dado que, naquele momento, a pauta principal era a revolução no Brasil. Anivaldo lembra que esse era o tom dentro das igrejas, inclusive. "Todos os movimentos sociais da época estavam lutando por isso, uma revolução no Brasil. Inclusive setores da democracia cristã que eram menos radicais, eram mais conservadores, falavam desse tema, discutiam o caráter da revolução brasileira. Sem contar, claro, o Partido Comunistas e outros. Essa conferência foi um marco, realizada em Recife e com a participação de setores de fora da igreja. Provavelmente, foi a primeira vez que houve um diálogo entre, digamos, cristãos e marxistas no Brasil. Porque tivemos nessa conferência desde Gilberto Freyre a Paul Singer, Celso Furtado e líderes das Ligas Camponesas. Naquele momento, em todos os congressos, os temas que eram discutidos tinham caráter político social."

O Movimento da Juventude Metodista já tinha caráter ecumênico. Anivaldo se relacionava com a juventude de outras igrejas protestantes e desses contatos surge, mais tarde, uma articulação ecumênica de juventude no Brasil. Nesta época, porém, a organização União Latino-Americana de Juventude Evangélica já reunia jovens de todas as igrejas. É a partir do Concílio Vaticano II (1962-1965) que a Igreja Católica adere, de fato, ao ecumenismo. Até então as iniciativas ecumênicas são circunscritas aos protestantes especialmente, apesar de algumas iniciativas de católicos – jovens, inclusive – de tentarem romper com esse isolamento, como é o caso dos dominicanos. Nesse sentido, Anivaldo se recorda dos contatos com o frei Carlos Josaphat, que em 1963 retornou ao Brasil, após 10 anos de estudos na Franca, para ser regente de estudos dos frades dominicanos, aproximando-se da Juventude Universitária Católica e da organização Ação Popular[19] e editando o semanário *Brasil Urgente*. "Por volta de 1960 a gente já começou a ter contato com setores católicos que estavam preocupados com as questões brasileiras, e com a necessidade de uma atuação mais efetiva na sociedade. A partir daí começamos a ampliar esse movimento. No meu caso, por exemplo, inicialmente com a Juventude Católica, e depois, a partir de 1962 ou 1963, apesar de ainda não estar na universidade, já tinha contato com a JUC, a Juventude Universitária

19 BETTO, Frei. Frei Carlos Josaphat, um dominicano exemplar. Comissão Arns. Disponível em: https://comissaoarns.org/blog/2020-11-10-frei-carlos-josaphat-um-dominicano-exemplar/. Acesso em 6/2/2022.

Católica. Acompanhei a fundação da Ação Popular naquele momento; não era militante, mas acompanhei. Foi quando conheci o Betinho, nesse momento da fundação da Ação Popular."[20]

Os passos do jovem metodista, porém, estavam sendo acompanhados de perto pela ala conservadora de sua igreja e pela repressão militar. Anivaldo estava envolvido, principalmente, com os movimentos de alfabetização e de reformas de base. Era contato direto entre o mundo sindical e os trabalhadores ligados à igreja. Em 1967 entrou para a Ação Popular e tornou-se amigo de nomes como Paulo Wright e Herbert de Souza, o Betinho, mantendo-se também como diretor do Departamento de Juventude da Igreja Metodista. Uma das atribuições que assumiu na AP foi a de organizar apoio financeiro junto à classe média para sustentar outros militantes que estavam na clandestinidade, sendo perseguidos, sem condições de trabalhar.

Esse trabalho desenvolvido por Anivaldo também era clandestino e ele não era um membro visado da organização. Costumava andar com uma bíblia na pasta para o caso de ser parado pela polícia, pois percebeu que, quando os policiais notavam que era da igreja, deixavam-no seguir sem muitos questionamentos. No entanto, por uma denúncia de um bispo e um pastor de sua própria igreja aos militares, Niva foi preso. Anivaldo questionava a postura dos bispos da Igreja Metodista naquele momento. Assim, José Sucasas Junior e Isaías Fernando Sucasas, respectivamente pastor e bispo metodistas, entregaram Anivaldo para a repressão militar. Niva foi preso no dia 28 de fevereiro de 1970 e permaneceu cerca de cinco meses entre o Deops e o DOI-Codi em São Paulo. Foi barbaramente torturado. Em maio de 1971, depois de quase um ano de uma semiclandestinidade, vivendo entre casas de amigos e parentes, seguiu para o exílio, em maio de 1971. A saída foi dolorosa porque sua companheira estava grávida e não podia acompanhá-lo, sob o risco de também ser presa. Anivaldo, então, passou por Uruguai, Argentina, Chile até chegar aos Estados Unidos, onde permaneceu por oito anos, desenvolvendo trabalho importante de apoio aos perseguidos políticos do Brasil, atuando, inclusive, no Conselho Mundial de Igrejas.

Waldo César também foi um protestante que sofreu as consequências de lutar no Brasil contra a ditadura militar. Ele foi líder da União da Mocidade

20 Entrevista de Anivaldo Padilha à autora, 27/3/2019.

Presbiteriana, articulando ações entre diversas igrejas e, depois, presidente da Confederação da Mocidade Presbiteriana, quando o trabalho ecumênico se intensificou, inclusive em âmbito internacional.

Sociólogo, Waldo também teve seu caminho cruzado com o de Richard Shaull. Foi em 1954, após a II Assembleia do Conselho Mundial de Igrejas, nos Estados Unidos, que eles começaram a trocar reflexões sobre responsabilidade social e igreja.[21] Em 1955, com o apoio do Conselho Mundial de Igrejas, realizaram o Primeiro Encontro da Comissão Igreja e Sociedade, nome que foi dado ao grupo. Eles decidiram entrar para a Confederação Evangélica, no âmbito do Departamento de Estudos e Responsabilidade Social, e a partir daí foram 10 anos de trabalho intenso, sendo realizadas a II Conferência, em 1957, com o tema "A Igreja e as rápidas transformações sociais", e a III Conferência, em 1960, sob o título "A Igreja e a nacionalidade brasileira", ambas de grande repercussão interna e externa. "A gente estava mais do que convencido que o Ecumênico passa pelo social. Não tinha como fazer ecumenismo só dentro da Igreja. Isso é uma fraqueza que até hoje perdura porque você tem essa dimensão ou não tem", escreveu César ao contextualizar o momento em que viviam aqueles jovens protestantes.[22]

Uma outra porta que Waldo César e seu grupo abriram foi a do vínculo com a área cultural e alguns intelectuais importantes.

> Nós tínhamos teatro popular com Nelson Xavier, que promoveu um debate fantástico após a apresentação. Era uma peça revolucionária. Nessa época, Shaull estava aqui e um dos programas que nós tínhamos em Igreja e Sociedade, além das quatro conferências nacionais, eram encontros culturais com pessoas ilustres, tais como Lúcio Costa, Oscar Niemeyer e Sérgio Bernardes. As reuniões eram realizadas na mansão dele, no Alto da Boa Vista, para discutir a realidade brasileira. Nesse sentido, nós conseguíamos envolver grandes intelectuais da época e a Revista Igreja e Sociedade ajudou a solidificar essa relação que se ampliou muito. [...] Os artigos que foram editados eram todos sobre a realidade social. Para eles existia

21 CÉSAR, Waldo Lenz. O itinerário de vida de um coração ecumênico. In: DIAS, Zwinglio Mota (Org.). Memórias ecumênicas protestantes – Os protestantes e a Ditadura: colaboração e resistência. Rio de Janeiro: KOINONIA Presença Ecumênica e Serviço, 2014.

22 *Idem.*

> uma Igreja que via a sociedade de outra maneira. Difícil era retornar para a nossa realidade. Eu costumava citar Harvey Cox que dizia que a paróquia deveria ser experimental. Ele queria dizer que deveria ser o projeto que muda de acordo com o que está acontecendo, acompanhando o processo de desenvolvimento. Existe uma preguiça litúrgica que não se renova.[23]

Waldo César já estava na mira do Deops, em São Paulo, no início dos anos 1960, quando foi procurado por um agente para saber sobre o que falavam nas reuniões. Nesse período ele já sofria a repressão dentro de sua própria igreja, e acabou se desvinculando dela para, na sequência, estudar sociologia. Jaime Wright viabilizou um apoio, por meio da Missão Brasil Central, para ajudar Waldo naquele momento sem trabalho remunerado.

Nessa época, junto com o amigo Luiz Eduardo Wanderley, Waldo procurou Ênio Silveira, editor da Civilização Brasileira, e criaram a revista ecumênica *Paz e Terra*, que reunia marxistas, protestantes e católicos.[24] A revista passou a ser vista como "perigosa" aos olhos dos militares e da ala conservadora das igrejas, e tornou-se uma das mais importantes publicações no âmbito intelectual-religioso-político.

O Movimento Igreja e Sociedade (Isal) também surge nessa esteira. Na entrevista que concedeu ao livro *Memórias ecumênicas protestantes*, organizado por Zwinglio Mota Dias, Waldo César faz um histórico memorial de todo esse processo. Em relação à Isal, ele relembra: "O interlocutor foi Luiz Odell, depois Hiber Conteris e Shaull. O Odell estava na Conferência do Nordeste e ficou fascinado com o nosso trabalho. Ele disse: 'Precisamos fazer isso no contexto latino-americano e nos convidou para um encontro com a presença de Julio de Santa Ana e Shaull, para realizar o movimento Isal. Tivemos encontro no Peru e em outros países, dentro da mesma linha temática social. Daí surgiu a Revista *Cristianismo e Sociedade*, da qual eu era representante no Brasil. Esta revista entrou no dossiê da polícia e mostrei a eles que, entre os escritores dela, estavam Fernando Henrique Cardoso, Darcy Ribeiro e outros." A Conferência

---

23 CÉSAR, Waldo Lenz. O itinerário de vida de um coração ecumênico. In: DIAS, Zwinglio Mota (Org.). Memórias ecumênicas protestantes – Os protestantes e a Ditadura: colaboração e resistência. Rio de Janeiro: KOINONIA Presença Ecumênica e Serviço, 2014.

24 *Idem*.

do Nordeste, à qual Waldo se refere, foi um evento em 1962 realizado sob o tema "Cristo e o processo revolucionário brasileiro", considerado divisor de águas para o movimento ecumênico no Brasil, porque imprimiu a marca da "responsabilidade pública das igrejas", e que teve o sociólogo como coordenador. Waldo considerou a conferência a "expressão culminante de um processo novo na tradicional eclesiologia brasileira".[25]

Nesse tempo também, nos Estados Unidos, Richard Shaull se ocupava em conseguir apoio financeiro para a organização do CEI, que tinha no grupo nomes como o de Jether Pereira Ramalho, contemporâneo de Waldo e de Shaull, de participação ativa na luta contra a ditadura e fundamental na articulação dos grupos ecumênicos históricos, além de ter sido editor da revista *Tempo e Presença* por mais de uma década. O CEI nasceu, em 1964, Centro Evangélico de Informação, e depois se tornou Centro Ecumênico de Documentação e Informação. Era uma reunião de pessoas advindas do movimento ecumênico de juventude e da Confederação Evangélica do Brasil. Ainda que todas as iniciativas que vinham realizando fossem de importância continental, a CEB, com o golpe militar de 1964 e as consequentes divergências internas entre progressistas e conservadores, encerrou as atividades desses grupos. Waldo César foi perseguido pela repressão e viveu escondido durante alguns meses no final dos anos 1960. O sociólogo depois foi anistiado e exerceu papel fundamental na história do movimento ecumênico no Brasil.

Frutos advindos da teia de solidariedade

As redes de solidariedade formadas durante as ditaduras militares na América Latina podem ser identificadas em ambientes distintos, ainda que interligados. Em sua dissertação de mestrado *Memórias da ditadura: redes de solidariedade e a luta pela democracia*, Marilda Ferri sintetiza as redes em religiosa, familiar, de formacão política, jurídica e cidadã. Algumas dessas categorias serão aqui utilizadas para descrever brevemente a formacão e o papel dessa teia de solidariedade. Aqui serão abordadas, de forma resumida,

25 CUNHA, Magali do Nascimento. "O passado nunca está morto". Um tributo a Waldo César e sua contribuição ao movimento ecumênico brasileiro. Estudos de Religião, Ano XXI, n. 33, 136-158, jul/dez 2007.

o Movimento Igreja e Sociedade (Isal), o Centro Evangélico de Informação (CEI) e o Comitê de Defesa dos Direitos Humanos nos Países do Cone Sul (Clamor), que são redes que podemos caracterizar como religiosas, de formação política e cidadã.

O Isal, como vimos acima, foi fruto da II Conferência Evangélica Latino-Americana, que aconteceu em 1961 no Peru, e da Conferência do Nordeste, em 1962, cujas ideias encantaram Luiz Odell, secretário da Junta Latino-Americana de Igreja e Sociedade, que tornou-se o primeiro secretário-executivo da Isal e que arregimentou Julio de Santa Ana e Richard Shaull para aplicá-las em âmbito latino-americano. Como nos lembra Jether Ramalho, o Isal "representou uma renovação teológica" e foi a base para a Teologia da Libertação. A Isal foi fundada por um consórcio de entidades evangélicas, sendo estas a Confederação Evangélica do Brasil, a Federação Argentina de Igrejas Evangélicas, a Federação de Igrejas Evangélicas do Uruguai, o Concílio Evangélico do Chile, o Concílio Evangélico do México, o Concílio Evangélico de Cuba e a Igreja Presbiteriana da Venezuela.[26] Como coloca Wanderley Pereira da Rosa, Isal era um fórum no qual "cristãos ecumênicos e engajados refletiam sobre o melhor caminho político-teológico para o enfrentamento das estruturas sócio-político-econômicas que açoitavam o continente". Uma das iniciativas do grupo para que suas ideias fossem difundidas foi a edição da revista *Cristianismo y Sociedad Tierra Nueva*. Além disso, relembra o autor, foram realizados cursos em diferentes países da América Latina, fazendo com que, juntas, essas ações difundissem as ideias do movimento "entre os grupos de jovens, de intelectuais e entre os líderes evangélicos do continente, que logo transcendeu os setores progressistas do catolicismo, que começava a se abrir ao diálogo ecumênico".[27]

O CEI teve início em 1965, após a deflagração do golpe de 1964. Richard Shaull havia saído do Seminário de Campinas – espaço onde estudaram importantes nomes do protestantismo, incluindo Jaime Wright e Rubem Alves – e passou a atuar no Mackenzie, em São Paulo. O CEI surgiu num momento de extrema hostilidade, no qual apenas o cumprimento entre as pessoas

---

26 ROSA, Wanderley Pereira da. Protestantes de esquerda no Brasil (1960-1980). REFLEXUS - Ano XIII, n. 22, 2019/2.

27 *Idem.*

poderia levá-las à prisão por associação à desobediência civil. Waldo César recuperou essa memória do ambiente na entrevista que deu ao livro organizado por Zwinglio Mota Dias: «Nós tínhamos que reunir as pessoas e criar um veículo de comunicação que pudesse articular e dar notícias às pessoas que viviam ecumenicamente no mundo. Começamos com um boletim modesto, letras miúdas, barato, porém procurando fazer estas duas coisas. [...] Nós tivemos alguns apoios de pessoas fora do grupo, recebíamos mensalmente contribuições e informações que não estavam disponíveis em outras áreas. Rapidamente fizemos os contatos, arrumamos a verba e o trabalho começou." Para Derval Dasílio, o CEI "se mostrou uma verdadeira usina de informações, estudos e contatos internacionais. A criatividade era a palavra de ordem na organização".[28]

Jether Ramalho também integrava o grupo do CEI, assim como coordenava o Setor de Ação Social da Igreja, na Confederação Evangélica do Brasil (ao mesmo tempo em que Waldo César coordenava o Setor de Responsabilidade Social da CEB). A articulação com o CEI era uma necessidade primária. "Nos reunimos na igreja do Domício de Mattos, convidamos outras pessoas e surgiu a necessidade de fazer algo público. Assim criamos o CEI", comenta Jether em sua entrevista *Encarnando a experiência ecumênica.*[29] O CEI fazia uma releitura das notícias que saíam na imprensa, imprimia essas análises e distribuía em formato de boletim. A iniciativa chegou a ser noticiada no Jornal Nacional, televisivo que tinha – e tem – grande audiência, o que fez com que missionários ingleses acusassem Jether de estar em contato com o Conselho Mundial de Igrejas e editando um jornal subversivo.[30] A denúncia fez com que Jether perdesse os cargos que tinha. Nesse início, não havia a participação de católicos. Mas, em 1968, um grupo católico de peso passou a integrar o CEI: "Foi muito importante. Veio Luís Eduardo Vanderlei, Luís Alberto, Beatriz Bibiano, Frei Elizeu Lopes, Padre Dario e o luterano Breno Schumann. Um grupo forte e maior então passou a ser Centro Ecumênico de Informações,

28 DASÍLIO, Derval. Jaime Wright, o pastor dos torturados. Rio de Janeiro: Metanoia, 2020.

29 RAMALHO, Jether Pereira. Encarnando a experiência ecumênica. In: DIAS, Zwinglio Mota (Org.). Memórias ecumênicas protestantes – Os protestantes e a Ditadura: colaboração e resistência. Rio de Janeiro: KOINONIA Presença Ecumênica e Serviço, 2014.

30 *Idem.*

que foi progredindo", relembra Jether. O CEI passou ser uma rede importante em forma de notícias, e marcou outras iniciativas de peso do grupo. Jether registrou essa memória no livro *Memórias ecumênicas protestantes*:

> Por influência muito forte do Claudius Ceccon, que esteve no CMI (Conselho Mundial de Igrejas) no período do Paulo Freire, avaliou-se que o boletim era algo pequeno. Decidimos fazer uma revista. Terminamos o boletim e fizemos uma revista e as coisas foram até o ponto em que foi possível institucionalizar-nos. Para isso alugamos um escritório em nome da "Tempo e Presença Editora", uma entidade comercial (então deixamos a igreja de Botafogo – do Reverendo Domício Mattos), até a formação oficial do Centro Ecumênico. Àquela altura pensou-se um centro de informação e de documentação, alternativa à ditadura. A seção inaugural foi feita no Cenáculo, ali na rua das Laranjeiras, e a seguir foi feita a primeira Assembleia, em 1974. Ali criou-se o Centro Ecumênico de Documentação e Informação, o CEDI. Fui eleito primeiro presidente e o Paulo Ayres, ainda pastor, foi o primeiro secretário geral. Assim, nos mudamos para o Colégio Sion, onde ficamos até 1989.

Outros organismos ecumênicos de resistência à ditadura surgiram nesse momento. O Clamor foi um deles. Criado em março de 1978, o Clamor foi uma rede ecumênica brasileira de solidariedade que atuou nos países do Cone Sul, com o apoio de organizações sediadas na Europa. Para Samarone Lima, o grupo foi "uma conspiração pela defesa dos direitos humanos no Cone Sul da América Latina" que se saiu vitoriosa (LIMA, 2003). Três nomes são fundamentais na história do grupo: o pastor Jaime Wright, a jornalista inglesa Jan Rocha e o advogado Luiz Eduardo Greenhalgh.

O primeiro objetivo do Clamor era dar assistência aos refugiados que não poderiam ser ajudados pelo Alto Comissariado das Nações Unidas para os Refugiados (Acnur).[31] Segundo Jan Rocha, naquele período, o governo brasileiro não permitia que refugiados políticos do Cone Sul ficassem permanentemente no país, uma vez que eles não eram protegidos pelo Estatuto dos Refugiados.

31 Entrevista de Jan Rocha à autora, 06/11/2014.

> Se fossem reconhecidos como refugiados pelo Acnur, eles tinham que ir para outro país, geralmente um país europeu, principalmente França, Suécia, Holanda, Suíça e Noruega, e também para o México. Mas muita gente não queria sair para a Europa, queria ficar aqui; e também o Acnur não aceitava como refugiado quem tivesse participado da luta armada. Muita gente que chegava aqui eram ex-montoneros, então, não eram pessoas elegíveis para serem refugiados. E havia pessoas que, por um motivo ou outro, não queriam ser reconhecidas como refugiadas oficialmente. Precisavam de ajuda, não tinham onde morar, não tinham emprego, estavam clandestinas.[32]

Dessa forma, o *Clamor* se focou primeiro em dar assistência a essas pessoas e depois denunciar o que estava acontecendo, especialmente, na Argentina – quando o grupo foi criado, a Argentina era o foco das denúncias devido ao grande número de casos de perseguições e desaparecimentos. Foi estabelecida uma sólida parceria com instituições como Madres e Abuelas de la Plaza de Mayo, Assembleia Permanente pelos Direitos Humanos, Serviço Paz e Justiça do Uruguai, Igreja Metodista Evangélica Argentina, Alto Comissariado das Nações Unidas para os Refugiados, Fundación de Ayuda Social de las Iglesias Cristianas, Igreja Metodista no Uruguai, Associação dos Advogados Latino-Americanos pelos Direitos Humanos. As entidades mandavam representantes para a Cúria Metropolitana de São Paulo, que traziam denúncias para o Clamor disparar em suas redes internacionais.

Quando Jan Rocha e Luiz Eduardo Grenhalgh propuseram a Jaime Wright a ideia de criar um grupo para dar visibilidade ao que estava ocorrendo nos países do Cone Sul, o pastor presbiteriano, amigo de dom Paulo Evaristo Arns, cardeal de São Paulo, propôs que o grupo funcionasse sob o guarda-chuva da Arquidiocese, como uma forma de proteção. Dom Paulo Evaristo Arns concordou em incluir o Clamor como órgão oficial da Arquidiocese. Além disso, dada à sua amizade desde a infância com o pastor presbiteriano Charles Harper, que era encarregado do Escritório para Direitos Humanos na América latina do Conselho Mundial de Igrejas, Wright também buscou a parceria do

32 *Idem.*

CMI com o *Clamor* e foi prontamente atendido, uma vez que o CMI já havia expressado sua preocupação com os refugiados da América do Sul.[33]

Para dar vazão a uma quantidade grande de denúncias, que não paravam de chegar, e com o objetivo de usar a Copa do Mundo de 1978, que aconteceu na Argentina, para chamar a atenção de todos para o que estava acontecendo naquele país, a jornalista, o advogado e o pastor criaram o boletim *Clamor* em junho de 1978, exatamente durante o campeonato mundial de futebol. Essa era uma forma de atuar própria de Jaime Wright, de valorização dos diversos meios de comunicação para fazer denúncias em momentos estratégicos. Wright era um comunicador nato e se definia como jornalista, além de pastor, quando se apresentava. "O papel do reverendo Jaime Wright como pastor presbiteriano, representando uma importante igreja protestante dos Estados Unidos e colaborando intensamente e de forma ecumênica com a Arquidiocese de São Paulo, nessa incipiente campanha de informação mundial, por meio do Conselho Mundial de Igrejas, sobre os efeitos desastrosos de uma política repressiva do regime militar, conferiu peso e credibilidade a este esforço. O seu talento como comunicador – presença como jornalista e articulador direto e incisivo em eventos – fez com que Jaime e os seus colegas colocassem o Clamor como necessário na comunidade ecumênica internacional, para reportarem sobre o que estava acontecendo no Brasil e no Cone Sul", refletiu Charles Harper após a morte de Wright.[34]

O primeiro número da publicação ao público tinha a seguinte apresentacão:

> Com o presente damos início às atividades do Comitê de Defesa dos Direitos Humanos no Cone Sul CLAMOR – órgão vinculado à Comissão Arquidiocesana de Pastoral dos Direitos Humanos e Marginalizados de São Paulo.
>
> CLAMOR tem por objetivo a defesa dos direitos humanos na América Latina, especialmente nos países do Cone Sul. Com a finalidade de dar a conhecer suas atividades, periodicamente editará o presente boletim com informações.

33 Entrevista de Jan Rocha à autora, 06/11/2014.

34 Entrevista de Charles Harper à autora, 08/07/2000.

> É interesse do CLAMOR estreitar vínculos com órgãos congêneres para cooperação mútua. A perspectiva do CLAMOR é cristã, ecumênica, sem filiação partidária e seus objetivos são humanitários.
>
> Este primeiro número do boletim, saindo às vésperas da Copa do Mundo, quando a atenção do mundo está voltada para a Argentina, é dedicado exclusivamente àquele país.[35]

O boletim era pequeno – tinha quatro páginas mimeografadas – e foi especialmente dedicado às denúncias recebidas da Argentina, como onde estavam localizados os campos de detenção, relatos de refugiados sobre as condições de degradação e terror dos presos, perseguição a sindicalistas, crianças desaparecidas, entre outras notícias. Traziam também pequenos informes sobre o México e o Uruguai. Tudo muito vivo e com detalhes que não passariam despercebidos por quem lesse.

A publicação impressa era enviada pelos correios para Igrejas, associações e indivíduos na Europa e nos Estados Unidos. Anita Wright, filha de Jaime e moderadora da Igreja Presbiteriana Unida do Brasil, lembrou, em entrevista ao livro *Memórias Protestantes,* que essa era uma forma de conseguir proteção. "Meu pai sempre falava que a melhor proteção é você botar a boca no trombone, porque aí eles não têm coragem de mexer com você. Quando eles sabem que você tem gente fora do pais, acompanhando o seu trabalho, é mais difícil eles desaparecerem com você."[36]

O boletim Clamor foi se tornando conhecido e chegou a ser mandado para mais de 50 países, sendo que, de janeiro a dezembro de 1978, foram publicados quatro números, todos traduzidos;[37] entre 1978 e 1985, foram produzidos 17 boletins.[38]

Para se ter ideia da importância desta iniciativa em plena ditadura – a de imprimir um boletim de quatro páginas, mimeografar e encaminhar para

35 Boletim *Clamor*, Ano I, no. 1, junho 1978.

36 TORRES, Anita Wright. O Missionário que se fez Pastor dos Perseguidos e Torturados. In: DIAS, Zwinglio Mota (Org.). *Memórias ecumênicas protestantes* – Os protestantes e a Ditadura: colaboração e resistência. Rio de Janeiro: KOINONIA Presença Ecumênica e Serviço, 2014.

37 ROCHA, Jan. *Solidariedade não tem fronteiras.* São Paulo: Outras Expressões, 2018.

38 Entrevista de Jan Rocha à autora, 06/11/2014.

tantos endereços fora do Brasil –, vale lembrar que duas crianças sequestradas na Argentina, Anatole e Vicky, foram localizadas em uma praca de Valparaíso, no Chile, a partir da publicação da denúncia do sequestro e de uma foto delas na publicação. Os pais de Anatole e Vicky, que eram filiados ao Partido Victoria del Pueblo (PVP), do Uruguai, foram assassinados em Buenos Aires e as crianças foram levadas pelos policiais e abandonadas na Praca O'Higgins, em Valparaíso. A avó mandou uma carta ao Clamor dando os detalhes do sequestro e uma foto. O boletim foi lido por uma assistente social que passava férias em Caracas, na Venezuela, e havia visto as crianças em Valparaíso. Ao observar as fotos no *Clamor*, ela as reconheceu e fez contato com refugiados do PVP em Caracas. Estes, por sua vez, mandaram a notícia para refugiados em São Paulo, que entregaram aos membros do Clamor. Uma equipe do comitê foi ao Chile, verificou a veracidade da notícia, e o caso foi amplamente divulgado pela imprensa nacional e internacional.[39]

A história do comitê ficou marcada quando tratamos da memória de movimentos e instituições de defesa de perseguidos políticos durante as ditaduras dos anos 1970 e 1980 em países como Argentina, Chile, Uruguai e Paraguai: o Clamor representou o ponto forte do apoio que a ala progressista das igrejas no Brasil deram aos seus vizinhos.

A título de conclusão: Jaime Wright e o trinomio comunicador-articulador-teólogo das brechas

A hipótese com a qual trabalho na pesquisa que desenvolvo sobre Jaime Wright é a de que a sua trajetória foi erguida sobre o trinômio comunicador/mediador ou articulador/teólogo social ou teólogo das brechas. As duas primeiras questões desencadeavam a terceira. Significa dizer que suas iniciativas no âmbito da comunicação eram conjugadas com as de articulador ou mediador e, juntas, elas tornavam possíveis as lacunas às quais ele denominava de teologia das brechas.

39 Para mais detalhes sobre o caso ver: RIBEIRO, Helcion (organização). Paulo Evaristo Arns - Cardeal da Esperança e Pastor da Igreja de São Paulo. São Paulo: Edições Paulinas, 1989.

Não há estudos acadêmicos que trabalhem o conceito de teologia das brechas. Esta definição foi cunhada por Jaime para definir a sua trajetória de intelectual da ação. Wright não era um homem de teoria. Embora tivesse uma formação acadêmica sólida – estudou sociologia na Universidade de Ozarks, no Arkansas, e teologia, na Universidade de Princeton, no mesmo seminário em que estudaram Richard Shaull e Rubem Alves –, ele era um homem de ação. Era um articulador nato. Segundo Samarone Lima, para Jaime, a teologia das brechas se definia como a ocupação de "brechas e lacunas deixadas pelas ditaduras, misturando ousadia, criatividade e uma percepção aguçada das oportunidades para denunciar as violações de direitos humanos" (LIMA, 2003). Nesse sentido, pode-se compreender a linha de atuação que Jaime optou seguir dentro da Igreja.

Como comunicador, Wright pensava grande. Era articulista regular dos jornais *O São Paulo*, *Folha de S. Paulo* e *Jornal do Brasil*. Mas mantinha publicações menos ambiciosas, como os boletins do Clamor, da Agência Ecumênica de Notícias e da Fundação Samuel. Suas incursões nos meios de comunicação, no entanto, começaram muito antes disso. Enquanto atuou no interior da Bahia, nos anos de 1950 a 1960, Wright era presença frequente nos jornais locais, fosse em entrevistas ou artigos assinados. Jaime parecia se utilizar da comunicação para que o ecumenismo se tornasse prática da Igreja. Magali Nascimento Cunha trata em alguns de seus trabalhos da importância de a pastoral ganhar dimensão pública:

> Anunciar os valores do Reino e sua justiça (que caminham na contramão de todo individualismo, consumismo e exclusão), trabalhar em todas as frentes para que a dignidade humana seja realidade (tendo como alvo a inclusão das pessoas em todas as dimensões da vida pública) e viver e promover a comunhão entre as pessoas e comunidades (desprezando toda a forma de exclusão e discriminação de pessoas e grupos) são as formas de expressão da fé pública e participação missionária. Crescimento numérico, presença na mídia, representação parlamentar, hoje projetos tão caros a grupos cristãos na América Latina, e outras formas de expressão na esfera pública, não estão descartadas, podem ser consequência desse pro-

> cesso, mas não devem ser condição ou finalidade para uma presença pública dos cristãos/cristãs.[40]

Para a autora, ganhar dimensão pública significa praticar a comunicação como plena, abrangente, ecumênica e com olhos à inserção cristã nos espaços públicos plurais. (CUNHA, 2016). Jaime Wright ajudou a pensar o lugar social da Igreja, por meio da ocupação dos espaços públicos, por meio de diversos veículos, como fonte de informação, artigos, cartas ou estratégias de comunicação para outros, e buscando a análise crítica de seus passos e da Igreja da qual fazia parte.

Assim foi, por exemplo, na série de artigos que escreveu em sua coluna "Conversando sobre a América Central", no jornal *O São Paulo* entre os anos de 1984 e 1985. Embora tenha pautado os temas ligados às ditaduras em boa parte dos textos, Wright trazia colaborações aprofundadas sobre o ecumenismo no mundo. Fez isso em todos os meios de comunicação que ajudou a criar, como os boletins da Fundação Samuel, do Clamor e da Agência Ecumênica de Notícias. Assim também fez em alguns relatórios e dossiês, como o que publicou na revista *Tempo e Presença*, em dezembro de 1988, intitulado "Um roteiro para o futuro, agora". Nele, Jaime elenca e detalha uma série de ações que devem nortear o trabalho de entidades do Primeiro Mundo para que os direitos humanos possam ser respeitados nos 40 anos da Declaração Universal dos Direitos Humanos. Ele destacava a necessidade de as entidades do Primeiro Mundo reconhecerem o direito de autodeterminação do Terceiro Mundo; de tomarem passos concretos para a promoção da justiça no Terceiro Mundo; de reconhecerem que elas contribuíram para a repressão no Terceiro Mundo, quando condicionaram os seus investimentos e empréstimos a países, a "um clima político estável"; quando concordaram – pelo silêncio e omissão – que esse "clima político estável" poderia ser alcançado pela repressão violenta, especialmente dos trabalhadores, dos sindicatos, dos movimentos estudantis, dos partidos políticos e das igrejas; entre outras.

40 CUNHA, Magali do Nascimento. Aproximações entre comunicação, ecumenismo e Teologia Pública: um desafio pastoral. In: VON SINNER, Rudolf; PANOTTO, Nicolás (org.). Teologia Pública: um debate a partir de América Latina. São Leopoldo: Faculdades EST, 2016.

> É esse sentido de comunicação que é encontro, comunhão, verbal e não verbal, interpessoal ou coletiva, que precisa se realizar plenamente (não pode se resumir à transmissão de ideias), pois implica o outro e uma relação autêntica com ele. Por isso, ao se relacionar comunicação, ecumenismo e fé pública se faz emergir o desafio pastoral de trabalhar na formação de cristãos/cristãs humanizados, que consigam desenvolver relacionamentos mais densos; que busquem aquisição de conhecimento que valorize a diferença; que reconheçam a diversidade como componente da vida em sociedade; que sejam inter-ativos e produzam narrativas críticas e respeitosas, que não sejam meras repetições do que é recebido (CUNHA, 2016).

Derval Dasílio define Jaime Wright como o "mais destacado personagem recente história do presbiterianismo ecumênico". É possível atribuir a Jaime a qualidade de intelectual articulador ou mediador protestante. "Nunca, graças a líderes como Jaime Wright, se esquecerá que a Igreja Presbiteriana Unida do Brasil é resultado de um parto doloroso que envolvia o autoritarismo militar associado ao religioso, capaz de questionar as velhas e carcomidas estruturas do protestantismo brasileiro, e a própria sociedade religiosa."[41] Para pensar esse conceito de mediador, é interessante observar trabalhos como a de Angela de Castro Gomes e Patricia Santos Hansen - *Intelectuais mediadores: práticas culturais e ação política.*

> [...] os intelectuais seriam uma categoria sócio-profissional marcada, quer pela vocação científica, no dizer weberiano, ou pela especialização que lhes confere "capital cultural" e "poder simbólico", nos termos de Bourdieu, quer pelo gosto da polêmica, inclusive a política. Na acepção mais ampla que aqui consideramos, são homens da produção de conhecimentos e comunicação de ideias, direta ou indiretamente vinculados à intervenção político-social. Sendo assim, tais sujeitos podem e devem ser tratados como atores estratégicos nas áreas da cultura e da política que se entrelaçam, não

41 DASÍLIO, Derval. Sobre a legitimidade presbiteriana da Igreja Presbiteriana Unida do Brasil – de Ashbel Green Simonton a Jaime Wright). Disponível em: https://eclesiasticos.files.wordpress.com/2018/12/sobre-a-legitimidade-presbiteriana-unida-do-brasil- 2.pdf. Acesso em 02/04/2019.

> sem tensões, mas com distinções, ainda que historicamente ocupem posição de reconhecimento variável na vida social (GOMES; HANSEN, 2020).

As autoras refletem sobre as implicações de se trabalhar com os intelectuais mediadores. Uma delas é a diversidade de funções que cumprem ao longo de suas trajetórias. "Isto é, uma mesma pessoa pode ser um cientista renomado e a figura principal de uma série de TV sobre o tema de suas pesquisas, que, assim, são divulgadas para um amplo público, que aumenta seus conhecimentos na matéria e põe em prática cuidados com a saúde, a alimentação, o meio ambiente etc. Do mesmo modo, um autor de livros acadêmicos pode se dedicar a escrever livros de divulgação cultural ou livros escolares/didáticos, que não deixam a dever ao rigor de sua ciência, assumindo somente outros suportes e linguagens, por se dirigirem a outros leitores." Assim sendo, "um mesmo intelectual pode ser 'criador' e 'mediador'; pode ser só 'criador' ou só 'mediador'; ou pode ser 'mediador' em mais de um tipo de atividade de mediação cultural, sendo seu valor conferido pelo reconhecimento de seu trabalho, quer pelo público, quer pelo próprio campo intelectual com o qual dialoga" (GOMES; HANSEN, 2020).

A trajetória de Jaime Wright, a partir dessa perspectiva, pode ser compreendida como a de um mediador. A partir de sua inserção dentro dessa categoria situações diversas foram modificadas direta ou indiretamente. No espectro da Igreja Protestante, "mudava o protestantismo, mudava o catolicismo, mudava o presbiterianismo na direção do ecumenismo" (DASÍLIO, 2018).

Referencias bibliográficas

ALVES, Rubem (Org.) De dentro do furacão. Richard Shaull e os primórdios da Teologia da Libertação. São Paulo: Ed. Sagarana, CEDI, CLAI, Progr. Ecum. De Pós-Grad. Em Ciências da Relig., 1985.

CUNHA, Magali do Nascimento. Aproximações entre comunicação, ecumenismo e Teologia Pública: um desafio pastoral. In: SINNER, Rudolf von; PANOTTO, Nicolás (Orgs.). Teología pública: un debate a partir da América Latina. São Leopoldo: Faculdades EST, 2016.

CUNHA, Magali do Nascimento. "O passado nunca está morto". Um tributo a Waldo César e sua contribuição ao movimento ecumênico brasileiro. Estudos de Religião, Ano XXI, n. 33, 136-158, jul/dez 2007.

DASÍLIO, Derval. Jaime Wright, o pastor dos torturados. Rio de Janeiro: Metanoia, 2020.

DASÍLIO, Derval. Sobre a legitimidade presbiteriana da Igreja Presbiteriana Unida do Brasil – de Ashbel Green Simonton a Jaime Wright. Disponível em: https://eclesiasticos.files.wordpress.com/2018/12/sobre-a-legitimidade-presbiteriana-unida-do-brasil- 2.pdf. Acesso em 02/04/2019 .

DIAS, Zwinglio Mota (Org.). Memórias ecumênicas protestantes – Os protestantes e a Ditadura: colaboração e resistência. Rio de Janeiro: KOINONIA Presença Ecumênica e Serviço, 2014.

FERRI, Marilda de Souza. Memórias da ditadura: redes de solidariedade e a luta pela democracia. Dissertação de mestrado. Salvador: Universidade Católica de Salvador, 2020.

FRAGA, Guilherme Barboza de. Clamor: reação cidadã às violações dos direitos humanos nas ditaduras do Cone Sul. XIV Encontro Estadual de História – ANPUH RS, 18 a 21/07/2018.

GOMES, Ângela de Castro; HANSEN, Patrícia Santos (Orgs.). Intelectuais Mediadores: Práticas culturais e Ação Política. Rio de Janeiro: Civilização Brasileira, 2016.

HARPER, Charles R. Ecumenical Action for Human Rights in Latin America 1970- 1990. O acompanhamento. Genebra: WCC Publications, 2006

LIMA, Samarone. Clamor: a vitória de uma conspiração brasileira. Rio de Janeiro: Objetiva, 2003.

PAIXÃO JÚNIOR, Valdir Gonzalez. Poder, memória e repressão: a Igreja Presbiteriana do Brasil no período da ditadura militar (1966-1978). Revista Interdisciplinar de Direitos Humanos, Bauru, v.2, n. 2, p. 20-40, jun. 2014.

RAMOS, Jovelino. 'Você não conhece o Shaull'. In: De dentro do furacão: Richard Shaull e os primórdios da Teologia da Libertação. Coleção Protestantismo e Libertação. São Paulo: Sagarana, CEDI, CLAI, Progr. Ec. De Pós-Grad. Em Ciências da Relig., 1985 .

ROCHA, Jan. Solidariedade não tem fronteiras. São Paulo: Outras Expressões, 2018.

ROSA, Wanderley Pereira da. Protestantes de esquerda no Brasil (1960-1980). REFLEXUS - Ano XIII, n. 22, 2019/2.

SANTA ANA, Julio. A Richard Shaull: teólogo e pioneiro ecumênico – um testemunho reconhecido. In: De dentro do furacão: Richard Shaull e os primórdios da Teologia da Libertação. Coleção Protestantismo e Libertação. São Paulo: Sagarana, CEDI, CLAI, Progr. Ec. De Pós-Grad. Em Ciências da Relig., 1985.

SILVA, Elizete da. Protestantes no Brasil: entre a omissão e o engajamento político. Revista Esboços, Florianópolis, v. 24, n. 37, p.126-148, ago. 2017

SINNER, Rudolf von; PANOTTO, Nicolás (Orgs.). Teología pública: un debate a partir da América Latina. São Leopoldo: Faculdades EST, 2016.

SYDOW, Evanize; FERRI, Marilda. Dom Paulo, um homem amado e perseguido. São Paulo: Expressão Popular, 2017.

WRIGHT, Delora. O coronel tem um segredo – Paulo Wright não está em Cuba. Petrópolis: Vozes, 1993.

WRIGHT, Jaime. O porquê e para quê do Nunca Mais. In: ARQUIDIOCESE DE SÃO PAULO. Projeto Brasil: Nunca Mais. São Paulo, 1995, 12 vol.

Acervos consultados

Acervo do Conselho Mundial de Igrejas relativo ao Projeto Brasil: Nunca Mais

Presbyterian Historical Society – The National Archives of the PCUSA

Boletins e jornais

Boletim *Clamor*, Ano I, no. 1, junho 1978

Boletim *Clamor*, dezembro de 1983, no. 15

O São Paulo, 27 de abril a 3 de maio de 1984

O Estado de S. Paulo, 18/08/1979

O catolicismo e os mundos do trabalho: projetos e práticas no associativismo e circulismo católico

Deivison Amaral[1]
Larissa R. Corrêa[2]

A historiografia sobre os mundos do trabalho no Brasil é vasta. Trata-se de um campo consolidado, com reconhecimento internacional, e que ampliou significativamente a compreensão das relações de trabalho no Brasil, especialmente em temas relativos ao trabalho escravo e livre, às relações de gênero e de raça, as interações dos trabalhadores com o espaço em que vivem e trabalham, nas relações com a política, entre outras questões.[3] Esta historiografia já desfez imagens cristalizadas ao repensar a visão de uma classe trabalhadora branca, masculina e exclusivamente anarquista.[4] A categoria raça demarcou uma nova compreensão sobre o trabalho no Brasil, especialmente por meio dos estudos da escravidão e do pós-abolição (NASCIMENTO, 2016). Ao mesmo tempo, os estudos feitos a partir da categoria gênero criaram renovadas problemáticas

---

1 Deivison Amaral é professor do Departamento de História da PUC-Rio. E-mail: amaraldga@gmail.com

2 Larissa R. Corrêa é professora do Departamento de História da PUC-Rio. É bolsista produtividade do CNPq. E-mail: larissa_correa@puc-rio.br

3 A consolidação do campo reflete-se na intensa atividade dos pesquisadores envolvidos no GT Mundos do Trabalho-ANPUH e a Associação Nacional de História do Trabalho, criada em 2019. Ver: https://gtmundosdotrabalho.org/

4 Para uma crítica geral, ver David Roediger. E se o trabalho não fosse branco e masculino? In: FORTES, Alexandre *et al. Cruzando fronteiras:* novos olhares sobre a história do trabalho. São Paulo: Perseu Abramo, 2013.

de pesquisa e compreensões mais complexas da história dos trabalhadores e trabalhadoras no Brasil (FRACCARO, 2018). Quando se trata da religião dos trabalhadores e suas implicações na experiência de classe, contudo, apesar da existência de estudos recentes de qualidade, pouco espaço é dado ao tema nos balanços historiográficos sobre a história do trabalho produzida sobre o Brasil. A classe trabalhadora parece não ter religião.

Se a historiografia do trabalho avançou significativamente nas últimas décadas, as razões para se ocultar a religião – e, mais especificamente, a influência do catolicismo – são as mesmas que no passado foram objeto da grande crítica historiográfica que consolidou o campo tal qual o conhecemos atualmente. Até a década de 1980, a classe trabalhadora era vista quase que em uníssono da compreensão – limitada – que se tinha sobre algumas regiões do país. Especialmente sobre aquele operariado organizado durante a Primeira República (1889-1930), insistiu-se em definir um perfil específico a partir das experiências do Rio de Janeiro e de São Paulo, maiores e mais industrializadas cidades brasileiras, como um espelho para o restante do país. A epistemologia marxista também promovia uma visão que buscava sempre o conflito, a luta de classes nos moldes mais óbvios, ou seja, buscava-se o radical e negava-se as outras experiências, que careceriam de autenticidade (BATALHA, 1992). Cristalizou-se, então, uma imagem de um operariado anarquista, estrangeiro e branco, que, sabe-se, não era verdadeira nem para São Paulo e Rio de Janeiro. Nesse sentido, as correntes conservadoras eram negligenciadas ou, quando muito, tratadas com análises *a priori* pejorativas. Além de negligenciar aspectos de raça e gênero, a religião não era considerada seriamente.

Para os períodos posteriores da história republicana, esse padrão de análise se mantinha. A presença do Partido Comunista nos sindicatos nos anos 1950 e 1960, por exemplo, é frequentemente analisada, mas pouco destaque era dado às disputas entre os comunistas e os católicos formados nos Círculos Operários e na Juventude Operária Católica (JOC), atuantes pelo menos desde 1935, quando foi criada a Ação Católica Brasileira (ACB).[5] A ação da Igreja Católica junto a sindicatos durante a Ditadura (ESTEVES, 2013), os movimentos de base e a

5 Entre os poucos estudos, ver, por ex., o seminal estudo de SOUZA, Jesse Jane V. de. *Círculos Opérarios.* a Igreja Católica e o mundo do trabalho no Brasil. Rio de Janeiro: UFRJ, 2002. 320 p.

pastoral operária (MARTINS, 1991; VARUSSA, 1995), e o papel dos militantes católicos na organização dos trabalhadores no campo (GRYNSPAN, 2003), por exemplo, raramente eram analisadas em estudos de história do trabalho. Quando surgiam, o tom era sempre pejorativo. Os católicos eram os amarelos e cooptados, ou nem mesmo poderiam ser considerados parte da classe trabalhadora (DUTRA, 1988). Na mesma lógica, os movimentos católicos arrefeciam a luta e atuavam para desarticular a classe operária mais combativa. Ou seja, toda a crítica epistemológica que complexificou a compreensão dos mundos do trabalho ao abandonar as análises estruturalistas, incluir raça e gênero como categorias de análise e avançar para a compreensão interseccional, de fato, desvelou uma classe trabalhadora muito mais heterogênea, diversificada, com disputas e as divisões internas que conformavam as identidades de classe. A religião, que foi ignorada pelo paradigma estruturalista, continuou a ser subjugada pela historiografia por muito tempo. A religiosidade, contudo, é parte da identidade de classe, influencia as escolhas de trabalhadores e trabalhadoras e, portanto, integra a própria experiência de classe.

Se já é consenso que a classe trabalhadora é muito menos homogênea e muito mais diversificada e dividida do que se presumia (BATALHA, FORTES e SILVA, 2004), a influência da religião dos trabalhadores ainda deve ser reconhecida na conformação do fazer-se classe. Um dos mais significativos estudos sobre os mundos do trabalho, de seminal influência na historiografia brasileira das últimas décadas, é *A formação da classe operária inglesa*, de Edward Palmer Thompson. No livro, o autor destacou o importante papel do metodismo como uma "comunidade de substituição" primordial a solidariedade de classe no processo história de formação da classe operária inglesa (THOMPSON, 1987, p.261). A religião é considerada uma dimensão básica da experiência humana e, por isso, consolidou-se como agenda de pesquisa no campo da história social (PASTURE, 2002). No campo das humanidades, de forma geral, até mesmo a concepção materialista da história mudou sua visão sobre a relação da religião com a luta de classes, notadamente incentivado pelos estudos sobre os movimentos revolucionários da América Central.[6]

6 Na Nicarágua e em El Salvador, por exemplo, os grupos católicos foram personagens de destaque e favoráveis à articulação revolucionária. C.f. Fábio Régio Bento. Marxismo e religião: revolução e religião na América Central. Jundiaí: Paco Editorial, 2016. Discussão

A análise deste capítulo parte da historiografia e de pesquisa empírica para demonstrar que é preciso considerar como parte da experiência dos trabalhadores e trabalhadoras o ativismo religioso que orientou militantes leigos e clérigos durante quase toda a história republicana. No caso brasileiro, a força do catolicismo foi marcante junto aos trabalhadores, como é demonstrado a partir de dois casos empíricos e da historiografia mencionada. Este capítulo apresenta duas pesquisas realizadas individualmente pelos autores, mas que dialogam entre si no sentido de compreender as práticas e o papel da militância católica de clérigos e leigos no Brasil num longo recorte que envolve as primeiras décadas do século XX aos agitados anos que precederam o golpe civil-militar de 1964. A primeira parte deste capítulo é dedicada a compreender a atuação de militantes leigos na cidade de Belo Horizonte, nas primeiras décadas do século XX, e da consequente articulação do sindicalismo católico congregado em torno da Confederação Católica do Trabalho, que se tornou a principal organização da cidade. Na capital mineira, então uma cidade recém-inaugurada, os católicos construíram um sindicalismo que teve representação majoritária na cidade, que obteve êxito em várias campanhas por direitos, atuou para afastar as matrizes socialistas de organização e, por fim, impôs um agir pautado pelo catolicismo social. Já a segunda parte apresenta uma análise sobre a atuação do Círculo Operário Católico do Rio de Janeiro. O objetivo é mostrar como o circulismo de caráter anticomunista teve um papel relevante na desmobilização do movimento sindical ligado ao presidente João Goulart nos anos que precederam a instauração da ditadura militar. Seja no associativismo dos trabalhadores católicos de Minas Gerais como nas ações dos *circulistas* no Rio de Janeiro, as duas pesquisas desvelam as diversas experiências católicas nos mundos do trabalho voltadas para a criação de um espaço organizativo dos trabalhadores que fosse capaz de distanciar os trabalhadores do comunismo, do anarquismo e da ordem liberal capitalista desenfreada.

A historiografia sobre a Europa dedicou muito mais espaço ao papel da religião nos mundos do trabalho. Há uma compreensão da contribuição da ma-

conceitual sobre o tema pode ser encontrada em Michael Löwy: E. P. Thompson e a religião dos trabalhadores. História e Perspectivas, Uberlândia (1), p.295-311, jan./jun. 2014; *Idem*. Marx e Engels como sociólogos da Religião. *Lua Nova* – Revista de Cultura e Política, n. 43, p. 157-170, 1998.

triz cristã de organização de trabalhadores para a conformação da sociedade europeia. O cristianismo – católico e protestante – deu origem a um tipo de militância de trabalhadores que tinha a cultura confessional como especificidade. Essa militância se desenvolveu rapidamente e formou o sindicalismo cristão internacional (PASTURE, 1999, p.18). Esse contexto é importante, pois é nele que surgem os princípios da doutrina católica de ação social. O sindicalismo cristão surge da experiência de ação social das igrejas – no caso europeu, católica e protestantes –, mesmo antes de haver uma tomada de posição institucional sobre o tema. Desde a década de 1860, pelo menos, surgiram associações de viés antissocialistas formadas por trabalhadores cristãos em países como Alemanha, Bélgica, França, Holanda e Itália (DAMBERG *et al.*, 2005, p. 78).

Essas organizações, segundo Jan de Maeyer, possuíam a característica básica a recusa em associar sua identidade cultural com as associações socialistas coletivistas. Já eram resultado de um posicionamento contrarrevolucionário influenciado por valores e tradições culturais ditados pelas religiões cristãs. A família e a propriedade eram defendidas e considerados mais importantes que o próprio confessionalismo (MAEYER, 2005, p.93; DAMBERG *et al.*, 2005, p.49-80). São os mesmos valores e tradições invocados, durante o século XX, pelo programa político da democracia cristã europeia, que por sua vez foi um dos pilares dos Estados de Bem-Estar Social europeus (PASTURE, 2005). Isso demonstra o quanto a religião é parte da experiência associativa e política.

No curso do século XIX, nesse contexto, a Igreja Católica assumiu a questão social e passou a buscar formas de combater as mazelas do capitalismo com medidas práticas e não apenas culpando as sociedades pela ausência da fé. Foi o início de uma ação social mais institucionalizada, do catolicismo social, que a partir de então passa a ser entendido como doutrina. Para se colocar como uma via alternativa às ideias revolucionárias, a Igreja incentivou a ação junto aos trabalhadores oferecendo uma doutrina cristã para o movimento de luta por melhores condições de trabalho e vida. É nesse contexto que se concebeu a doutrina social da Igreja, ratificada pela encíclica *Rerum Novarum*, em 1891. A hierarquização dos movimentos confessionais como movimentos da Igreja Católica, contudo, só se efetivou com a Ação Católica (AC), surgida na Itália, em 1922, e que se disseminou nos anos seguintes por vários países católicos, inclusive o Brasil (ANDES; YOUNG, 2016).

No Brasil, o surgimento de movimentos de trabalhadores católicos se deu de outra maneira, mas é possível dizer que a doutrina social iniciada com a *Rerum Novarum* teve impacto relevante. Os clérigos brasileiros estavam preocupados com a perda da influência política da Igreja e com o distanciamento dos fiéis após a separação entre Igreja e Estado. A doutrina social de Leão XIII fundamentou a ação dos leigos católicos que lideraram movimentos sociais caritativos e de trabalhadores (SILVA, 2008). Nesse momento, a Igreja Católica no Brasil buscava descentralizar-se para ampliar sua capilaridade e, entre 1890 e 1930, foram criadas 56 novas dioceses, o que significou ser este o período de maior crescimento em sua história (MICELI, 1985, p. 57-58). Os bispos brasileiros mais atuantes operavam a chamada "Restauração Católica", movimento que buscava a reconquista de fiéis, de poder político e, ainda, a expansão da Igreja Católica no Brasil. Dom Sebastião Leme da Silveira Cintra[7] liderou o movimento que, a partir da década de 1920, tornou-se representativo nacionalmente, sobretudo pela articulação com outros bispos, entre eles, Dom João Becker, arcebispo de Porto Alegre e Dom Antônio dos Santos Cabral, arcebispo de Belo Horizonte. A estratégia foi, por um lado, arregimentar a intelectualidade brasileira que, "apesar de oficialmente católica, militava com frequência nas hostes da maçonaria, do positivismo, do protestantismo, do espiritismo e até do ateísmo comunista" (MARQUES, 1995, p.54). Esse projeto se consolidou com o Centro Dom Vital, criado em 1922, onde militaram Jackson Figueiredo e Alceu Amoroso de Lima, influentes intelectuais católicos naqueles anos.[8] Por outro lado, o movimento de expansão do catolicismo incentivava a atuação da militância leiga, que atuou em várias frentes, incluindo a ação junto aos movimentos de trabalhadores.

---

7 Dom Leme foi arcebispo de Recife e Olinda entre 1916 e 1921. No Rio de Janeiro, sucedeu ao cardeal Joaquim Arcoverde após sua morte, em 1930.

8 Sobre os intelectuais católicos atuantes a partir da década de 1920 ver, entre outros: SILVA, Wellington Teodoro da. Catolicismo militante na primeira metade do século XX brasileiro. *História Revista*, Goiânia, v. 13, n. 2, p. 541-563, jul./dez. 2008; ARDUINI, Guilherme Ramalho. *Em busca da Idade Nova*: Alceu Amoroso Lima e os projetos católicos de organização social (1928-1945). 2009. 156p. Dissertação (mestrado) - Universidade Estadual de Campinas, Instituto de Filosofia e Ciências Humanas, Campinas, SP. Disponível em: <http://libdigi.unicamp.br/document/?code=000436248>. Acesso em: 29 jan. 2013.

Na primeira década do século XX, os católicos brasileiros organizaram dois grandes congressos nacionais, em 1900 e 1908, respectivamente em Salvador e Rio de Janeiro, que tiveram entre os pontos de pauta a ação social católica. Além desses nacionais, outros congressos regionais ou locais aconteceram em várias regiões do país.[9] Esses congressos eram comumente organizados por lideranças leigas e preocupavam-se em debater e propor soluções para a chamada questão social. De forma geral, as resoluções desses congressos apontavam a necessidade da criação de organizações de leigos para difundir os princípios do catolicismo social, formar militantes que atuassem a partir dos desses princípios na luta social.

Nesse contexto, os católicos preocupados com a organização nos mundos do trabalho não hesitaram em atuar na política. A primeira lei sindical brasileira (Lei 1.637/1907) foi elaborada por iniciativa da militância católica e entregue ao deputado federal Ignácio Tosta, que o apresentou ao Congresso. Tanto o projeto de lei quanto a exposição de motivos apresentadas por Tosta para votação foram redigidos por Carlos Alberto de Menezes, em 1903. Menezes era atuante em Pernambuco, onde dirigiu a Federação Operária Cristã, e foi também o presidente do 1º Congresso Católico Brasileiro de 1900, realizado em Salvador (AMARAL, 2019, p. 12).

A análise desse capítulo considera que a ação católica junto aos trabalhadores pode ser dividida em dois momentos. O primeiro, iniciado ainda nos anos finais do século XIX e que durou pelo menos até a institucionalização da Ação Católica Brasileira (ACB), em 1935, foi marcado pela ação de leigos que, influenciados pela doutrina social da Igreja, atuaram junto aos sindicatos e associações de trabalhadores conformando uma cultura militante católica que se colocou como uma opção à militância vinculada às ideias socialistas.[10] O segundo momento, surgido após a institucionalização e hierarquização do

9 Entre os quais: Congresso Católico de Pernambuco, em Recife, 1902; Congresso Católico de Niterói, em 1909; Congresso Católico de Petrópolis, 1909; Congresso Católico Mineiro, em Juiz de Fora, 1910, e em Belo Horizonte, 1911, 1914 e 1918; Congresso Católico Baiano, em Salvador, 1910.

10 Periodização semelhante pode ser encontrada em AMARAL, D.; BILHÃO, I. A. Igreja Católica e Mundos do Trabalho no Brasil: breve análise historiográfica. In: SPERANZA, Clarice. História do trabalho: entre debates, caminhos e encruzilhadas. Jundiaí: Paco Editorial, 2020.

movimento decorrente da criação da ACB, com a maior liderança da Igreja Católica e seus clérigos, redirecionou a ação para o movimento circulista, inicialmente, e para as ações pastorais,[11] posteriormente.

No primeiro momento, portanto, antes da criação da ACB, em 1935, os sindicatos católicos e demais movimentos sociais influenciados pelo catolicismo social eram desvinculados organicamente da Igreja. Muitas vezes, eram liderados por leigos católicos sem a necessidade de clérigos atuando nas organizações. Esses movimentos eram resultado do movimento institucional da Igreja que visou disseminar o catolicismo na sociedade e congregar um exército de fiéis católicos e militantes.[12] Além de sindicatos, havia outras formas de atuação desse movimento leigo católicos, geralmente em associações caritativas, pias, educacionais, ligas de imprensa, ordens e confrarias.[13] Entre as organizações voltadas especificamente para os mundos do trabalho, há experiências em várias cidades brasileiras. Em São Paulo, Ceará, Pernambuco e Minas Gerais o movimento associativo católico parece ter sido mais atuante. Em São Paulo, o Centro dos Operários Católicos (1899), transformado posteriormente em Centro Operário Católico Metropolitano (1907), possuía ramificações pelos bairros da capital e em algumas cidades do interior do estado (BATALHA, 2000, p.28). Em Fortaleza, o Círculo de Trabalhadores e Operários Católicos São José (1915) realizava atividades voltadas à educação e ao lazer dos trabalhadores, além de ter por finalidade expandir o circulismo no Ceará (LIMA, 2009). Em Minas Gerais, a Confederação Católica do Trabalho (1919) comandou 18 sindicatos católicos. Antes dela, a União Popular em Minas Gerais (1909) já atuava em questões voltadas aos trabalhadores (AMARAL, 2018).

---

11 A Pastoral Operária surgiu no Brasil no início dos anos 1960. A Pastoral da Terra surgiu em 1975.

12 Formar um exército de fiéis era a orientação primeira do movimento de Restauração Católica, liderado por bispos brasileiros, entre eles Dom Sebastião Leme, Dom Becker e Dom Cabral.

13 Em relatório apresentado no 2º Congresso Católico, em 1908, no Rio de janeiro, constavam as seguintes organizações: Mães Cristãs; Congregação Mariana; Pia União das Filhas de Maria; Ordem Terceira Franciscana; Confraria do Rosário; Liga Católica da Boa Imprensa; Obra das vocações sacerdotais. ALMEIDA, Victor M. C. de. Relatório sobre associações católicas. Congresso Católico Brasileiro, 2º., 1908. São Sebastião do Rio de Janeiro. *Atas e documentos*. Rio de Janeiro: Off. d'O universo, 1910. p. 190-198.

Em Pernambuco, a Corporação Operária de Camaragibe (1901) e a Federação Operária Cristã (1902) foram organizações fortes, ambas lideradas pelo industrial católico Carlos Alberto de Menezes (Amaral, 2019). A cidade do Rio de Janeiro também viu surgir várias organizações católicas, não necessariamente de ação sindical, mas que tinham a preocupação com a questão social. Durante o 2º Congresso Católico Brasileiro, realizado em 1908, no Rio de Janeiro, foi apresentada a União Popular, organização que ganhou capilaridade nacional.[14] Em comum, os exemplos citados acima tinham o catolicismo social como orientação e a liderança de leigos.

A segunda etapa da relação entre catolicismo e trabalhadores é resultado de mudanças de orientação da Igreja Católica no Brasil. Seguindo diretrizes de Roma, a Igreja Católica no Brasil inicia um processo de hierarquização do movimento com a criação da Ação Católica Brasileira (ACB), oficializada em 1935. Do ponto de vista institucional, a ACB é um momento ápice da organização da ação social da Igreja Católica no Brasil, mas também é a tomada de rédeas e a retirada do poder das mãos de leigos. No concernente aos trabalhadores e sua organização social, a estratégia passa a ser a formação de quadros por meio da Juventude Operária Católica (JOC), Juventude Agrícola Católica (JAC) e a atuação por meio dos Círculos Operários Católicos.

A militância leiga católica nos mundos do trabalho: sindicalismo católico e política municipal em Belo Horizonte nas primeiras décadas do século XX.

De todo o processo de gestação e implementação do projeto de restauração do catolicismo brasileiro, a consequência mais importante a se destacar dessa guinada da Igreja no Brasil foi o surgimento do catolicismo militante. Nesse processo de restauração, a Igreja "elabora-se na compreensão militante de si mesma" (SILVA, 2008, p.541). As motivações e o percurso dessa compreensão militante no Brasil, bem como a conformação dos movimentos sociais e organizações resultantes desse catolicismo militante podem ser mais

14 ALMEIDA, Victor Maria Coelho de (Côn.). União Popular do Brasil. CONGRESSO CATÓLICO BRASILEIRO, 2º., 1908. São Sebastião do Rio de Janeiro. *Atas e documentos*. Rio de Janeiro: Off. d'O universo, 1910. p. 247.

bem entendidos quando se lança o olhar sobre as manifestações do catolicismo nos primeiros anos do século XX.

Os já mencionados congressos católicos organizados nas primeiras décadas do século XX resultaram em estratégias de ação social e no incentivo ao associativismo católico. Esses congressos foram organizados por lideranças católicas leigas que, mesmo ao agir em consonância com os interesses da Igreja, não estavam subordinadas a ela. As teses finais dos dois congressos nacionais (1900, em Salvador, e 1908, no Rio de Janeiro) traziam vários pontos concernentes à questão operária e à necessidade de incentivar o associativismo confessional entre os trabalhadores, para defender seus direitos, todavia também para evitar que as militâncias socialista e anarquista ganhassem espaço. Nesse sentido, o discurso de abertura do 1º Congresso Católico Brasileiro, proferido por Carlos Alberto de Menezes,[15] é sintomático das preocupações dos católicos.

> O operário brasileiro não foi ainda trabalhado, pervertido, como o Europeu. [...] Mas se a questão não existe, existirá dentro em pouco; o terrível vírus nos é trazido por muitos veículos. O nosso dever é preveni-la, é aplicar ao nosso organismo social, ainda isento, a vacina que o torne imune. E essa vacina, nos a temos mais segura e mais eficaz que as culturas de Jenner e Pasteur. Quem nos fornece-a é a Santa Igreja [...] (MENEZES, 1986, p.35).

Toda a mobilização em torno dos congressos católicos teve implicações diretas na formação de lideranças e no surgimento de organizações católicas. A principal decisão do 2º Congresso Católico Brasileiro, por exemplo, foi a criação da União Popular do Brasil, que deveria ser a principal organização católica e expandir o catolicismo militante por todo o país.

15 Carlos Alberto de Menezes (1855-1904) foi engenheiro civil e militante católico. Atuou em Pernambuco, onde foi diretor-geral da Usina de Açúcar de Goiana e sócio-diretor da Companhia de Tecidos de Camaragibe. Influenciado pelo catolicismo desde a mocidade, quando ingressou nas fileiras do movimento vicentino, tornou-se um líder católico conhecido em sua região, sobretudo após implantar em suas indústrias um modelo de organização dos trabalhadores em associações mistas, de patrões e empregados, baseado nas experiências belgas.

A União Popular do Brasil, sediada no Rio de Janeiro e fundada oficialmente em maio de 1908, era inspirada no modelo da congênere *Volksverein*[16] alemã. Seus estatutos previam a criação de Centros da União Popular em todos os estados brasileiros e diretórios em todas as dioceses.[17] Em Minas Gerais, foi criada uma filial em 1909, o Centro da União Popular em Minas Gerais, que teve papel central na organização da militância católica em Belo Horizonte. Em novembro de 1910, uma reunião diretiva do Centro da União Popular em Minas Gerais ofereceu evidências da capilaridade das organizações católicas no estado, indicando a existência de vinte e quatro organizações católicas mineiras associadas, além de outros vinte e três delegados em outros municípios, incumbidos de formar diretórios locais.[18] Isso dá a dimensão do acolhimento do projeto da União Popular em Minas Gerais já no primeiro ano de existência.

Os congressos constituíram espaço seminal de debate de ideias e de formação de militantes católicos. A preocupação com propaganda católica, instrução religiosa, associação da militância em organizações de ação social e, sobretudo, com a questão social e as condições de vida e trabalho, direcionaram a discussão e a ação para a questão operária. As resoluções do 2º Congresso Católico Mineiro, realizado em 1911, em Belo Horizonte, e promovido pelo Centro da União Popular em Minas Gerais, contêm um capítulo específico sobre a questão operária, que sintetiza as preocupações dos militantes católicos e traduz o próprio pensamento social católico que balizou a doutrina social da Igreja. Os congressistas definiram a ênfase na propaganda junto a operários, por meio da imprensa, panfletos e conferências, dos princípios expressos na encíclica *Rerum Novarum*; destacou-se a importância de combater

16 A *Volksverein* foi criada em 1890, por Ludwig Windthors (1812-1891), com o objetivo de enfrentar as tendências revolucionárias e defender a ordem social.

17 *A voz do povo*. Anno I, nº 4. Bangú: 29 out. 1911.

18 Os municípios que já possuíam diretórios em 1910: Belo Horizonte, Alvinópolis, Villa de Nova Lima, Saúde, Ponte Nova, Rio Branco, São João Nepomuceno, São João Del Rey, Conceição, Nazareth, Santo Antônio do Rio das Mortes, Itambacuri, Mosquito (Tiradentes), Santa Rita do Rio Abaixo, São Miguel do Cajuru, Porto Real, Jequeri, Urucu (Ponte Nova), São Pedro dos Ferros, São Sebastião do Entre Rios, Santo Antônio da Grama, Barra Longa, Santa Cruz do Escalvado, Rio Doce.
União Popular em Minas Gerais – Nossas gerências. *União Popular* (órgão oficial do Centro da União Popular e comissão permanente dos congressos católicos no estado de Minas Gerais). Belo Horizonte, 1910. p. 3 (Coleção Linhares – UFMG).

as ideias socialistas; defender, entre proprietários e industriais, a importância do salário justo; estimular a criação de escolas profissionais e noturnas para operários; pressionar as autoridades para que se criassem boas condições para o consumo de gêneros aos mais pobres, bem como o estímulo à criação de mutualidades de consumo; lutar de forma incisiva pela criação de programas que facilitem a resolução da questão da habitação operária, por meio de leis ou cooperativas de construção.[19]

A capilaridade alcançada pelo catolicismo militante em Minas Gerais fez surgir um movimento sólido e que formou militantes leigos que não desprezavam o aspecto confessional de sua cultura associativa. Os debates realizados nos congressos católicos mostram que a questão operária tinha centralidade e amadureceram a necessidade de incentivar o associativismo de trabalhadores nas bases da doutrina social da Igreja. A fundação da Confederação Católica do Trabalho (CCT), em 1919, em Belo Horizonte, significou ápice dessa articulação do catolicismo militante em torno da questão social.

A Confederação Católica do Trabalho não foi um sindicato comum, pois sua função estatutária era congregar em torno de si sindicatos e associações católicas de trabalhadores que aceitassem agir sob seu programa. Atuou como grande organizadora social, na medida em que dirigiu as forças sindicais de Belo Horizonte durante a década de 1920 em uma ação conjunta e, mais que isso, impulsionou a fundação de vários sindicatos na cidade. Embora nomeada confederação, a entidade era uma associação intersindical, profissionalmente indiferenciada, com atuação direta limitada ao espaço da cidade. A grande estrutura formada desde o início fez da CCT uma organização sólida, que influenciava inclusive organizações não congregadas, e que tinha a capacidade de negociar com os poderes públicos em âmbito municipal. Essa foi a principal estratégia utilizada para conseguir melhorias para os trabalhadores. Nesse aspecto, é possível dizer que era uma organização sindical que atuava diretamente na política da municipalidade, pois parte significativa de seus esforços se dava em recursos ao poder público.

Os estatutos da CCT definiam que "Toda a ação operária deve obedecer aos princípios traçados na encíclica *Rerum Novarum* e em outros do-

19 Anais do Segundo Congresso Católico Mineiro, Belo Horizonte, 1911, p. 34.

cumentos pontifícios",[20] explicitando claramente sua vinculação ideológica à doutrina social da Igreja. Essa vinculação pode ser facilmente percebida pela análise das campanhas por direitos, sempre conduzidas com a premissa de conservar a ordem social, evitando estratégias grevistas, e pelo recurso às elites políticas para garantir conquistas. As elites políticas eram usadas estrategicamente para garantir que as conquistas fossem obtidas em normas legais. Trata-se *a priori* de uma ação reformista e caracterizada pela moral cristã conduzida pelos católicos. A Confederação Católica do Trabalho conduziu várias campanhas de luta por direitos para os trabalhadores. Essas campanhas permitem entender como a cultura confessional pautada pelo catolicismo moldou o agir dos trabalhadores.

A confederação foi uma organização que tinha como objetivo principal a proteção dos trabalhadores e atuou na luta por melhorias materiais como a jornada de trabalho de 8 horas, o salário justo, o direito às moradias, entre outras. Na questão habitacional, por exemplo, tais ações visavam a conquistar para os trabalhadores o lugar que não fora reservado a eles no planejamento inicial da cidade. Belo Horizonte foi uma cidade planejada, inaugurada em 1897. Desenhada para ser a sede administrativa do estado de Minas Gerais, a moderna capital não previu em seu projeto espaços para os trabalhadores e trabalhadoras. Havia espaço para o funcionalismo público e para os serviços, mas não havia no plano da cidade sequer um bairro para os próprios operários que migraram para a região para trabalhar nas obras. Esse contexto viu surgir junto à nova capital um conjunto de trabalhadores e trabalhadoras que, além de enfrentar as usuais dificuldades relativas à exploração de seu trabalho, eram também segregados espacialmente.[21]

Em linhas gerais, habitação e pobreza eram os principais problemas enfrentados pelos trabalhadores nos primeiros anos de existência de Belo Horizonte. O poder público atuava para inserir os trabalhadores no espaço urbano da capital, mas também para controlá-los, garantindo que ocupassem espaços subalternos da cidade, a fim de preservar a visão de cidade administrativa idealizada pelos inventores da nova capital. Dentre as lutas conduzidas pela Confederação Católica do Trabalho durante a década de 1920, destacou-

20 CONFEDERAÇÃO CATHOLICA DO TRABALHO. *Estatutos*.

21 Sobre as lutas dos trabalhadores nesse período, ver Veriano (2001) e Amaral (2018).

-se a que visava a garantia da posse dos terrenos e a renovação dos prazos para as construções das moradias populares. A atuação da Confederação se deu, basicamente, de duas formas: a primeira, pela assistência jurídica aos trabalhadores para a obtenção da revalidação da posse dos lotes; a segunda, pelo incentivo à criação da *Cooperativa Constructora de Casas Operarias Limitada*. As campanhas da Confederação Católica do Trabalho em prol da habitação obtiveram êxito e algumas medidas legais foram tomadas pelo poder público de Belo Horizonte para facilitar o acesso dos trabalhadores à moradia.

As condições de trabalho também eram agravantes das condições de vida na cidade. As jornadas alongadas foram motivos de queixas constantes. Durante a década de 1920, a Confederação Católica do Trabalho liderou campanhas pelo cumprimento da jornada de trabalho de 8 horas e pelo descanso dominical. Em ambos os casos, a organização atuou junto ao poder público, especialmente por meio de petições feitas ao Conselho Deliberativo da cidade. Por representar quase a totalidade dos sindicatos da cidade, a organização tinha poder de barganha para pressionar os conselheiros. Aliado a isso, ajudava o discurso de promoção da harmonia social, premissa do catolicismo. Em linhas gerais, as petições argumentaram que as concessões de benefícios e direitos evitariam convulsões sociais e, ademais, evitariam que ideias socialistas se proliferassem na cidade, mantendo o catolicismo social como principal conjunto de ideias que influenciava os trabalhadores da cidade. Esse discurso reformista funcionou na maioria das vezes, a ponto de a jornada de 8 horas ter sido garantida à várias categorias profissionais[22] e o descanso dominical[23] ter sido transformados em lei municipal por resultado das ações da confederação. Além disso, a Confederação continuou a atuar denunciando o não cumprimento das referidas leis[24] até a década de 1930, quando as mudanças políticas brasileiras implementadas com a ascensão de Getúlio Vargas ao poder, notadamente a proibição de sindicatos confessionais, colocou fim a trajetória da

22 O dia de oito horas. *O Operário*. Ano I, n. 1. Belo Horizonte, 19 de jun. de 1920. p. 3.

23 Foram várias leis resultantes dessas demandas, que regulavam categorias profissionais separadamente. Por exemplo: Lei nº 10 de 1919, *Anais do Conselho Deliberativo de Belo Horizonte*. 2ª Reunião, set. de 1919; Lei Municipal nº 227, de 14 de outubro de 1922.

24 Descanso Burlado. *O Operário*. Ano 1, n. 3. Belo Horizonte, 31 de jul. de 1920. p. 1.

organização, pelo menos nos moldes daquela fundada em 1919. Em 1941, a confederação converteu-se em círculo operário.

As estratégias de reivindicação das organizações católicas são marcadas pelo elemento confessional que lhes é inerente. A sucinta análise das principais campanhas por direitos empreendidas pela Confederação Católica do Trabalho revelou um aspecto bastante específico da estratégia do catolicismo militante em Belo Horizonte. A Confederação Católica do Trabalho e os sindicatos a ela congregados conseguiram fazer seu discurso ser recepcionado pelos legisladores que passaram a justificar as leis com os mesmos argumentos daqueles que as reivindicavam. Outro ponto de destaque nessa estratégia foi o uso que a Confederação Católica do Trabalho fez de sua influência sobre os trabalhadores da cidade. Ao oferecer seu controle sobre os trabalhadores como garantia de ordem social – ao invés de ameaçar com a desordem –, a militância católica agia em consonância com suas premissas ideológicas ao mesmo tempo que conquistava adeptos nas classes políticas. Esse instrumento de pressão social mostrou-se eficiente na medida em que as principais campanhas da década de 1920 tiveram suas demandas convertidas em leis municipais. Ademais, o fato de as organizações sindicais da cidade terem sido majoritariamente católicas durante pelo menos três décadas indica a opção dos trabalhadores por essa forma de agir e, além disso, reforça a importância de incluir a religião como um dos elementos constitutivos da experiência de classe. Do contrário, tal como a historiografia do trabalho já fez outrora, uma experiência como a de Belo Horizonte seria tratada apenas como "cooptação" ou como "sindicalismo dócil".[25]

O Círculo Operário Católico do Rio de Janeiro: o anticomunismo em nome da paz social.

A atuação dos Círculos Operários Católicos (COCs) no Brasil tem sido tema de análise dos pesquisadores interessados nas conexões entre religião, Estado, trabalhadores e política a partir dos anos 1930 em diversas regiões do país (DIEHL, 1990; AMARAL, 1992; AMBARA, 1993; FARIAS, 1998). No entanto, as estratégias e as ações dos setores conservadores permanecem pou-

---

25 Essas expressões foram usadas, por exemplo, por Dutra (1988).

co exploradas, tanto em relação ao papel dos dirigentes sindicais quanto dos grupos anticomunistas católicos, sobretudo no período da segunda metade do século XX. Jesse Jane Vieira de Souza ressalta o pouco interesse da historiografia sobre a Igreja Católica no mundo do trabalho entre os anos 1930 e 1964, sendo poucas as referências sobre o circulismo. A autora, alinhada com a perspectiva de Roberto Romano, rejeita as interpretações sobre a Igreja Católica como mero aparelho ideológico do Estado ou como aparelho de hegemonia, procurando compreendê-la por dentro da sua condição de corpo místico, criadora de "um determinado princípio teológico – e uma práxis – a respeito do trabalho, visto como o principal problema da moderna sociedade industrial". Esse corpo místico, dotado de coerência própria, pontuou a autora, possuía um "projeto teológico-político"(SOUZA, 2002, p.25).

Não é proposta deste estudo analisar a primeira fase do circulismo no Brasil, da década de 1930 a 1945, embora seja importante compreender as alianças e conflitos travados entre Vargas e a Igreja Católica neste período, assim como a relação e influências entre os círculos e o projeto corporativista varguista e a projeção dos círculos no Ministério do Trabalho. O foco deste estudo foi desvelar as ações conduzidas pelo Círculo Operário Católico do Rio de Janeiro, entre os anos 1961 a 1964, voltadas para o desmantelamento do movimento sindical organizado em torno das pautas nacional-desenvolvimentistas, sob a condução dos militantes do PCB e dos trabalhistas. Dessa forma, buscou-se compreender o papel da entidade nos eventos que culminaram no golpe civil-militar.[26] Ainda que o enfoque seja a atuação política do COC, procurou-se não menosprezar os aspectos simbólicos do movimento circulista, não o considerando apenas uma peça na rede conspiratória que depôs Goulart, mas sim autor de um projeto próprio e singular, que buscava um alinhamento ideológico entre a política, economia e a doutrina social cristã.

26 Pesquisa realizada entre os anos de 2017 e 2020, financiada pelo CNPq, edital Universal. O projeto contou com o envolvimento de três bolsistas de iniciação científica: João Condé, Ana Clara Tavares e Jerson de Oliveira Fernandes Filho. Os dois últimos concluíram as respectivas monografias de conclusão de curso no Departamento de História da PUC-Rio: "Movimento sindical católico e anticomunista: a Escola de Líderes Operários", 2020; "Amigos, amigos... negócios à parte: o Círculo Operário Católico e o 'pai dos pobres', uma disputa pela palavra dos trabalhadores, 1937-1945", 2021. Agradeço a eles por toda a colaboração.

Tampouco procurou-se analisar as atividades dos círculos como mero assistencialismo, pois sabe-se que ações com finalidades assistencialistas não necessariamente produzem a disciplina e a passividade desejada.[27] Segundo Jessie Jane Vieira de Souza, o assistencialismo dos círculos operários não pode ser compreendido apenas como parte de uma estratégia que teria como objetivo "minar as formas de solidariedade autônoma existentes no mundo operário". Não se tratava, asseverou a autora, de simplesmente rivalizar com os sindicatos oficiais reconhecidos pelo Estado, mas "de construir novas formas de solidariedade firmadas nas relações corporativas, trazendo-as, ao mesmo tempo, para a sua esfera de controle". No entanto, grande parte das ações dos círculos foram consideradas assistencialistas buscando suprimir os espaços "vazios" da vida do trabalhador entre a fábrica e o lar (SOUZA, 2002, p. 23). Neste estudo procurou-se compreender que tipo de atividades assistencialistas os círculos praticavam.

Leila de Menezes Stein, em seu livro *Trabalhismo, círculos operários e política* – a construção do sindicato de trabalhadores agrícolas no Brasil (1954-1964), investigou a atuação dos círculos operários católicos no campo, mostrando como os COCs buscaram influenciar o sindicalismo rural. De acordo com a autora, a "evolução do movimento circulista no Brasil pode ser brevemente caracterizada pela consideração de algumas modificações em sua doutrina". Quando a entidade, em meados dos anos 1950, começa a defender a necessidade de uma reforma social, mas na perspectiva anticomunista e antitrabalhista. Ao analisar os periódicos da Confederação Nacional dos Círculos Operários Católicos (CNCO), Stein observou que os círculos se posicionavam contra o Estado, particularmente contra o governo de João Goulart (1961-1964). A tese apresentada pela CNCO era de que "um dos males da questão social estaria na excessiva burocratização das atividades econômicas e sociais e que, mais particularmente, o fato atingia a estrutura sindical brasileira, considerada correia de transmissão do Partido Trabalhista Brasileiro" (STEIN, 2008, p. 198).

27 Javier Ayero (2012, p. 135), ao desenvolver uma análise crítica sobre a concepção de clientelismo político e descontruir a ideia de que redes clientelistas e ação política caminham necessariamente em campos opostos, argumenta que, " mais do que duas esferas opostas de ação ou duas distintas formas de sociabilidade, patronagem e política de contestação podem estar mutuamente imbricadas".

Nos Estatutos da CNCO, publicado em 1950, constituída como órgão supremo do movimento circulista, a entidade registrou como missão o compromisso em constituir "uma sólida frente de ação coordenada a fim de realizar integralmente os alevantados postulados econômico-sociais e espirituais contidos nos Santos Evangelhos, nas Encíclias *Rerum Novarum*, *Quadragesimo Anno* e *Divini Redemptoris*, nas diretrizes sociais de Pio XII, no Código Social de Malinas e, em geral, nos documentos pontifícios". Dentre os objetivos, a CNCO buscava estimular a sindicalização dos trabalhadores, sobretudo a dos circulistas, e incentivar a confraternização dos COCs com os sindicatos. Afirmava ainda "estabelecer na medida do possível fórmulas de colaboração e ajuda mútua que evitem a dispersão de esforços que tenham objetivos comuns". No campo da legislação trabalhista, a CNCO se posicionava em defesa dos direitos dos trabalhadores, destacando a importância de apoiar e vigiar a aplicação da CLT, visando uma aplicação mais célere e mais abrangente capaz de abarcar os trabalhadores rurais.[28] Assim, a CNCO propunha ultrapassar as fronteiras locais e regionais, por meio de uma organização vertical, similar ao modo de organização sindical corporativista, imposto por Vargas nos anos 1930, ao mesmo tempo em que tinha como estratégia a formação de pequenos núcleos em bairros operários, visando a maior proximidade com os trabalhadores e as suas comunidades.

28 Estatutos da Confederação Nacional dos Círculos Operários Cristãos, p. 5-6. Arquivo KADOC/ Universidade Católica de Leuven, Braziliё: Ação Católica Operaria (ACO). Briefwisseling, vergaderstukken, rapporten, nota's, ledenlijst bestuur, verslagen van MMTC-bezoeken, persknipsels, omzendbrieven, statuten van de Confederaçao Nacional dos Circulos Operarios (1950), documentatie BE/942855/448/6.5.3.

Imagem 1, fonte: Acervo Dops, APERJ folhetos polícia política DESPS 316.

Assim como previsto nos estatutos da CNCO, os círculos frequentemente davam demonstrações de alinhamento as encíclicas papais, como uma forma de demarcar o papel da Igreja Católica nas relações entre capital e trabalho. Em 1961, por exemplo, o COC do Rio de Janeiro celebrou o 70º aniversário da *Rerum Novarum*. Padre José Belisário Veloso, identificado como assistente eclesiástico da entidade e da CNCO, exaltou a importância da encíclica aos participantes da cerimônia, entre eles, o ministro do Trabalho, Geraldo Bezerra de Menezes, além de outras personalidades de destaque no meio sindical e representantes do Estado.[29]

Padre Veloso, que havia ocupado os cargos de vice-reitor e reitor da Pontifícia Universidade Católica (PUC) do Rio de Janeiro entre as décadas de 1950 e 1970, também era alçado pela imprensa como uma espécie de mediador nos conflitos travados entre sindicatos e patrões, como mostrou a reportagem do *Última Hora*, de 25 de agosto de 1961. O periódico narrou o tumulto

29 *Última Hora*, 16 de maio de 1961, p. 2.

ocorrido nas imediações do palácio da Guanabara, que se espalhou por toda a cidade um dia após a renúncia do presidente Jânio Quadros. Padre Veloso foi citado naquela ocasião como um possível mediador entre o sindicato dos ferroviários que liderava uma greve nos trens da Central e Leopoldina e o Estado.[30] A imprensa também o projetava como representante dos interesses dos direitos dos trabalhadores, ao mesmo tempo em que reforçava a imagem dos círculos como entidade militante dos interesses da classe trabalhadora. Em 1963, Padre Veloso foi ao Senado para demandar a correção das consideradas falhas no projeto do salário família, que havia sido recém aprovado.[31]

Buscando cada vez mais a aproximação com os trabalhadores católicos, a CNCO chegou a inaugurar em 1962 uma rádio para tratar das questões de interesse dos operários. A foto publicada no *Diário de Notícias* dava destaque ao Padre Veloso, de batina, altivo e gesticulando com uma mão para cima, passando a impressão de um líder eclesiástico em plena movimentação em prol dos trabalhadores. Ao ser transmitido pela Rádio Mauá e reproduzido por dezenas de rádios católicas de todo o país, o programa radiofônico intitulado "Questões em debate" visava, segundo o padre Veloso, representar a "autêntica meia hora do trabalhador, irá tratar de problemas cruciantes que lhes angustiam a vida" e também uma "verdadeira tribuna", onde o trabalhador poderia opinar livremente e sugerir questões consideradas de importância para a classe trabalhadora.[32]

Nas colunas da grande imprensa dedicadas ao movimento sindical no ano que antecedeu o golpe civil-militar, padre Veloso era frequentemente citado. Numa matéria do *Jornal do Commércio*, do Rio de Janeiro, publicado entre os dias de 29 e 30 de julho de 1963, intitulada "Sindicalismo brasileiro", o artigo utilizou uma pesquisa feita pelo padre Veloso que teria abrangido 1.453 dos 1.670 sindicatos brasileiros. O estudo já havia sido publicado na *Revista Vozes*, de Petrópolis. Em sua pesquisa, padre Veloso dividiu os sindicatos em duas áreas e subgrupos. A primeira seria a área democrática, composta por entidades democráticas, representando 33% e algumas de postura ideológica duvidosa (12%); a segunda a área comunista (composta por sindicatos intei-

30 *Última Hora*, 25 de agosto de 1961, p. 2.

31 *Última Hora*, 28 de agosto de 1963, p. 2.

32 Diário de Notícias, 15 de abril de 1962, p. 19.

ramente comunistas, 14%, e por seguidores de comunistas). Todavia, embora em menor número de representação, o clérigo observou que o PCB havia dominado as centrais sindicais mais importantes, como a Confederação Nacional dos Trabalhadores da Indústria (CNTI), a Confederação Nacional dos Trabalhadores das Empresas Comerciais (CONTEC) e a Confederação Nacional dos Trabalhadores Marítimos, Ferroviários e Aeroviários (CNTMFA). Segundo padre Veloso, o segredo do êxito dos comunistas, não só no meio sindical, mas percebível no campo estudantil e nas forças armadas, estaria na estratégia dos chamados "pactos de unidade" organizado por sindicatos em todo o país que "recebem as palavras de ordem do ilegal Comando Geral dos Trabalhadores" (CGT), se referindo ao não reconhecimento jurídico na estrutura sindical. Padre Veloso relacionava as ações do CGT com a Federação Mundial Sindical (FSM), com sede em Praga e de tendência comunista. Ao expor as estratégias dos comunistas, o clérigo acreditava que somente a coordenação e a disciplina seriam capazes de derrubar o avanço comunista no movimento sindical. Por fim, a reportagem concluía que somente "o apoio do movimento democrático sindical, oriundo dos círculos operários católicos tão bem orientados pelo padre Veloso pode ser a porta para a saída do sindicalismo brasileiro dos grilhões do comunismo".[33]

É na esteira das ações conspiratórias contra o governo Goulart que os círculos encontraram as condições viáveis para expandir o seu projeto político-social-teológico, calcado na democracia social cristã e livre dos obstáculos representados pelas forças da esquerda. Parte das ações, estratégias e conflitos enfrentado pelos círculos no Rio de Janeiro se evidenciam a partir de uma breve análise das suas atividades na Fábrica Nacional de Motores (FNM), símbolo do projeto nacional-desenvolvimentista no país, e nas relações que a entidade constituiu o Instituto de Pesquisa e Estudos Sociais (IPES), uma das principais organizações financiadoras da campanha antigoularista.

A documentação da grande imprensa revela, para além da ampla publicidade das atividades circulistas, uma série de tensões e conflitos entre os operários fabris. A Fábrica Nacional de Motores (FNM), localizada no distrito de Xerém, do Rio de Janeiro, foi cenário de alguns desses desen-

33 Jornal do Commércio, 29 e 30 de julho de 1963, p. 4.

tendimentos. Em 21 de outubro de 1961, o *Última Hora*, identificado com o trabalhismo varguista, noticiou o caso de sabotagem ocorrido na FNM. Segundo os operários autores da denúncia, o ato teria sido causado pelos trabalhadores integrantes do círculo operário católico. Estes estariam agindo, conforme categorizou o correspondente Manoel Valadão, de forma "sub-reptícia e impatriótica", causando a quebra brusca da produção. O resultado foi a abertura de uma comissão de inquérito para investigar a denúncia.[34] Já no *Diário Carioca*, semanas antes, o periódico havia registrado os prejuízos financeiros na FNM que teriam sido causados por funcionários demitidos e integrantes dos COCs.[35]

Entre os anos de 1961 a 1964, a FNM se tornou também exemplo da crescente polarização política no meio fabril. Além da crise financeira e das demissões, a fábrica enfrentava a uma forte campanha de privatização enquanto os operários vinculados ao Sindicato dos Metalúrgicos do Rio de Janeiro, fortemente marcado pela presença de militantes comunistas, pressionavam por melhores condições salariais de trabalho, além levantarem críticas a disciplina militarizada da fábrica. Para contrapor os comunistas, o COC contava com os incentivos patronais para atuar como opositores do sindicato. Segundo José Ricardo Ramalho, em seu estudo aprofundado sobre a FNM, o círculo congregava os operários mais antigos da fábrica, a maioria deles moradores da vila operária, contava com o apoio das chefias e eram identificados como "reacionários" pelos grupos de trabalhadores comunistas (RAMALHO, 1989, p.181).

As relações entre o Círculo Operário Católico do Rio de Janeiro e o IPES

Como asseverou Rene Dreyfuss, o golpe de 1964 não foi o desdobramento de um evento conspirativo, mas o resultado de uma "campanha política, ideológica e militar travada pela elite orgânica centrada no complexo IPES/IBAD" (Dreyfuss, 1981, p. 264). Tendo os grupos católicos conservadores envolvidos nos sindicatos, e também no movimento estudantil, desempenhado

---

34 *Última Hora*, 21 de outubro de 1961, p. 5.

35 *Diário Carioca*, 21 de setembro de 1961, p. 1.

um papel importante na campanha pela derrubada de Goulart. Uma série de técnicas de comunicação foram empregadas, voltadas para a divulgação das ideias anticomunistas e de alinhamento dos valores da democracia estadunidense, com destaque para a produção de publicações (livros, panfletos, periódicos, jornais e revistas em editoras especializadas), realização de palestras, simpósios, artigos amplamente divulgados na grande imprensa, filmes, peças teatrais, entre outros recursos de mídia (Dreyfuss, p. 264).

Os círculos se beneficiaram dos recursos e da estrutura montada pelo IPES para espalhar as sementes do sindicalismo anticomunista. As altas somas financeiras recebidas pelo IPES eram canalizadas para os seguintes grupos de trabalho: Estudo, Levantamento, Opinião Pública e Assessoria Parlamentar. O grupo de Estudo tinha como objetivo a elaboração de anteprojetos de lei (remessa de lucros, reforma agrária, reforma tributária, etc). O de Levantamento fazia a análise de conjuntura com ênfase nos campos político e social. Já o de Opinião Pública visava a difusão dos objetivos e atividades da entidade, enquanto o de Assessoria Parlamentar, com escritório em Brasília, buscava o estreitamento das relações com o Congresso.

Por meio dessa estrutura ipesiana, a CNCO passou a receber a partir de 1962 a quantia mensal de CR$ 1.745.000,00 destinada a financiar a formação de lideranças sindicais.[36] O IPES também contribuía para a Federação dos Círculos Operários Fluminenses, para a revista *Síntese*, além da Escola de Líderes Operários (ELO), ambas organizadas pela PUC-Rio.[37] A CNCO estava entre as maiores despesas da lista de recursos disponibilizados pelo IPES. Na visão desta entidade, a região de Pernambuco, tida como um caso praticamente perdido,[38] e a do grande Rio de Janeiro (Guanabara e o estado do Rio de Janeiro), exigiam esforços concentrados por serem regiões consideradas mais vulneráveis sob

---

36 Para se ter uma ideia da alta representação desse montante, o salário mínimo nacional em 1963, de acordo com o decreto n. 51.613, de 03 de dezembro de 1962, era de CR$ 21.000,00. https://portal.trt3.jus.br/internet/servicos/valores/salario-minimo, acessado em 03 de fevereiro de 2022.

37 Sobre a ELO, ver: CORRÊA, Larissa R. Entre o corporativismo e o anticomunismo: a Escola de Líderes Operários (ELO). ABREU, Luciano Aronne de & VANNUCCHI, Marco Aurélio (orgs). *Corporativismos Ibéricos e Latino-Americanos*.

38 Provavelmente a fonte se referia ao crescimento da organização das Ligas Camponesas.

"pressão multiforme e condensada" dos comunistas.[39] No ano seguinte, padre Veloso recebeu a quantia de CR$2.000.000,00 destinados a CNCO.[40]

No relatório anual do IPES de 1963, o documento destaca a importância do financiamento das atividades dos COCs, identificado como "movimento operário de caráter nacional e de natureza democrático cristã o qual, por sua organização e finalidades, mereceu no ano transato o apoio deste instituto". O IPES informou que o movimento circulista contava, naquele período, com 408 unidades, 435 mil associados estruturados na Confederação Nacional dos Círculos Operários Católicos. As ações realizadas pelos circulistas foram sintetizadas da seguinte forma:[41]

> – Serviços assistenciais aos trabalhadores das cidades e dos campos;
> – Serviços educacionais, como ensino primário, alfabetização de adultos, escolas profissionais, etc. (801 escolas com 50.550 alunos);
> – Serviços de assistência sanitária (médica, farmacêutica e odontológica, com 520.000 consultas e 320 mil pessoas atendidas no ano);
> – Serviços de assistência jurídica (com 10.300 consultas no ano);
> – Assistência econômica, em caixas beneficentes, funerárias, cooperativas de crédito e de consumo.

No relatório do IPES do Rio de Janeiro, de 4 de março de 1963, na lista dos tópicos a serem discutidos nas reuniões da entidade havia em destaque o chamado "Caso padre Veloso". O documento afirmava que era preciso chamar o padre para conversar sobre a necessidade de diminuir o montante do recurso financeiro mensalmente concedido a CNCO.[42] Ainda sobre este tópico,

39 SNI, BR RJANRIO QL.0.OFU.53 – Dossiê. Arquivo Digital http://imagem.sian.an.gov.br/acervo/derivadas/BR_RJANRIO_QL/0/OFU/0053/BR_RJANRIO_QL_0_OFU_0053_d0001de0008.pdf, acessado em 02 de fevereiro de 2022. Arquivo Nacional.

40 SNI, BR RJANRIO QL.0.OFU.10 – Dossiê. Arquivo Digital, http://imagem.sian.an.gov.br/acervo/derivadas/BR_RJANRIO_QL/0/OFU/0010/BR_RJANRIO_QL_0_OFU_0010_d0001de0018.pdf

41 SNI, BR RJANRIO QL.0.OFU (série), dossiê. Arquivo Digital: http://imagem.sian.an.gov.br/acervo/derivadas/BR_RJANRIO_QL/0/CDI/0003/BR_RJANRIO_QL_0_CDI_0003_d0001de0010.pdf

42 SNI, BR RJANRIO QL.0.OFU.10, Arquivo Digital: http://imagem.sian.an.gov.br/acervo/derivadas/BR_RJANRIO_QL/0/OFU/0010/BR_RJANRIO_QL_0_OFU_0010_d0007de0018.pdf

havia a observação, sem maiores explicações, de que era preciso trocar os futuros recibos de padre Veloso pelos de GLY, sigla provavelmente para se referir a Glycon de Paiva, um dos principais integrantes do IPES.[43]

No limite circunscrito para a proposta deste artigo, não será possível desenvolver a análise sobre as ações conduzidas pelos círculos após a instauração da ditadura, nem mesmo abordar a repressão massiva e truculenta desencadeada contra os trabalhadores no golpe de 1964. O propósito aqui foi observar como os círculos construíram uma imagem de defensores dos interesses dos trabalhadores e intermediadores dos conflitos trabalhistas, buscando assim legitimidade moral e possivelmente jurídica para representar os trabalhadores. Assim, a paz social almejada deveria se dar por dentro das bases da doutrina social cristã e longe do comunismo. Por meio da análise, fica evidente que o crescimento dos círculos na conjuntura prévia ao golpe de Estado se deu devido ao fato de o movimento circulista ter se tornado um instrumento dos interesses patronais, empresariais e das diversas forças civis e militares antigoularistas. Desta forma, os círculos contavam não apenas com os altos recursos financeiros provenientes do IPES, como usufruíam de amplo espaço disponível nas mídias impressa e radiofônica, assim como do apoio de entidades representantes do Estado e de autoridades políticas frequentemente presentes nos rituais católicos e celebrações circulistas, além da estrutura de uma universidade católica bastante influente na região.

Considerações finais

O ativismo de militantes leigos católicos e de clérigos nos mundos do trabalho, no Brasil, é uma dimensão que ganha pouco destaque na historiografia do trabalho. Os artigos de balanço historiográfico, por exemplo, raramente apontam esta dimensão da experiência de classe.[44] A historiografia e as duas pesquisas empíricas analisadas nesse capítulo, em conjunto, demonstram a necessidade de entender a religião como parte da experiência de classe.

43 Eduardo Gomes SILVA analisou documentos do IPES em que aparece a referência a Glycon de Paiva como "GLY". Ver: Silva, Eduardo Gomes, 2008, p. 40.

44 Ver, por exemplo, Batalha, 2003 e 2006.

Nos dois períodos, apesar das especificidades de cada contexto histórico, há elementos característicos da cultura militante católica. É possível perceber os caminhos da conformação do agir católico nos mundos do trabalho e como a dimensão religiosa se coloca nos debates sobre os direitos e a política. A doutrina social da Igreja, elaborada ainda no século XIX e expressa primeiramente na encíclica *Rerum Novarum*, é o guia. Nesse sentido, princípios como a defesa da harmonia social e da justiça nas relações de trabalho, nos moldes cristãos católicos, estão sempre presentes. Igualmente, a preocupação em afastar as ideias socialistas expressou-se no anticomunismo. No primeiro momento, antes da Ação Católica Brasileira (ACB) se constituir, a ação era majoritariamente dirigida por leigos católicos e a presença de clérigos era menor, como pôde ser observado nos sindicatos católicos de Belo Horizonte. No segundo período, com a institucionalização causada pela criação da ACB a presença dos clérigos era central, como pôde ser percebido na atuação de Padre Veloso no Rio de Janeiro. Em ambas as experiências, a preocupação em afastar as ideias revolucionárias era uma premissa de ação. Em Belo Horizonte, constitui-se um sindicalismo católico orgânico e majoritário que afastou as ideias revolucionárias das organizações da cidade. O discurso dos católicos, nesse sentido, era bem recebido pelas elites políticas, o que serviu de barganha na hora das negociações por direitos para trabalhadores e trabalhadoras. No caso do Rio de Janeiro, o Círculo Operário Católico também contava com o apoio de figuras de influência no cenário político, assim como da imprensa. Dessa forma, o seu espaço de atuação era notório. No entanto, a sua influência nas organizações de base ainda carece ser analisada com maior profundidade.[45] Aliados na cruzada anticomunista, fica evidente o envolvimento do movimento circulista na campanha de desestabilização de João Goulart, bem como as suas estratégias, contatos e formas de atuar. A expansão de suas atividades nos primeiros anos da década de 1960 deveu-se aos altos recursos financeiros obtidos via IPES.

45 No estudo de Larissa R. Corrêa, *Disseram que voltei americanizado*: relações sindicais Brasil-Estados Unidos, Editora UNICAMP, 2017, a autora mapeou os sindicatos em que os círculos concorreram as eleições sindicais após a instauração da ditadura militar, com apoio do Instituto Americano para o Desenvolvimento do Sindicalismo Livre (IADESIL).

Em ambos os períodos, as visões de harmonia e paz social defendidas pela doutrina social da Igreja eram enunciadas em um discurso essencialmente anticomunista, mas que traduzia uma visão de mundo pautada pelo catolicismo, com propostas concretas de atuação política. Está presente a essência da doutrina social católica, que entendia que as classes sociais deveriam conviver em harmonia e com justiça social e via nas ideias revolucionárias um entrave. Quando trabalhadores e trabalhadoras aceitam essas ideias e as utilizam como guias para seu agir, a experiência de classe entendida no seu sentido amplo – na ação sindical, na política, no lazer, etc. – é entrelaçada pela dimensão religiosa e mesmo pela ação institucional da Igreja Católica.

Referências bibliográficas

ALMEIDA, Paulo Roberto. Círculos Operários Católicos: práticas de assistência e de controle no Brasil. São Paulo, 1992. Dissertação. (Mestrado em História). Pontifícia Universidade Católica de São Paulo.

ALMEIDA, Victor M. C. de. Relatório sobre associações católicas. Congresso Católico Brasileiro, 2º., 1908. São Sebastião do Rio de Janeiro. *Atas e documentos*. Rio de Janeiro: Off. d'O universo, 1910. p. 190-198.

______. União Popular do Brasil. CONGRESSO CATÓLICO BRASILEIRO, 2º., 1908. São Sebastião do Rio de Janeiro. *Atas e documentos*. Rio de Janeiro: Off. d'O universo, 1910. p. 247.

AMARAL, D. G. A corporação cristã em perspectiva transnacional: interações e transferências entre as organizações católicas para trabalhadores de Camaragibe (Brasil) e Val-des-Bois (França). *Revista Mundos do Trabalho*, Florianópolis, v. 11, p. 1-23, 2019. DOI: 10.5007/1984-9222.2019.e67231. Disponível em: https://periodicos.ufsc.br/index.php/mundosdotrabalho/article/view/1984-9222.2019.e67231. Acesso em: 18 jan. 2022.

AMARAL, D. G.; BILHÃO, I. A. Igreja Católica e Mundos do Trabalho no Brasil: breve análise historiográfica. In: SPERANZA, Clarice. *História do trabalho*: entre debates, caminhos e encruzilhadas. Jundiaí: Paco Editorial, 2020.

AMARAL, Deivison Gonçalves. *Catolicismo e trabalho:* a cultura militante dos trabalhadores de Belo Horizonte. Curitiba: Prismas/Appris, 2018.

AMARAL, Deivison. Cultura confessional e luta por direitos no mundo do trabalho: Belo Horizonte, 1909-1921. *Estudos Históricos* (Rio de Janeiro) [online]. 2015, v. 28, n. 55 [Acessado 19 Janeiro 2022], pp. 65-85. Disponível em: <https://doi.org/10.1590/S0103-21862015000100005>. ISSN 2178-1494. https://doi.org/10.1590/S0103-21862015000100005.

AMBARA, Elomar. Círculo Operário e Igreja: a formação da classe trabalhadora. In: GHIGGI, Gumercindo; TAMBARA, Elomar; HYPOLITO, Álvaro. Trabalho, conhecimento e formação do trabalhador. Pelotas: UFPEL/Mundial, 1993.

ARDUINI, Guilherme Ramalho. *Em busca da Idade Nova*: Alceu Amoroso Lima e os projetos católicos de organização social (1928-1945). 2009. 156p. Dissertação (mestrado) - Universidade Estadual de Campinas, Instituto de Filosofia e Ciências Humanas, Campinas, SP. Disponível em: <http://libdigi.unicamp.br/document/?code=000436248>. Acesso em: 29 jan. 2013.

AYERO, Vidas e política das pessoas pobres – as coisas que um etnógrafo político sabe (e não sabe) após 15 anos de trabalho de campo. Sociologias, Porto Alegre, n. 28, set/dez. 2012, p. 135.

BATALHA, Claudio. Identidade da classe operária brasileira: atipicidade ou legitimidade (1880-1920). *Rev. bras. Hist.*, São Paulo, v. 12, nº 23/24, 1992, p. 111-124.

BATALHA, Claudio. *O movimento operário na Primeira República*. Rio de Janeiro: Jorge Zahar Ed., 2000.

BATALHA, Claudio. Os desafios atuais da História do Trabalho. *Anos 90*, Porto Alegre, v. 13, n. 23/24, p.87-104, jan./dez. 2006.

BATALHA, Claudio. A historiografia da classe operária no Brasil, trajetórias e tendências. In: FREITAS, M. C. *Historiogafia brasileira em perspectiva*. 5.ed. São Paulo: Contexto, 2003.

BATALHA, Claudio, FORTES, Alexandre e SILVA, Fernando Teixeira (org.). *Culturas de classe*. Campinas: Ed. Unicamp, 2004.

BENTO, Fábio Régio. *Marxismo e religião*: revolução e religião na América Central. Jundiaí: Paco Editorial, 2016.

COLLIER, Eduardo. *Carlos Alberto de Menezes*: pioneirismo sindical e cristianismo. Recife: Digital Graph ed., 1996.

CONGRESSO CATÓLICO BRASILEIRO, 2º., 1908. São Sebastião do Rio de Janeiro. *Atas e documentos*. Rio de Janeiro: Off. d'O universo, 1910. 425p. (Obras Raras / PUC Minas).

CORRÊA, Larissa Rosa. Disseram que eu voltei americanizado: relações sindicais Brasil-Estados Unidos na Ditadura Militar. Campinas, SP: Editora da Unicamp, 2017.

DAMBERG, W.; HIELPEL, C.; CANAVERO, A. The Formation of Christian Working-Class Organization in Belgium, Germany, Italy and the Netherlands (1840-1920). In: VOSS; MAEYER; PASTURE. *Between Cross and Class:* comparative histories of Christian labour in Europe – 1840-2000. Bern: Peter Lang, 2005.

DIEHL, Astor Antônio. Círculos Operários no Rio Grande do Sul: um projeto social-político (dos anos 30 a 1964)Porto Alegre: Edipucrs, 1990.

DREYFUSS, Rene Armand. *1964: a conquista do Estado*. Petrópolis: Vozes, 1981.

DUTRA, Eliana Regina de Freitas. *Caminhos operários nas Minas Gerais*. São Paulo: Hucitec, 1988. 232p.

ESTEVEZ, Alejandra. *Projetos católicos e movimentos sociais*: A Diocese de Barra do Piraí/Volta Redonda (1966-2010). Tese de doutorado em Sociologia. Universidade Federal do Rio de Janeiro, 2013.

FARIAS, Damião Duque de Farias. *Em defesa da ordem. Aspectos da práxis conservadora católica no meio operário em São Paulo (1930-1945)*. São Paulo: Hucitec, 1998.

FRACCARO, Glaucia. *Os Direitos das Mulheres*: feminismo e trabalho no Brasil (1917-937). Rio de Janeiro: FGV Editora, 2018.

GRYNSZPAN, Mário. A questão agrária no Brasil pós 1964 e o MST. In: DELGADO, Lucília; FERREIRA, Jorge (orgs.). *O tempo da ditadura*. Rio de Janeiro: Rio de Janeiro: Civilização Brasileira, 2003 (Coleção *O Brasil Republicano*, vol. 4).

LIMA, Ana Cristina P. *"Obreiros Pacíficos"*: o círculo de operários e trabalhadores católicos São José. (Fortaleza, 1915-1930). 2009. 199f. Dissertação (mestrado). Universidade Federal do Ceará, Fortaleza.

LÖWY, Michael. E. P. Thompson e a religião dos trabalhadores. *História e Perspectivas*, Uberlândia (1), p.295-311, jan./jun. 2014;

______. Marx e Engels como sociólogos da Religião. *Lua Nova* – Revista de Cultura e Política, n. 43, p. 157-170, 1998.

MAEYER, Jan de. Christian worker's culture in pillarized societies: Belgium, Germany and the Netherlands, 1850-1950. In: VOSS; PASTURE; MAEYER (Ed.). *Between Cross and Class:* comparative histories of Christian labour in Europe – 1840-2000. Bern: Peter Lang, 2005. p. 93.

MARQUES, Rita de Cássia. *Da romanização a terceira via*: a Igreja no Brasil de 1889 a 1945. 1995. 169f. Dissertação (Mestrado em História) - Universidade Federal de Minas Gerais, Belo Horizonte.

MARTINS, Heloisa Helena de Souza. *Igreja e movimento operário no ABC.* São Paulo: Hucitec, 1991.

MENEZES, Carlos Alberto de. *Ação Social Católica no Brasil:* corporativismo e sindicalismo. São Paulo: Edições Loyola, 1986.

MICELI, Sergio. *A elite eclesiástica brasileira*: 1890-1930. 1985. 222f. Tese (livre-docência) - Universidade Estadual de Campinas, Instituto de Filosofia e Ciências Humanas, Campinas, SP. Disponível em: <http://libdigi.unicamp.br/document/?code=000044308>. Acesso em: 9 dez. 2014.

NASCIMENTO, Álvaro. Trabalhadores negros e o "paradigma da ausência": contribuições à História Social do Trabalho no Brasil. *Estudos Históricos.* Rio de Janeiro, vol. 29, no 59, p. 607-626, 2016.

PASTURE, P. Introduction: between cross and class. Christian labour in Europe 1840-2000. In: VOSS; PASTURE; MAEYER (Ed.). *Between Cross and Class:* comparative histories of Christian labour in Europe – 1840-2000. Bern: Peter Lang,. 2005, p. 9-48.

______. The role of religion in social and labour history. In: VOSS, Lex Heerma van; LINDEN, Marcel van der (Ed.). *Class and other identities*: Gender, Religion and Ethnicity in the Writing of European Labour History. New York and Oxford: Berghahn Books, 2002.

RAMALHO, José Ricardo. *Estado-patrão e luta operária*: o caso FNM. Paz e Terra, 1989.

ROEDIGER, David. E se o trabalho não fosse branco e masculino? In: FORTES, Alexandre *et al. Cruzando fronteiras:* novos olhares sobre a história do trabalho. São Paulo: Perseu Abramo, 2013.

SILVA, Wellington Teodoro da. Catolicismo militante na primeira metade do século XX brasileiro. *História Revista*, Goiânia, v. 13, n. 2, p. 541-563, jul./dez. 2008;

SILVA, Eduardo Gomes. A rede da democracia e o golpe de 1964. Dissertação de Mestrado. Departamento de História, UFF, Niterói, 2008.

SOUZA, Jesse Jane V. de. *Círculos Operários.* a Igreja Católica e o mundo do trabalho no Brasil. Rio de Janeiro: UFRJ, 2002. 320 p.

SOUZA, Marco Antônio de. *Economia da caridade*: estratégias assistenciais e filantropia em Belo Horizonte. Belo Horizonte: Newton Paiva, 2004.

THOMPSON, E. P. *A formação da classe operária inglesa*. Rio de Janeiro: Paz e Terra, 1987. V. 2.

VARUSSA, Rinaldo José. *Pastorais operárias*: religiosidade, propostas e práticas políticas. São Paulo (1964-1975). São Paulo: PUC, 1995.

VERIANO, Carlos Evangelista. *Belo Horizonte: cidade e política* – 1897-1920. 2001. 237p. Dissertação (Mestrado em História). Universidade Estadual de Campinas, Campinas, 2001.

VOSS, Heerma van, MAEYER, Jan de e PASTURE, Patrick. *Class and other identities*: Gender, Religion and Ethnicity in the Writing of European Labour History. New York and Oxford: Berghahn Books, 2002.

VOSS; MAEYER; PASTURE: *Between Cross and Class:* comparative histories of Christian labour in Europe – 1840-2000. Bern: Peter Lang, 2005.

PARTE 3.
CEBS EM MUTAÇÃO

Intelectuais cristãos e a invenção dos Intereclesiais (Brasil-1970-1990)[1]

Américo Freire[2]

Temos desenvolvido, nos últimos anos, uma linha de pesquisa a respeito das formulações e das iniciativas do "Grupo de Petrópolis", mais tarde autodenominado Emaús. O coletivo, criado em 1974, foi iniciativa de frades dominicanos e teólogos católicos com o objetivo de promover uma agenda de discussões a respeito da possível aproximação teórico-prática do cristianismo com o marxismo. Ao longo da década e na seguinte, o grupo incorporou pequenos núcleos de sociólogos, agentes de pastoral católicos, além de algumas lideranças históricas do campo protestante. Emaús, às vésperas de completar 50 anos, continua como um polo referencial para a Teologia da Libertação brasileira e latino-americana.[3]

Nossas investigações sobre Emaús são referenciadas pela história política e pela história dos intelectuais e se desdobram em três frentes de pesquisa. Uma delas está voltada para questões conceituais, a construção do perfil do grupo e o estudo de sua dinâmica interna e de suas conexões com o mundo eclesial.[4] Outra diz respeito às suas iniciativas no campo da educação popular,

1 Esta pesquisa conta com o apoio da FAPERJ e do CNPq.

2 Professor Titular do CPDOC/FGV.

3 O Grupo de Emaús não foi objeto ainda de trabalho acadêmico que englobe sua longa trajetória. Conferir alguns dados e análises importantes em OLIVEIRA, Pedro Ribeiro de. *Fé e Política: uma trajetória.* Vila Velha: Gráfica e Editora Quatro Irmãos, 2018, p. 69-77.

4 Duas discussões teórico-conceituais atravessam a pesquisa sobre o Emaús e têm sido abordadas em trabalhos anteriores. Quanto à categoria "intelectual cristão" que vem sendo

da leitura bíblica e da formação política. Por fim, temos dirigido nosso olhar nas relações de membros do grupo com os movimentos sociais em geral e com as Comunidades Eclesiais de Base (CEBs), em particular.

O trabalho nas e com as CEBs foram – e são – aspecto fundamental da agenda de trabalho do Emaús, dado o significado a elas atribuído no âmbito da Teologia da Libertação e como elemento-chave na constituição de uma "Igreja popular" no país.[5] Vários membros do grupo, a par de animar e acompanhar as CEBs em muitos pontos do território brasileiro, trabalharam no sentido de colocar de pé os chamados Intereclesiais – eventos de cunho nacional que, desde 1975, reúnem representantes das CEBs a cada dois ou três anos. Naquelas ocasiões, nomes do Emaús como Leonardo Boff, Frei Betto, João Batista Libanio, Clodovis Boff, Jether Ramalho, Luiz Eduardo Wanderley, Luis Alberto Gómez de Souza, Carlos Mesters, José Oscar Beozzo, Pedro Ribeiro de Oliveira e outros, atuaram como assessores das dioceses que promoveram os Intereclesiais entre as décadas de 1970 e 1980. Cabia à assessoria desses en-

---

construída na pesquisa, temos mantido o diálogo com vertentes de análise que focam nas relações dos intelectuais com os espaços públicos (SAID, 2000; DOSSE, 2007; BOBBIO, 1997: SIRINELLI, 1996, 1996 e 1988; TRAVERSO, 2021), com vistas a construir um perfil pautado em três critérios: são homens e mulheres sensibilizados pela fé cristã que atuam e produzem textos na e fora da instituição religiosa. Ou seja, não encontramos altas autoridades hierárquicas que representam e falam pela instituição; são figuras públicas movidas pelo projeto da construção da "Igreja comunitária" e defensores do protagonismo popular, mantendo importante atuação como "assessores" de entidades e movimentos sociais; temos evitado distinções binárias, marcadas pela clivagem entre formuladores e divulgadores, tendo em vista pensar em intelectuais que ganharam maior expressão em consonância com o avanço do "campo popular" das décadas em tela. (GOMES & HANSEN, 2016; DOIMO, 1996; PERRUSO, 2009). É esse tipo de intelectual que forja espaços próprios de atuação, tal como o Emaús, o Centro Ecumênico de Serviços à Evangelização e Educação Popular (CESEEP) e outras entidades civis, voltadas para o trabalho de formação política e religiosa. Emaús, na investigação, a título preliminar, tem sido por nós caracterizado como uma "formação cultural independente", conforme a tipologia sugerida por WILLIAMS (1992, 1999).

5 O termo "Igreja Popular" é utilizado por teólogos e cientistas sociais vinculados à TdL brasileira de forma genérica, tal como sinônimo de uma Igreja formada a partir das bases. Esse é o caso de BOFF, Leonardo (2008, p.227) e de WANDERLEY, Luiz E. (2007). O termo foi utilizado ainda pelos adversários da TdL como prova de que, nas décadas de 1970 e 1980, esteve em curso um projeto de cindir a Igreja tendo em vista criar uma estrutura paralela. Conferir CHEZA *et al*ii (2017), p. 345 e OLIVEIRA (2018), p 149.

contros um papel estratégico – eram eles que recebiam relatórios elaborados previamente pelas comunidades, sistematizavam esses dados e, em seguida, escreviam textos que deveriam contribuir para os debates no encontro, assim como para lastrear as iniciativas das dioceses ali presentes quanto ao trabalho pastoral junto às CEBs.[6] A par disso, os assessores realizavam intervenções verbais no decorrer dos encontros. Vários textos produzidos especialmente para aquelas ocasiões foram veiculados na *Revista Eclesiástica Brasileira (REB)* e em outros periódicos católicos.

A proposta deste trabalho é a de avançar no estudo acerca das relações que foram construídas, ao longo do tempo, entre membros do Emaús e a constelação CEBs/Intereclesiais. Para tal, o foco da nossa atenção se dirige para os textos acima mencionados e que serão vistos aqui como aqueles que instituem, "fundam", "inventam" no plano simbólico, o Intereclesial. Esse constructo político-intelectual será examinado em duas seções e sob dupla perspectiva. Na primeira seção, a ênfase recai no aparato conceitual produzido por Leonardo Boff em seu livro intitulado *Eclesiogênese: As Comunidades Eclesiais de Base reinventam a Igreja*, publicado pela editora Vozes em 1977. Acompanharemos ainda alguns acréscimos feitos pelo autor para a nova edição lançada em 2008 pela Record, além de seus escritos reunidos sobre o tema no livro *Reflexões de um velho teólogo e pensador*, publicado por ocasião dos seus 80 anos pela editora Vozes (2018).

Na segunda seção, desdobrada em duas partes, o foco está na narrativa dos assessores acerca da trajetória dos encontros das CEBs. Objetiva-se verificar como eles registraram – e avaliaram – as relações político-religiosas que foram construídas entre os agentes envolvidos nos encontros nacionais – a Igreja proponente, os assessores e a hierarquia eclesial representada pela direção da CNBB. Examinar-se-á, por fim, algumas de suas reflexões acerca dos desafios e perspectivas que têm sido colocados para as CEBs e para a realização dos Intereclesiais no contexto do giro disciplinar adotado pela Igreja romana nas últimas décadas.

---

6 Sobre o trabalho dos assessores junto a movimentos sociais, ver RAMALHO e ESTERCI (orgs.) (2021); PERRUSO (2009) e NOVAES (1993) p. 89-157.

Eclesiogênese: Leonardo Boff

Os pregadores, bem sabemos, são contadores de histórias e é por meio delas, em geral episódios exemplares, que constroem narrativas de fundo ético e moral. Boff não foge à regra e se apraz em revelar a maneira pela qual surgiu a noção eclesiogênese. Registra Boff:

> A palavra eclesiogênese foi inventada num momento de lazer, [...] na Praia Grande, na cidade de Vitória, Espírito Santo. Depois do primeiro encontro dos representantes das CEBs com teólogos, assessores, padres, religiosos, religiosas e bispos em 1975, o bispo Dom Luís Fernandes, Frei Betto e eu, [...] comentávamos o que havíamos vivido naqueles dias. Como leigos, homens e mulheres assumiam responsabilidades na Igreja e criavam novas formas de comunhão e serviços.
>
> Para vinho novo, odres novos, para a música nova, novos ouvidos. E razão disso, formulamos a expressão eclesiogênese, que quer descrever a gênese da Igreja a partir da fé do povo e das bases da Igreja e da sociedade. (BOFF, 2008, p. 11).

Boff, nos primeiros capítulos de *Eclesiogênese*, situa o fenômeno da emergência das CEBs no contexto da modernidade e da crise da Igreja como instituição. Segundo ele, a formação de pequenas comunidades tanto foi uma resposta à atomização e ao anonimato que marcam a sociedade moderna, como uma solução adotada pela hierarquia católica para fazer frente à falta de sacerdotes, daí resultando no estímulo à formação de núcleos eclesiais que pudessem contribuir para o atendimento religioso em suas comunidades. Para Boff, e esse dado é importante no seu argumento, ainda que as CEBs tenham surgido, em maioria, pela mão de um agente religioso, elas se constituem fundamentalmente "um movimento de leigos" (BOFF, 1977, p. 10).

> Eles [leigos] levam a causa do Evangelho avante, são portadores de realidade eclesial, também ao nível da capacidade de organização e de decisão. Esta transposição do eixo eclesial encerra, em gérmen, um princípio novo de "fazer nascer a Igreja", de um "reinício de Igreja", [...] de uma verdadeira eclesiogênese [...]. Pode-se prever

> que deste movimento, que está tomando conta da igreja universal, surja um novo tipo de presença institucional do cristianismo no mundo (*idem*, p. 10).

Boff, como se verifica, dá cores fortes ao fenômeno em tela, o qual, segundo ele não é mero movimento provisório de expansão da estrutura eclesiástica levado a cabo pela mão de devotados fiéis, mas sim, repete, "uma outra forma de ser Igreja, assentada sobre o eixo da Palavra e do leigo." E mais – prevê que desse movimento "surja um novo tipo de presença institucional do cristianismo no mundo" (*Idem*, p. 10).

Tendo como alvo a ortodoxia católica, bem-posicionada nos espaços de poder, Boff propõe que o estudo desse fenômeno – que assegura agência e protagonismo aos leigos – seja visto de forma livre, sem preconceitos, de mente aberta "para não abafar o Espírito." A par disso, se cerca da palavra de autoridades que têm visto de forma positiva o papel das CEBs no Brasil e no continente, inclusive a do papa Paulo VI. Nesses capítulos, são citados trabalhos como o Plano de Pastoral da CNBB (1962-1965) e relatórios da entidade sobre o tema; coletâneas publicadas sobre as CEBs pela editora Vozes; artigos publicados na *Concilium* e na *REB* (duas importantes revistas católicas); e proposições de Yves Congar reunidas no texto *Os grupos informais na Igreja* (1973). Congar, por sinal, é importante referência para o autor seja como "teólogo dos leigos" (CONGAR, 1966), seja como figura-chave na nova eclesiologia católica que abriu caminho para a renovação da Igreja no Concílio Vaticano II. (SAAVEDRA, 2017, p. 162-165)

Para compreender as CEBs e seu papel na Igreja, Boff mobiliza inicialmente as noções de sociedade e de comunidade: a primeira seria o reino das regras, da organização e da impessoalidade, e a segunda é vista como o território das relações horizontais, da reciprocidade, da comunhão e da igualdade. Porquanto não considere a comunidade um grupo primário puro ou o estágio inaugural da humanidade, dado que, no concreto, há sempre conflito e hierarquias em todos os grupamentos humanos, Boff, com base em formulações do sociólogo Pedro Demo, a vê como "um espírito a ser criado, uma inspiração que alimenta o esforço de continuamente superar as barreiras entre as pessoas e gerar um relacionamento solidário e generoso" (BOFF, 1977, p. 15). Em suma, nas palavras de Demo, é possível dizer "que a comunidade é a utopia da sociedade" (*Apud* BOFF, 1977, p. 15).

Para Boff, é papel da comunidade, ou melhor, do "espírito comunitário", contribuir para derrubar barreiras entre os homens, promovendo a humanização das organizações. Às CEBs, caberia, portanto, a função precípua de estimular o "espírito comunitário" na sociedade eclesial.

Boff também toma por base as proposições de Pedro Demo para lidar com um ponto sensível: as relações entre a instituição-Igreja e as CEBs. Segundo o sociólogo, "Uma organização maior pode ser renovada pela comunidade, mas não pode ser transformada em comunidade." Isso significa, para Boff, que as CEBs, "enquanto significarem a presença do comunitário no Cristianismo e dentro da Igreja, não podem pretender ser uma alternativa global à Igreja-instituição, mas seu permanente fermento renovador". (BOFF, 1977, p. 16). Portanto, o que temos são relações complementares e não de autoexclusão, nos moldes da chamada "soma zero", qual seja quando uma força tende a anular a outra.

Boff avança seu argumento nessa direção quando afirma que o problema não reside na contraposição instituição/ comunidade. Diz ele:

> Haverá sempre a persistência de ambos os polos. *O real problema reside no modo como se vive tanto o comunitário quanto o institucional*: ou se um quer absorver o outro, tolhê-lo e liquidá-lo, ou se ambos se respeitam e se abrem mutualmente num constante deixar-se questionar. Esta última atitude não deixará que o institucional assuma características necrófilas e venha a predominar e também não permitirá que o comunitário degenere num puro utopismo, pretendendo que a Igreja global se transforme numa comunidade" (BOFF, 1977, p. 17-18) (grifos de Boff)

E conclui: "o institucional não pode, na Igreja, predominar sobre o comunitário. Este deve guardar sempre a *primazia* (grifo nosso); o outro vive em função dele. O comunitário, por sua vez, deverá encontrar sempre sua adequada expressão institucional" (BOFF, 1977, p. 18).

Definidas as bases do relacionamento entre esses dois polos, Boff abre caminho para tratar da questão da eclesialidade das CEBs. A pergunta-chave, título do terceiro capítulo, resume o problema: "A Comunidade Eclesial de Base é Igreja ou só possui elementos eclesiais?" Para o autor, as opiniões a esse respeito variam de acordo com a posição de cada um "na estrutura da Igreja e conforme os modelos de Igreja adotados como chave para interpretar a totalidade da realidade eclesial." E registra três delas: a dos que se encontram no interior das Igrejas estabelecidas; a da hierarquia da instituição, a qual vincula a noção Igreja à realidade diocesana; e a dos vivem a experiência das CEBs.

As duas primeiras opiniões convergem no sentido de conferir centralidade à paróquia – vista como "a base mínima a partir da qual se pode falar em Igreja". E essa base mínima, constitutiva da Igreja local ou particular, é assim delimitada em proposições oriundas do Concílio Vaticano II: "é a porção do povo de Deus confiada a um Bispo (...), que aderindo a seu pastor e por ele congregada no Espírito Santo, mediante o Evangelho e a Eucaristia" (*Christus Domita* 11/1034 *Apud* BOFF, 1977, p. 26). Portanto, não há Igreja sem a presença da autoridade responsável pelos sacramentos, o que pressupõe o caráter limitado do trabalho religioso nas CEBs levado a efeito pelos seus próprios membros.

Outra perspectiva mais alargada de Igreja é a defendida por agentes próximos às CEBs que se encontra bem resumida nos seguintes trechos presentes no Plano Pastoral de Conjunto da CNBB:

> a comunidade cristã de base *é o primeiro e fundamental núcleo eclesial*, que deve, em seu próprio nível, responsabilizar-se pela riqueza e expansão da fé, como também pelo culto que é sua expressão. É ela, portanto, *célula inicial* de estruturação eclesial e foco de evangelização e atualmente fator primordial de promoção humana e desenvolvimento. Elemento capital para a existência de comunidades cristãs de base são seus líderes ou dirigentes. Estes podem ser sacerdotes, diáconos, religiosos religiosas ou leigos (*Apud* BOFF, 1977, p. 26-27).

Segundo Boff, os termos da equação são invertidos – a Igreja, agora, é vista a partir de baixo, isto é, da base: "A família de Deus (Igreja) se concretiza já por meio de um núcleo, mesmo pequeno, que constitua uma comunidade de fé, esperança e caridade" (BOFF, 1977, p. 27). Para ele, esse novo olhar mais alargado é o que dá sustentação ao argumento de que é possível reconhecer o caráter de "verdadeira Igreja às CEBs" (*idem*).

Montado o quadro conceitual básico, Boff encaminha o texto para questões de natureza eclesiológica. Segundo ele, as eclesiologias variam conforme o ponto de vista: há os trabalhos voltados para as estruturas da Igreja, os quais chama de "hierarquilogia"; há os que dirigem seu foco nas relações Palavra-Sacramento; e os que articulam sua visão de Igreja a partir da figura "Povo-Deus em marcha, e daí surge uma visão eminentemente histórico-salvífica..." (BOFF, 1977, p. 38). Independentemente dessas variações, Boff defende que todas elas possam circular livremente e que haja abertura para o que chama de "outras formas de totalização teórica do mistério da Igreja" (*idem*).

Para o teólogo, o advento das CEBs abre novas possibilidades para a Igreja colocar em questão estruturas e concepções hegemônicas que erigiram uma instituição fechada em si mesma e dominada pela jerarquia, vista como sucessora direta dos Doze Apóstolos e "única representante da Igreja universal e da Igreja particular". Esta imagem, assinala Boff, "recalcou aquela outra da Igreja como comunidade de fé (*communitas fidelium*) toda ela corresponsável por todas as coisas da Igreja." (BOFF, 1877, p. 39). E mais: a Igreja não é a jerarquia; a *função jerárquica na Igreja é essencial; mas não subsiste em si mesma e para si mesma*" (grifos de Boff) (*idem*, p. 39).

Boff ilustra seu argumento com representações acerca dos dois modelos de Igreja – o da jerarquia e o da comunidade – dispostas lado a lado. À esquerda, temos um bloco de termos dispostos verticalmente e com setas apontadas para baixo na seguinte ordem: Deus > Cristo > Apóstolos > Bispos > Padres > Fiéis. O princípio ordenador desse modelo eclesial é o poder. À direita, temos uma representação mais complexa – um círculo com componentes entrelaçados compondo a comunidade; Deus está acima com uma seta dirigida abaixo para Cristo-Espírito. No centro do círculo, em destaque, Cristo-Espírito que emana setas para a comunidade.

O religioso, ao ler essas duas representações, propõe a seguinte reflexão: o que motiva a criação da Igreja? O que vem antes – a organização eclesial ou a comunidade/Povo de Deus? Caso o que temos é a primeira opção, cabe à jerarquia ocupar a posição central, enquanto Cristo e o Espírito "não possuem imanência imediata, mas somente mediatizada pelo ministério ordenado." Assim, arremata o autor, a relação Cristo-Espírito-Igreja

> apresenta-se não num entrelaçamento vital, mas numa exterioridade a modo de uma instituição com o seu salvador. Esta concepção é pouco teológica e muito jurídica; o poder é divino só pela origem; no seu exercício seja os mecanismos de todo poder profano com seus mecanismos de coerção, de segurança e de controle (BOFF, 1977, p. 41).

Outra é a Igreja na qual a centralidade está em Cristo-Espírito que inspira a todos, religiosos ordenados e leigos. Segundo Boff, "o leigo emerge como criador de valores eclesiológicos". E mais: "nesse modelo o elemento teológico-místico possui sempre a *primazia* sobre aquele jurídico" (grifo nosso). Dessa forma, sublinha o autor, não é difícil entender a "eclesialidade das CEBs e valorizar teologicamente, como manifestações do Espírito, os vários serviços que vão surgindo no interior da comunidade" (BOFF, 1977, p. 42). A esse respeito, Boff, uma vez mais, mobiliza as proposições de Congar para referendar seu argumento. E aqui cita o teólogo francês:

> "Faz-se mister, substituir o esquema linear por um esquema onde a comunidade apareça como a realidade envolvente no interior no interior da qual os ministérios, mesmo os instituídos e sacramentais, se situam como serviços daquilo mesmo que é a comunidade é chamada a ser e a fazer" (*apud* BOFF, 1977, p. 46).

Boff, aos 70 anos, em 2008, trouxe a público uma versão ampliada e modificada de *Eclesiogênese: a reinvenção da Igreja*. Na ocasião, ou melhor, desde 1992, Boff, diante da ameaça de punições por parte de autoridades católicas, deixara a condição de padre, mantendo-se como teólogo leigo e como escritor. E é sob essa perspectiva que revê seu estudo seminal. Para os objetivos deste texto, concentremos o foco no capítulo final dessa nova versão, intitulado "A Igreja que queremos: o futuro da Igreja Popular", em que o autor apresenta um conjunto de estratégias políticas que devem ser levadas adiante com o objetivo de resistir e avançar no "projeto popular de Igreja".

Para o teólogo, a Cúria romana investe em cooptar as CEBs para o quadro da Igreja clerical. E alerta: "Isso significará um processo de paroquialização das CEBs, e assim sua subordinação ao poder do pároco, único portador de poder e dos critérios do eclesiasticismo. Dessa forma elas deixarão de ser alternativas ao poder vigente" (BOFF, 2008, p. 243)

Como a Igreja Popular deveria reagir a essa investida oficial romana? Boff propõe uma estratégia que comporta oito recomendações. A primeira delas, por certo a mais importante diz respeito à manutenção da atuação dos artífices desse modo de Igreja no que chamou de "continente dos pobres". E mais: que sejam eles [os pobres] os protagonistas do projeto popular de Igreja. Boff sintetiza a proposta em um preceito: "Crescer, portanto, para o fundo" (*idem*, p. 244).

Em segundo e terceiro lugares: fortalecer os aliados, ou seja, "Crescer, portanto, pelos lados", e obter o apoio de segmentos da hierarquia católica, visto por ele como imprescindíveis para a nova Igreja – "Crescer, portanto, para cima" (*idem*).

Defesa do ecumenismo e da articulação com os movimentos sociais libertários – são a quarta e a quinta recomendações. Boff alerta ainda para o perigo da absorção das CEBs pelas paróquias. E propaga: "Elas não são um movimento na Igreja, mas a Igreja toda em movimento. [...] Constituem também um espírito comunial e participativo que permeia todos os espaços eclesiais e sociais." (*idem*, p. 244-245).

A penúltima recomendação apela para o realismo. Boff registra que a Igreja eclesial é muito forte e é bastante funcional para o sistema de mercado e de acumulação privada e prevê que esse modelo pode e deve durar séculos. A par disso, defende que se não pode abdicar da luta por manter de pé uma Igreja comunidade que atende "às demandas religiosas das pessoas, particularmente àquelas que guardam uma referência explícita com a utopia de Jesus e dos apóstolos. Esse modelo de Igreja é, por sua vez, funcional a uma sociedade democrática, participativa e de linha popular" (*idem*, p. 245). Viver uma perspectiva espiritual é a última recomendação.

Por fim, com vistas a concluir essa primeira seção, tratemos de acompanhar determinadas proposições de Boff acerca do tema contidas em *Reflexões de um velho teólogo e pensador* – livro-síntese da obra do autor publicado em

2018 por ocasião dos seus 80 anos. Nele, as questões eclesiológicas estão reunidas no capítulo "A Igreja: carisma e poder, e o Povo de Deus".

O que temos agora é um texto direto, enxuto, voltado para o público em geral – não há notas ou muitas citações. A ênfase é na apresentação das teses do autor sobre um vasto número de temas. No capítulo acima referido, Boff passa em revista algumas de suas principais reflexões relativas à formação e à condução da Igreja por Roma, tomando como ponto de partida a seguinte assertiva: "a intenção original de Jesus não era fundar uma Igreja, mas anunciar e antecipar o Reino de Deus, seu sonho maior". Portanto, enfatiza o autor há de se distinguir "entre Reino de Deus e o que veio em seu lugar, que foi a Igreja." (BOFF, 2018, p. 77).

Boff desdobra essa assertiva em quatro seções ao longo do capítulo quando propõe uma leitura sobre as condições que vieram a formar o que denomina "Igreja-instituição". É somente na última seção que se debruça sobre a experiência seminal das CEBs.

Para o teólogo, o que rege o cristianismo é a fé no Reino de Deus. E a Igreja é posterior, é consequência, é resultado do fato de que o Reino não pôde se instalar em definitivo. O papel da Igreja, sublinha o autor, consiste em "conservar a memória de Jesus, não deixar morrer seu sonho, criar condições para antecipá-lo na história" (*Idem*, p. 78).

Boff estabelece a seguinte distinção quando se refere aos modelos que foram formados tendo em vista abarcar e articular o movimento cristão. Segundo ele, temos dois modelos – o "paulino" e o "petrino". O primeiro é aquele que organiza a Igreja como uma "comunidade de fiéis", de iguais, de irmãos e irmãs. "Aqui predomina o carisma-fonte da criatividade, de acolhida do novo e da coragem de invenção para conferir sempre um rosto jesuânico e humanitário à fé cristã." (*Idem*, p. 80)

O segundo, oriundo de Pedro, está relacionado com a estruturação do poder da Igreja e está fundado na categoria "sacra protestas" – o poder sagrado. "Esse poder é hierarquizado, exercido por um corpo especializado, os cléricos, tendo como cabeça o papa, portador supremo do poder sagrado" (*Idem*, p. 81-82).

Boff mobiliza ainda duas outras categoriais para continuar a discutir problemas relativos à Igreja católica romana. "Cristianismo popular" é uma delas, o qual enxerga características próprias: expressa-se mais pela "linguagem do coração e do afeto", do que pela razão; é marcado pela presença de festas e de santos protetores, além de expressar uma fé em Cristo mais pura e simples, como herdeiro autêntico "da ética de Jesus e de seu sonho, de um mundo onde começam os bens do Reino e se antecipam as promessas divinas" (*idem*, p. 87).

"Igreja: Povo de Deus" é a segunda delas. O Povo de Deus, na leitura de Boff fundada em documentos produzidos no âmbito do Concílio Vaticano II, é formado pela humanidade, como um todo, que se abre à visitação divina. Igreja, por sua vez, "em sua intencionalidade histórica, seria o sacramento (sinal e instrumento) do Povo de Deus e emergiria, assim, como Povo de Deus messiânico" (*idem*, p. 90).

Temos, portanto, as referências que servem de lastro para o autor introduzir, ou melhor, reintroduzir suas reflexões sobre o significado das CEBs como novidade histórica, como responsáveis por forjar "um novo modo de ser Igreja" – Eclesiogênese. As CEBs, para Boff, concretizam "o sentido originário da Igreja, que é ser *comunidade de fé* e *Povo de Deus em caminho*" (grifos do autor). São mantidas e animadas por leigos e leigas que se "descobrem sucessores dos apóstolos "na medida em que se sentem herdeiros da doutrina apostólica e responsáveis pela unidade de todos" (*idem*, p. 94).

Boff, em parágrafos breves e incisivos, expõe três elementos constitutivos do que entende ser o papel das CEBs, a saber. Primeiro: as CEBs reúnem os atributos fundamentais da Igreja – são comunidades de fé, têm a Palavra, realizam as celebrações e os serviços comunitários. "Constituem verdadeira Igreja de base, e não apenas possuem elementos eclesiais" (*idem*, p. 94). Segundo: são um desafio para toda a Igreja pelo seu caráter comunitário e horizontal. E terceiro – são fator de libertação, dado o engajamento de muitos de seus membros em prol da vida, da dignidade humana e da justiça.

João Batista Libanio (2009), em *Leonardo Boff: 70 anos - Laidatio in honorem,* chama atenção para o duplo papel de Boff e dos seus escritos – é ele que vigia o perigo e ao mesmo tempo vislumbra e aponta o futuro. Michael Löwy, ao escrever o prefácio para *Reflexões de um velho teólogo e pensador*, vai além e apresenta outro atributo da obra do autor que nos parece bastante condizente com o vimos até agora. Boff, para Löwy, contrariamente aos fatalistas – que enxergam o futuro por algo já decidido pelos Deuses do Olimpo –, "só propõe [como o profeta bíblico] previsões condicionais: vejam o que pode acontecer se não mudarmos nossos rumos, se não corrigirmos nosso modo de viver. Esse é o teor dos escritos de Boff, e sua voz infinitamente preciosa tem o timbre de bronze dos sinos de alarme" (LÖWY, 2018, p. 15).

Neste texto, ao lidarmos com um pequeno recorte de suas reflexões no qual fixa balizas sobre o significado eclesial das CEBs, é possível perceber algumas modulações no texto do autor tendo em vista deixá-lo mais claro e fluido para o leitor. Essa opção transparece na edição de *Eclesiogênese* publicada em 2008 e mais ainda em seu último livro aqui examinado. A par disso, a argumentação central do autor se mantém – as CEBs são sim um desafio para a Igreja-instituição. E, acima de tudo, são o presente e o futuro da Igreja, servindo ainda de fermento e de instrumento para a construção de uma sociedade em novas bases. Boff, assim, coloca-se como um artífice da "invenção" das CEBs, como também, por conseguinte, dos Encontros Intereclesiais que devem ser vistos como os eventos capazes de espraiar e consolidar o modelo das CEBs-Igreja comunitária.

A trajetória dos Intereclesiais: relatos imediatos

O trabalho de elaborar um sentido particular às CEBs e ao Intereclesial, no âmbito da Teologia da Libertação, não foi tarefa exclusiva de Leonardo Boff. Ao seu lado, compondo a equipe de assessores dos encontros, estiveram teólogos e cientistas sociais, muitos deles vinculados ao Emaús, os quais, desde os Intereclesiais de Vitória, produziram vasta e diversificada produção sobre o tema em tela e que foi veiculada em livros e artigos em revistas católicas.

Comecemos pela análise de dois textos escritos por ocasião do Intereclesial de Itaici, celebrado em 1981. Ambos cumprem o papel do relato imediato, nos moldes de uma comunicação à comunidade religiosa em geral e ao universo das CEBs em particular. São eles: *Fermento da massa* – uma brochura de autoria Frei Betto e *Igreja: Povo Oprimido que se Organiza para a Libertação*, da lavra de João Batista Libanio. Logo em seguida, tomamos como objeto textos escritos na década de 1990 e que se caracterizam por um olhar um pouco mais distanciado da experiência dos encontros nacionais das CEBs.

Os escritos de Frei Betto ocupam um espaço próprio no âmbito da Teologia da Libertação. Autor prolífero, com obra que cobre vários gêneros literários, da memorialística ao ensaio, passando pela ficção, o frade dominicano, naquela quadra histórica, na passagem da década de 1970 e 1980, associava seu trabalho de agente pastoral e de educador popular à produção de materiais voltados para fora e para dentro do universo católico. Na ocasião, publicou um conjunto de livros de cunho jornalístico em torno de acontecimentos-chave da conjuntura política e religiosa, tais como *Diário de Puebla* (1979), *Nicarágua Livre, o primeiro passo* (1981) e *Fidel e a Religião* (1985). Em paralelo, deu início a uma série voltada para a formação católica intitulada *Catecismo popular* (1989 e 1990), além de publicar textos dirigidos às CEBs e às pastorais católicas, da qual fez parte a brochura acima mencionada *Fermento da massa* (1981).

Frei Betto, nos escritos voltados para registrar os encontros das CEBs, deu forma e conteúdo a publicações inspiradas nas cartilhas que povoavam e povoam o universo popular católico. Daí, a presença de capítulos curtos seguidos de propostas de discussão em comunidade; linguagem direta e diversificada; breve registro histórico dos Intereclesiais; seções específicas sobre os temas centrais do encontro; ênfase na mensagem final do Intereclesial e uma iconografia de traços simples que constrói uma atmosfera marcada por uma simbologia própria e pelo protagonismo popular.[7]

O religioso, em *Fermento da massa*, compõe uma narrativa bastante original na qual o relato segue conduzido pela palavra popular a respeito de tudo que diz respeito ao encontro – a preparação, a chegada em Itaici, a abertura, a discussão sobre os temas do encontro e a avaliação final. Vejamos alguns exemplos nesse sentido.

No ritual do Intereclesial, cabe à Igreja anfitriã, no caso a diocese de Campinas, o papel de proferir a sessão de abertura do evento. E assim o fez o bispo Dom Gilberto Lopes. Trata-se, portanto, de um momento solene que foi dessa maneira descrito pelo autor. Frei Betto, em lugar de transcrever o sermão da autoridade eclesiástica, cria uma situação na qual um pequeno grupo de populares comenta entre si como a abertura foi conduzida. Um deles foi nominado – Evaristo, agricultor e líder comunitário de Goiás; os demais são personagens que representam a dona de casa, o jovem e o pescador.

7 Acerca da iconografia das CEBs e o trabalho de ilustrador de Luis Fabiano de Miranda, ver VEIGA, 2009.

Evaristo dá início à reunião, cabendo a ele reproduzir fragmentos do sermão de abertura de forma a fixar a mensagem político-pastoral que orienta o Intereclesial. Ele menciona, por exemplo, o trecho em que Dom Gilberto se refere à Igreja como uma "Mãe que nos incentiva na caminhada, desde Medellín, passando por Puebla e ultimamente pela palavra de João Paulo II, [e que] reconhece a eficácia do trabalho das CEBs" (BETTO, 1981, p. 23). Menciona também o trecho em que o bispo vê a CEB como "uma fonte de energia e vitalidade, onde os oprimidos pelo sistema capitalista em que vivemos buscam forças para sustentar a luta de transformação deste sistema iníquo para um sistema mais justo e humano" (*idem*, p. 24). Por fim, relata que no Intereclesial viu um desenho de "uma grande árvore que dava frutos como: desemprego, fome, salário baixo, favela, falta de terra e outros males. A gente viu que não adianta cortar os frutos e deixar a árvore. Temos que cortar a árvore pela raiz, acabar com o sistema capitalista" (*idem*, p.24).

Frei Betto adota essa mesma estratégia discursiva ao longo da publicação, como nos capítulos em que personagens, reais ou imaginários, relatam e discutem os problemas das suas regiões. O mesmo a dizer quando discutem questões relativas à moradia ou que dizem respeito à participação política. A respeito desse último ponto, coube a seu Francisco, de Santa Catarina, explicar para dona Maria, da Paraíba, o que acha a respeito desse tema. Francisco assevera que não vê problema em um agente pastoral se envolver em política partidária. O que não pode, segundo ele, "é o agente bancar o dirigente partidário dentro da Igreja, [...] forçando a comunidade a seguir suas ideias políticas ou tendo a pretensão de representar a Igreja dentro do partido" (odem, p. 74).

A par do uso dessa linguagem próxima a do teatro, daí as situações envolvendo diálogos e personagens, o autor também opera como um repórter quando realiza entrevistas com autoridades eclesiásticas como forma de demonstrar o apoio que elas emprestaram ao evento. Duas cartas, ambas fruto de discussão coletiva, são colocadas em posição estratégica. A primeira delas abre a brochura e expressa a síntese das discussões realizadas no encontro. A segunda, de autoria dos participantes do Intereclesial, é endereçada a João Paulo II na qual está consignado o agradecimento ao papa pelo apoio às CEBs (*idem*, p. 107).

Esses dados nos dão uma mostra da maneira pela qual Frei Betto relata o evento. À frente da cena, estão os protagonistas populares – mulheres e homens – debatendo livremente os temas do encontro. Esses personagens se movem com desenvoltura, se encontram presentes em todas as atividades, mas alguns deles ali estão a vocalizar, em parte, a narrativa eclesial e a dos assessores. Ao fundo, se encontram os promotores do Intereclesial – autoridades, agentes religiosos, assessores. O narrador/autor está entre eles, posicionando-se como um articulador, um compilador, alguém que observa, relata e apoia o espírito geral do evento. Ao fim e ao cabo, portanto, temos uma nova Igreja comunitária em formação.

João Batista Libanio foi um dos mais importantes e ativos teólogos brasileiros vinculados à Teologia da Libertação. Membro da ordem dos jesuítas e autor de vasta obra teológica, Libanio formou gerações de teólogos, tendo posição de destaque na SOTER (Sociedade de Teologia e Ciências da Religião), da qual foi presidente, na Conferência Nacional dos Bispos do Brasil (CNBB) e na Conferência dos Religiosos do Brasil (CRB) como perito e conferencista. Membro de primeira hora do Emaús, atuou como assessor em vários Intereclesiais.[8]

Seu texto sobre o IV Intereclesial, celebrado em 1981, foi publicado naquele ano pela *REB* em um número especial dedicado às CEBs. Nele, Libanio faz um relato vivo e pormenorizado das peripécias que envolveram a preparação do evento; do clima dos debates que então se processaram; e das celebrações e cantos que deram por concluir o Intereclesial. Fecha o artigo com duas pequenas seções – Elementos para ulterior reflexão e Conclusão. Tratemos de ver algumas de suas proposições.

Libanio inicia o artigo chamando atenção para o caráter original do Intereclesial. Já o nome, afirma, não cabe "em nenhum dos clássicos cânones. Não é Concílio, nem Sínodo Universal ou diocesano, nem Assembleia de Bispos. Trata-se simplesmente de um Encontro". E continua:

> Quem se reúne? Não as cúpulas das Igrejas, mas as bases acompanhadas, algumas de seu respectivo bispo, outras carregadas da legi-

8 Conferir coletânea acerca da personalidade e da obra de Libânio, em KONINGS, S.J., Johan. *Teologia e Pastoral. Homenagem ao Pe. Libanio.* São Paulo: Loyola, 2002.

> timidade batismal de seus membros com o beneplácito explícito ou silencioso do bispo e nenhuma contra a vontade dele. Mesmo para o canonista mais escrupuloso, o caráter eclesial de tais encontros excele. (LIBANIO, 1981, p. 279).

A questão da originalidade do Intereclesial, vista pelo autor como esperançosa novidade na Igreja ao "sul do equador", não deixou de ser objeto de discussão por ocasião dos preparativos do evento. A dúvida colocada, no âmbito da instituição, era a seguinte: uma vez que o Intereclesial ganhava ares de encontro nacional, não seria o caso de transferir a responsabilidade do evento da diocese promotora (no caso a de São Paulo) para as mãos da CNBB? O debate, ao fim e ao cabo, terminou por reafirmar o caráter original do Intereclesial – um Encontro no qual "Igrejas se convidam mutuamente, [...] sendo que uma delas assume a responsabilidade da coordenação geral" (*idem*, p. 283).

Libanio, *en passant*, tocou nesse ponto sensível que, com o passar do tempo, ganha centralidade na agenda de questões que marcaram a história do evento. O Intereclesial, de fato, deixara de ser uma iniciativa circunscrita a algumas dioceses que tinham à frente bispos que propugnavam por um diálogo mais estreito da Igreja com os movimentos sociais. No encontro de Itaici, relatado pelo autor, estiveram presentes um total de 280 pessoas vindas de 71 dioceses e 18 estados do país. No seguinte, o de Canindé, celebrado em 1983, participaram representantes de 134 dioceses e de quase todos os estados brasileiros. Portanto, o Intereclesial perdera seu caráter reservado e experimental. O que fazer? Será que sob a supervisão da CNBB, manter-se-ia a aposta no protagonismo popular presente até então? Devidamente incorporado às estruturas eclesiais, o evento deixaria de ser "novidade"? Por ora, fiquemos com essas questões que adiante serão retomadas.

Libanio, no artigo em tela, constrói uma narrativa fluida na qual mescla a apresentação minuciosa, atenta dos debates e cerimônias que compõem no evento, nos moldes de um etnógrafo a descrever seu objeto de análise, a um tom empático controlado, contido, mas ali presente. É sob esse prisma que acompanha, por exemplo, o relato de representantes das CEBs sobre suas dificuldades e suas formas de luta. É também por esse olhar que trata da temática política que ocupou amplo espaço no evento.

Sobre a maneira pela qual os participantes do encontro enfrentaram o tema da política e dos partidos, o religioso adota um tom um pouco mais alto, claramente esperançoso, quando afirma que emergiu no evento o que chamou de "visão ampla da política", assim caracterizada:

> O conceito de política mais frisado é o da "organização das bases" sob as diversas formas. Política são os projetos que organizam o povo, coordenam nosso trabalho. Política é a forma própria de o povo organizar-se, suas estratégias, resistências, reivindicações [...]. Fazer política é fazer nascer algo da organização do povo (*idem*, p. 295).

A par disso, a tendência que predomina nas CEBs, segundo o autor, é a que se inclina para as lutas reivindicatórias populares e sindicais. Exatamente por isso, assinala, se encontra afastada a possibilidade, aventada na grande imprensa, das CEBs constituírem uma agremiação própria ou mesmo uma opção global por um determinado partido.

> Com os pés bem firmes nas lutas populares concretas, nas suas necessidades e interesses, as comunidades olham com certo descrédito para os políticos, para os partidos. Não depositam neles muita esperança. Estão com a orelha em pé para escutar aquela voz mais próxima deles (*idem*, p. 297).

Na ocasião, não havia como o autor prever que, ao longo daquela década, "o tempo da política" – das eleições, dos partidos, dos conflitos institucionalizados – iria se impor em um quadro marcado pela derrocada da ditadura militar e pelo advento de um regime civil. Nesse novo contexto, segmentos importantes das CEBs desaguaram na formação do Partido dos Trabalhadores (PT).

Libanio, em seu artigo, fez ainda breve radiografia dos participantes do encontro de Itaici, chamando atenção para presença popular significativa e o aumento do número de dioceses quando comparado ao III Intereclesial. A presença mais ativa nas atividades, segundo ele, foi a das bases – em nítido contraste com a atuação discreta dos bispos. O mesmo a dizer da postura dos assessores e da CNBB (*idem*, p. 304-305). O autor, nesse ponto, corrobora o cenário montado por Frei Betto na brochura acima mencionada.

O religioso reservou o segmento final do seu artigo para levantar algumas questões que deveriam estar na agenda de militantes e de entidades da Igreja envolvidas no trabalho junto às bases e que compõem o núcleo que promove e sustenta os encontros das CEBs.

A primeira delas envolve um problema de difícil encaminhamento: como estabelecer pontes entre "a nossa visão pastoral conciliadora e harmônica" e a "*dimensão constante de luta* (grifo do autor) que apareceu desde o primeiro momento do encontro até o fim"? (*idem*, p. 308-309). Uma vez que a luta alimenta o espírito comunitário das CEBs, como construir um pastoral que não seja conflitiva?

Libanio desdobra esse ponto quando registra a insuficiência da pedagogia popular, levada a efeito pelos *agentes ilustrados* (grifo do autor), por não conhecer melhor o repertório de ação das classes populares, o qual pode transitar do ato conflitivo direto ao uso de "artimanhas e sutilezas", nas quais busca-se evitar o confronto. Segundo o autor, "mesmo a pedagogia de Paulo Freire no seu primeiro estágio não conseguiu elaborar e sistematizar a "pedagogia da artimanha" (*idem*, p. 309). Nesse ponto em particular, as reflexões de Libanio vão ao encontro de uma noção cara ao historiador Michel Certeau, a de tática, pode ele compreendida como parte do repertório dos subalternos quando atuam pelas brechas, entre as estruturas de poder. (CERTEAU, 1998, p. 45-48).

Outro desafio, igualmente importante, se refere à maneira pela qual a pastoral deve lidar com o universo da política das CEBs. As comunidades religiosas, ainda que tenham sua identidade assentada na fé, mantém ampla conexão com outras organizações populares e agremiações políticas. Daí, há trânsito contínuo entre todas essas instâncias. Para Libanio, cabe à ação pedagógica especificar bem o lugar de cada um desses organismos e sua devida articulação. O religioso alerta que não há sentido em impedir a participação de membros da comunidade em movimentos populares e partidos, "a título de defender a comunidade da politização, em nome da pretensa primazia do religioso" (LIBANIO, 1981, p. 309).

Libanio, por fim, trata do amplo tema do "projeto político" que embasa a atuação das CEBs. A esse respeito, o autor, com base na leitura dos relatórios das bases, conclui que: há uma rejeição radical ao sistema dominante, a qual é demostrada nos embates com agências de Estado, com patrões e empresas;

está presente a utopia por uma nova sociedade assentada no "projeto de Jesus, de fraternidade, de igualdade, de valorização das camadas populares e pobres"; há falta clareza acerca dos caminhos que devem traçados para se chegar até lá; e, ainda, há crescente interesse das bases pelo programa de partidos que podem servir de instrumento para que essa visão utópica possa se realizar na História.

Diante dessa proposição, cabe a pergunta: como a pastoral deveria encaminhar essa séria questão? Que caminhos apontar? Como defender a "nova sociedade"? Libanio, nesse caso, se mostra cauteloso, apostando que será a experiência que irá apontar.

Desafios: anos 1990

Avancemos no tempo para alcançarmos alguns textos de membros e ex-membros de Emaús que examinam a experiência dos Intereclesiais em perspectiva histórica. Foquemos nossa análise em estudos produzidos na década de 1990.

Comecemos com o prefácio e o posfácio do teólogo Clodovis Boff que estão presentes no livro de Faustino Teixeira intitulado *Os Encontros Intereclesiais de CEBs no Brasil* (1996). Em seguida, nossos olhos se voltam para os anexos documentais que compõem o livro e que nos ajudam a situar e a compreender as relações que foram estabelecidas entre os grupos vinculados às CEBs e a CNBB.

Clodovis, assim como seu irmão Leonardo, compôs o corpo de assessores que deu forma e conteúdo aos Intereclesiais entre as décadas de 1970 e 1990. Teólogo de prestígio acadêmico, com atuação pastoral em CEBs do Acre e ex-membro do Emaús, Clodovis elaborou um breve texto de abertura ao livro de Teixeira no qual aponta para três aspectos que servem de referência para o estudo dos debates que então se processavam no campo da Teologia da Libertação acerca das perspectivas da Igreja das CEBs.

O primeiro ponto levantado pelo autor diz respeito ao momento particular vivido pela TdL naquele contexto em que estiveram entrelaçados fenômenos como o "pensamento único, o neoliberalismo, na sociedade, e o centralismo, na Igreja (BOFF, C., 1996, p. 6). Daí, tornou-se corrente a tese da morte da TdL, da Igreja profética e, por tabela, das CEBs. Clodovis, por certo, não concorda com isso e reputa importante a publicação do livre de Teixeira por dar prova de que as CEBs "são um processo de grande significação, e uma significação que incidiu profundamente e continua incidindo sobre as estruturas da Igreja, para não falar na sociedade. É um fenômeno que merece ser qualificado de "histórico": e que veio para ficar" (*idem*, p. 6).

Clodovis alerta ainda para a importância de se evitar tomar o vasto universo das CEBs pelos Intereclesiais. Esses eventos, consigna o religioso, não representavam um microcosmo da vida das comunidades, uma vez que ali estavam reunidas "as vanguardas, as experiências mais avançadas." As CEBs, nessas ocasiões, aparecem "como nas fotografias de famílias em festa: bem compostas, mostrando seu melhor visual, exibindo suas melhores performances. Ou seja, aparecem em seus momentos-cumes" (*idem*, p. 7).

Daí, a abertura para outro problema: a produção de análises, por parte dos peritos, que "nem sempre resistem à tentação de um certo triunfalismo, também porque, como 'intelectuais orgânicos', objetivam apoiar e estimular o processo" (*idem*, p. 7). O remédio para isso, sugere o teólogo, consiste em manter "uma vigilância epistemológica", assegurando "a perspectiva crítica do concreto". E conclui: "é necessário tentar articular o festivo com o ferial e vice-versa. Assim se ganharia em criticidade e, ao mesmo tempo, em projetividade" (*idem*, p. 8).

Clodovis, nesse breve texto, manda um recado direto e duplo para o campo da Teologia da Libertação, da qual ajudou a construir. O primeiro: é importante resgatar e compreender em perspectiva larga o significado dos encontros e sua incidência para dentro e fora da Igreja. O segundo: cabe não confundir o extraordinário com o ordinário na vida das CEBs, assim como evitar análises parciais e algo triunfalistas. Em suma: mesmo os "intelectuais orgânicos" devem acionar a autorreflexão e o pensamento crítico.

Clodovis, no posfácio, a título de síntese, escreve alguns parágrafos sobre cada um dos Intereclesiais realizados até então, tendo como objetivo apresentar o que chama de "visão retrospectiva" do processo dos encontros nacionais das CEBs. Vejamos aspectos do seu relato e a maneira pela qual periodiza os eventos.

O religioso localiza no III Intereclesial, realizado em João Pessoa, em 1978, um ponto de inflexão na trajetória dos encontros nacionais. Na ocasião, para ele, houve um fenômeno inédito até então: a 'tomada da palavra" pelas bases eclesiais, as quais compunham 2/3 dos presentes. Para o autor, essa virada condicionou dali para frente a "caminhada" das CEBs. Quanto à produção relativa a esse encontro, o teólogo considera que ela esteve marcada por um "deslumbramento teológico e pastoral", o que qual viu como típica de todo "estado nascente", ou seja, de toda novidade. O religioso, uma vez mais, desfere a crítica a um sujeito indeterminado, mantendo a linguagem cifrada típica desse tipo de narrativa que se produz no âmbito da instituição. Em razão disso, deixa de travar o debate com os assessores que então estavam à frente desse processo, tais como Carlos Mesters, Leonardo Boff, João Batista Libanio e outros. Restringe-se, portanto, a apontar para o problema.

Clodovis viu o encontro de Trindade, em Goiás, celebrado em 1986, como o mais importante de todos, o qual chamou de "Intereclesial-virada". São destaques apontados pelo autor: o aumento significativo do número de presentes; o caráter mais celebrativo do que reflexivo; integração orgânica dos assessores no processo geral do encontro; a emergência de novas pautas:

> aparece a tríade índio, negro, mulher, enriquecendo a ideia monocolor de pobre/ oprimido; surgem novas questões, como: massas, ecumenismo, América Latina; de modo particular, abre-se o debate sobre a presença nas CEBs de militantes de partido e sua relação com as mesmas, incluindo o perigo do afastamento eclesial dos militantes (*idem*, p. 140)....

Clodovis, *en passant*, destacou outra novidade: a preparação do evento esteve a cargo de uma "Comissão Ampliada", a qual contava com membros da Igreja promotora do evento e de representantes do encontro anterior e de regionais da CNBB. A adoção da medida se justificava pela magnitude do evento e pelo seu caráter nacional, cabendo ao novo órgão dar suporte às equipes da Igreja anfitrião. O autor, uma vez mais, se resume a relatar o ocorrido e nada mais. Nenhuma palavra a respeito desse novo posicionamento político do Intereclesial. Faustino Teixeira, autor do livro em tela, também se reserva o direito de simplesmente registrar o novo formato de organização.

Clodovis, no posfácio, faz menção também ao encontro celebrado em Santa Maria (RS), em 1992, e à preparação ao Intereclesial de São Luís, previsto então para se realizar em 1997. Quanto ao primeiro, o religioso destaca os seguintes aspectos: o número alto de participantes; a centralidade do tema da "inculturação", como resultado direto das discussões que foram realizadas na Conferência do Conselho Episcopal Latino-americano (CELAM) de Santo Domingo (1992); a presença afirmativa da mulher; o choque produzido no plenário do evento, envolvendo um pai-de-santo; e, por fim, a carta de Dom Ivo Lorscheiter, bispo anfitrião, enviada a outros bispos, "levantando questões sobre a identidade e o estatuto dos Intereclesiais". Segundo o autor: "Ela [a carta] obrigou a Ampliada dos Intereclesiais e responsáveis da CNBB a abrir um canal de diálogo. A partir de então, dá-se um decisivo e claro ponto de inflexão na caminhada dos Intereclesiais" (*idem*, p. 141).

No tocante à preparação do encontro de São Luís, o autor chama atenção para a nova realidade político-social que se impunha: a hegemonia neoliberal que neutralizava alternativas e a consolidação do centralismo eclesiástico "cujos efeitos já chegam nas bases" (*idem*, p. 142).

Clodovis, portanto, assinala três marcos na história dos Intereclesiais – o da emergência da fala e da presença popular (JOÃO PESSOA, 1978); o da nacionalização do encontro e a afirmação de um novo modelo de preparação representado pela "Comissão Ampliada" (TRINDADE, 1986); e o da intervenção direta da hierarquia, configurando a chamada "Comissão de Diálogo" (SANTA MARIA, 1992). Para ele, na década de 1990, a instituição sinalizara no sentido de exercer maior controle sobre a atuação das bases, das CEBs, inclusive. Sigamos por esse último ponto apontado pelo religioso.

Para tal, voltemos ao episódio acima mencionado por ele e que se refere à presença e participação de um pai-de-santo no encontro de Santa Maria. Teixeira, no livro em tela, o descreve em detalhes. O incidente teve lugar durante a apresentação ao público das autoridades religiosas presentes – bispos, pastores e pastoras. Representantes de religiões de origem africana, não tiveram o mesmo tratamento. Registra o autor: "O desconforto criado por tal situação gerou uma manifestação inusitada de protesto de um babalorixá e [de um] pajé que subiram ao palco do plenário e tomaram o microfone para protestar contra a discriminação sofrida" (TEIXEIRA, 1996, p. 119).

Para além dessa questão, o mal-estar nos meios eclesiais também foi alimentado, assinala Teixeira, pela contundência da reivindicação feminina em defesa da "cidadania eclesial das mulheres". Afinal, na ocasião, "elas constituíam 48,3% das presenças, exercendo um papel de destaque nos grupos e plenários" (*idem*, p. 119). Como era de se esperar, a carta final do evento consignou pela defesa do reconhecimento das mulheres em todos os espaços eclesiais – inclusive nos altares e púlpitos (*idem*, p. 120).

O desdobramento político de tudo isso foi, em primeiro lugar, a manifestação em carta do bispo anfitrião aos seus pares, acima mencionada. Logo em seguida, foi implantada uma "Comissão de Diálogo", formada por membros indicados pela CNBB e por segmentos vinculados às CEBs, para aparar arestas e tratar de questões-chave, tais como a afirmação do caráter e da identidade católica dos encontros e melhor qualificar clássico problema da eclesialidade das CEBs. A Comissão reuniu-se duas vezes, em 1994 e 1995, e fez divulgar suas atas. O acervo sobre esse tema, composto pela Carta aos bispos, a carta da CNBB às CEBs e as Atas da Comissão, pode ser consultado no livro de Teixeira em tela (TEIXEIRA, 1996) e na brochura assinada pelo padre Manoel Godoy, então assessor da CNBB, intitulada *Diálogo CNBB-CEBs: encontros da Comissão Episcopal encarregada do diálogo.* (GODOY, s/d).

No tocante ao conteúdo dessa documentação, fiquemos por ora com três comentários. O primeiro: chama atenção o tom direto e áspero da carta de Dom Ivo Lorscheiter aos bispos a respeito dos acontecimentos que marcaram a realização do Intereclesial em Santa Maria. O bispo, conhecido pela posição de apoio às CEBs, levanta uma série de questionamentos quanto à organização e ao formato massivo dos encontros nacionais, sugerindo que alguma instância da CNBB "retome o estudo teológico e pastoral da realidade das Comunidades Eclesiais de Base no Brasil". (p. 206). Ou seja, em outras palavras, ele propugna para que a entidade tome as rédeas da situação.

Segundo comentário: a leitura das atas da Comissão de Diálogo nos coloca a par dos ajustes que foram propostos pelo organismo no sentido apregoado por Dom Ivo. Foram eles: explicitar com maior ênfase o fato de que "as CEBs e os Intereclesiais são católicos abertos à prática ecumênica. Isso quer dizer que a responsabilidade última pela realização dos encontros Intereclesiais é da Igreja Católica" (TEIXEIRA, p. 217); uma presença mais ativa das dioceses e regionais da CNBB no credenciamento, preparação e realização dos encontros (*idem*, p. 217); a criação de um espaço de troca nos encontros entre os bispos e o povo presente (*idem*, p. 220); e, por fim, a recomendação de que, durante a realização do Intereclesial, o bispo local, juntamente com o bispo responsável pela 1 da CNBB, assegurem reuniões dos bispos presentes entre si, com assessores ou outras pessoas que desejarem" (*Idem*, p. 230).

Em suma: a Comissão de Diálogo termina por convalidar uma nova política da Igreja para o Intereclesial na qual a CNBB e a hierarquia ampliam sobremaneira sua influência na preparação e na condução do evento. O Intereclesial deixa de atuar em faixa mais livre para ser devidamente institucionalizado.

Terceiro comentário: esse novo momento político-organizacional dos encontros é bem ilustrado em trechos da entrevista que foi colhida para a pesquisa com o padre Manoel Godoy, acima mencionado, na qual ele discorre sobre a atmosfera das relações que então se estabelecera entre a CNBB e segmentos das CEBs que se agrupavam na Comissão Ampliada. O religioso, paulista e de origem operária, trabalhou na animação de CEBs na zona leste da cidade de São Paulo entre fins da década de 1970 e ao longo da década seguinte. Em 1993, partiu para Brasília para acompanhar a Comissão Ampliada em nome da CNBB, vindo a tomar parte de inúmeras tratativas que disseram respeito à preparação e à realização dos encontros das CEBs agora sob novo modelo de organização. Cabia a ele, portanto, fazer a interlocução direta entre a entidade nacional e o "pessoal das CEBs".

Godoy, na entrevista, relata que, ao iniciar seu trabalho, sofreu incompreensões de parte a parte. "A Ampliada me olhava com desconfiança porque eu era a CNBB; e a CNBB não confiava totalmente em mim porque eu tinha a cara de Ampliada." (entrevista padre Godoy, 2021). Com o correr do tempo, essa situação se modifica. Prova disso é o que ocorre por conta da preparação do encontro a ser realizado no Maranhão em 1997, o qual estaria sob a responsabilidade do arcebispo Paulo Ponte. Acerca dessa preparação, padre Godoy relata que:

> Dom Paulo Ponte tinha muita confiança em mim. Cada vez que a Comissão Ampliada se reunia em São Luís, ele perguntava: "Onde é que está o Godoy?". Porque era eu que recebia os recados dele e os traduzia para a Ampliada, para não criar animosidade, antipatia. E eu, muitas vezes, fiz esse papel de dizer para a Ampliada: "Será que não dá para a gente dizer de outro jeito, ir por outro caminho? Porque esse caminho do confronto não vai nos ajudar, nem as CEBs, nem o Intereclesial, nem nada e vai levar os nossos bispos

> amigos da CNBB a uma saia justa danada. Então, como é que a gente faz?". Então, eu fazia um pouco disso, na Ampliada. E quando chegava no Conselho Permanente da CNBB, eu fazia ao contrário: "Será que não dá para a gente avançar um pouco mais? Será que não dá para a gente respeitar a caminhada das CEBs?" Então, eu puxava para as CEBs no Conselho Permanente, e na Ampliada eu tentava defender a postura da CNBB, para poder fazer esse meio de campo. Foi muito complicado. (entrevista com padre Manoel Godoy, 2021).

Por fim, para dar termo a este sobrevoo sobre a trajetória das CEBs/ Intereclesiais, foquemos nossa atenção em trabalhos que, na década de 1990, se dispuseram a reavaliar a experiência da Igreja comunitária em um contexto claramente adverso, seja no plano político-societal, por conta do neoliberalismo em marcha, seja no plano eclesial, pela adoção de uma política disciplinar de largo espectro na Igreja Católica. Dois desses trabalhos, elaborados no âmbito do Iser-Assessoria, são representativos dessa leva: *As comunidades de base em questão* (Paulinas, 1997) e *CEBs: cidadania e modernidade* (Paulinas, 1993). Fiquemos, por ora, com as proposições de Faustino Teixeira que estão presentes no capítulo de sua lavra intitulado *As CEBs no Brasil: cidadania em processo* e que compõe o segundo livro acima mencionado.

Faustino Teixeira, teólogo e professor, é autor de importantes obras acerca das bases teológicas e históricas das CEBs e do livro-referência sobre os Intereclesiais aqui largamente utilizado. Compõe ainda o Iser-Assessoria – uma entidade civil formalizada na década de 1990, voltada para o trabalho de formação em comunidades populares e que contava – e conta – com teólogos e cientistas sociais vinculados à Teologia da Libertação. Vários dos seus membros também compunham o Emaús, tais como Teixeira, Ivo Lesbaupin, Pedro Ribeiro de Oliveira e Lucia Ribeiro etc.

O teólogo, no capítulo em tela, parte do seguinte pressuposto: o arsenal teórico e prático até então mobilizado pela Teologia da Libertação tem se mostrado insuficiente para os desafios que estão colocados às CEBs naquele fim de século. Registra o autor: "Hoje percebemos que a grande parte da elaboração teórica sobre a experiência das CEBs nos anos anteriores primou por uma avaliação muito otimista e por uma exagerada apreciação sobre o seu campo de influência sobre o povo. (TEIXEIRA, 1993, p. 23).

Isso posto, Teixeira reúne algumas questões que devem referenciar o trabalho dos agentes pastorais dali em diante, entre as quais: 1) a capacidade de se promover a evangelização não pela imposição da "verdade cristã", mas sim pelo diálogo com o outro, com outra cultura; a pergunta aqui é: "Como traduzir a mensagem evangelizadora para um distinto universo simbólico, sem cair não tentação racionalizadora de logo enquadrá-lo num degrau de categoria inferior"? (*idem*, p. 26); 2) há de se romper o nó "entre o racionalismo pastoral e universo simbólico popular." Para isso, é mister que não se abandone a "razão moderna", histórico-política das CEBs, mas sim empreender a busca de uma "razão sensata" com vistas a "criação de uma 'nova cultura' crítico-simbólico-popular", conforme propõe Clodovis Boff (*idem*, p. 28); 3) abertura das CEBs para o horizonte dos empobrecidos por meio de uma "adaptação de linguagens e captação dos problemas que tocam o dia a dia das massas empobrecidas, de rompimento com as atitudes de 'arrogância' pastoral [...]."; 4) cabe avançar, por fim, em uma melhor compreensão da efervescência espiritual e subjetiva que tem marcado a vida das CEBs na década em tela. Teixeira compreende a espiritualidade que nutre a prática libertadora como uma experiência integradora e de "gratuidade, de encontro amoroso com Deus, [...] que descortina para os agentes 'embriagados pelo desejo da história', uma faceta que extrapola a lógica da produtividade e da eficácia: que é alegria e liberdade interior, expressão da plenitude de vida" (*idem*, p. 36-37). Assim, conclui: "A experiência de fé tem seu valor não apenas em função da luta: há uma gratuidade gratuita que é vital inclusive para a nossa realização como gente." (*idem*, p. 37).

Comentários finais

Este texto segue em linha de continuidade com pesquisas que temos desenvolvido em torno da presença de intelectuais vinculados ao Emaús no campo da Teologia da Libertação e na arena pública no país. Nosso foco agora recaiu no estudo das relações de alguns desses intelectuais com o universo das CEBs e com o advento e a realização do Intereclesial, tomando como objeto de análise um conjunto de textos que cumpriu um papel-chave em transformar essas experiências em paradigma de uma "nova forma de ser Igreja". Emaús e CEBs/Intereclesial são indissociáveis – mantiveram relações orgânicas e compõem um elemento marcante na história da TdL brasileira e latino-americana. Examinamos esse material textual em dupla perspectiva – uma conceitual e outra histórica. Recuperemos, para fins de síntese, alguns elementos agora apresentados. Em meados da década de 1970, algo se movia na Igreja Católica brasileira. Em Vitória, capital do Espírito Santo, Dom Luís Fernandes, bispo auxiliar, reuniu condições para, com apoio de membros de sua equipe e de alguns assessores, celebrar o que se chamou de *Intereclesial* – um encontro para troca de experiências entre algumas dioceses que desenvolviam trabalho pastoral focados nas CEBs. A experiência foi bem-sucedida e logo foi marcado novo intereclesial para o ano seguinte. Na ocasião, lembra Leonardo Boff, que esteve presente nesses primeiros eventos, "Vitória era a Roma [dos teólogos]; era para cá que nós nos vínhamos [...] para ver a unidade do pensamento da teologia e a prática pastoral." E continua:

> Era o encontro das duas Igrejas: da grande tradição representada por Dom João Batista [...] e a tradição da nova Igreja que nascia representada por Dom Luís Fernandes. [...] O Brasil tinha a Igreja mais progressista do mundo católico e a ponta mais avançada era aqui em Vitória. (Leonardo Boff, por ocasião do recebimento do prêmio Dom Luís Gonzaga Fernandes, Vitória, 2012) https://www.youtube.com/watch?v=wcBuBVoFnz8. Acesso 27 de julho de 2021.

E o que havia de novo no Intereclesial? Tratava-se de um evento sob a responsabilidade de uma diocese que, de moto próprio, chamava seus convidados, não havendo, portanto, necessidade de se buscar o concurso e o consentimento de estruturas nacionais da Igreja, tais como a CNBB. A par disso, os bispos que estiveram presentes nesses primeiros eventos, em diálogo com assessores vinculados à TdL, buscaram abrir espaço para a voz e o voto popular. Em suma: tínhamos algo fora dos cânones que regravam a instituição. O clima político do país também contribuía para novidades dada à retomada dos movimentos populares.

Vários dos assessores do Intereclesial compunham o "Grupo de Petrópolis", depois autodesignado Emaús, tais como Boff, João Batista Libanio,

Carlos Mesters, Oscar Beozzo, entre outros. Com o decorrer do tempo, esses nomes fariam parte do que veio a se chamar a "assessoria histórica" dos encontros nacionais.[9] O papel desses intelectuais-assessores, conforme mencionamos acima, era de enorme importância – na sistematização de dados e na elaboração de textos referência.

Foi com base nesse *script* que examinamos a maneira pela qual intelectuais ligados ao Emaús produziram um conjunto textual que contribuiu para "inventar" e impulsionar o que aqui chamamos de a constelação CEBs/Intereclesiais. Para tal, a sistematização por Leonardo Boff da noção "eclesiogênese' foi estratégica para dar lastro teórico-conceitual ao projeto da "Igreja comunitária", da "Igreja das CEBs". Mobilizamos ainda dois textos de natureza diversa, uma brochura em moldes de cartilha, de Frei Betto, e uma comunicação ordenada, de João Batista Libanio, tendo em vista melhor caracterizar esses relatos imediatos sobre um determinado Intereclesial, no caso o encontro de Itaici (1981).

Nas décadas de 1980 e 1990, particularmente na última, os encontros tomaram outra feição – em lugar de reuniões de discussão mais concentradas, tornaram-se eventos massivos e de cunho mais celebrativo. A CNBB, agora, atua de forma mais ativa para dar suporte e supervisionar o evento. Temos, portanto, um novo equilíbrio de forças na organização e conformação do Intereclesial.

Também nesse novo contexto, marcado pelo enrijecimento da postura da Igreja do Vaticano, intelectuais vinculados à Teologia da Libertação, alguns deles membros do Emaús, sinalizam pela necessidade de ser rever o aparato conceitual de corte marxista que marcava o trabalho político-pastoral junto às CEBs desde então. O mesmo a dizer de proposições vistas como "triunfalistas" e 'excessivamente otimistas" a respeito da Igreja comunitária. A derrocada do "socialismo real", aliada à crise de paradigmas da modernidade ocidental, impunham trabalhar com temas como o da inculturação fundada no diálogo, uma necessária adaptação de linguagem junto às massas e uma maior atenção a questões ligadas à espiritualidade contemporânea.

9 Sobre os "assessores históricos" dos encontros das CEBs, conferir OLIVEIRA, Pedro Ribeiro de. *Fé e política: uma trajetória*, Vila Velha: Gráfica e Editora Quatro Irmãos, 2018. p. 103.

Para concluir, fiquemos com as palavras de Clodovis Boff acima assinaladas: "É importante resgatar e compreender em perspectiva larga o significado dos encontros [intereclesiais] e sua incidência para dentro e fora da Igreja". Fica, então, o convite para novas investigações.

Referências bibliográficas

BETTO, Frei. *Fermento na massa.* O 4º Encontro Intereclesial das Comunidades Eclesiais de Base, Itaici, abril de 1981. Petrópolis: Vozes, 1981.

BOBBIO, Norberto. *Intelectuais e o poder.* São Paulo: Unesp, 1997

BOFF, Clodovis *et alii*. *As comunidades de base em questão.* São Paulo: Paulinas, 1997.

BOFF, Clodovis. Posfácio. In: TEIXEIRA, Faustino. *Os encontros intereclesiais de CEBs no Brasil.* São Paulo: Paulinas, 1986, p. 137-142.

______. Prefácio. In: TEIXEIRA, Faustino. *Os encontros intereclesiais de CEBs no Brasil.* São Paulo: Paulinas, 1986, p. 5-8

BOFF, Leonardo. *Eclesiogênese: As Comunidades Eclesiais de Base reinventam a Igreja*". Petrópolis: Vozes, 1977.

______. *Eclesiogênese: a reinvenção da Igreja.* Rio de Janeiro: Record, 2008.

______. *Reflexões de um velho teólogo e pensador.* Rio de Janeiro: Record, 2018.

CERTEAU, Michel. *A invenção do cotidiano.* V. 1. Artes de fazer. Petrópolis: Vozes, 1998.

CHEZA, Maurice; MARTINEZ SAAVEDRA, Luis; SAUVAGE, Pierre. *Dictionnaire Historique de la Théologie de la Libération.* Namur (Belgique): Editions jésuites, 2017.

CONGAR, Yves. "Os grupos informais na Igreja: Um ponto de vista católico. In: GREGORY, Afonso. *Comunidades eclesiais de base: utopia ou realidade.* Petrópolis: Vozes, 1973, p. 124-151.

______. *Os leigos na Igreja: escalões para uma teologia do laicato.* São Paulo: Herder, 1966.

DOIMO, Ana Maria. *A Vez e a Voz do Popular. Movimentos sociais e participação política no Brasil pós-70.* Rio de Janeiro: Relume-Dumará: ANPOCS, 1995.

DOSSE, François. *La marcha de las ideas. Historia de los intelectuales, historia intelectual.* València: PUV, 2006.

GODOY, Manoel. *Diálogo CNBB-CEBs. Encontros da Comissão Episcopal encarregada com representantes da Ampliada, Assessoria e Secretariado do Intereclesial das CEBs.* Dimensão Comunitária e Participativa. Setor Estruturas da Igreja Linha 1 – CNBB. Edição do autor, revista e ampliada, s/d.

GOMES, Angela de Castro & HANSEN, Patrícia. (coord.). *Intelectuais mediadores: Práticas culturais e ação política.* Rio de Janeiro: Civilização Brasileira, 2016, p. 7-37.

KONINGS, SJ, Johan (org.). *Teologia e Pastoral. Homenagem ao Pe. Libanio.* São Paulo: Loyola, 2002.

LÖWY, Michael. Prefácio. In: BOFF, Leonardo. *Reflexões de um velho teólogo e pensador.* Rio de Janeiro: Record, 2018, p. 13-15.

LIBANIO, João Batista. Leonardo Boff: 70 anos. *Laudatio in honorem. Revista Eclesiástica Brasileira,* vol. 69, n. 274, 2009, p. 446-45.

______. "Povo oprimido que se organiza para a libertação". *Revista Eclesiástica Brasileira (REB),* Fasc.162, junho, 1981, p. 279-311.

NOVAES, Regina. Nada será como antes: entre urubus e papagaios. IN: TEIXEIRA, Faustino *et alii. CEbs, Cidadania e Modernidade. Uma análise crítica.* São Paulo: Paulinas, 1993, p.89-157.

OLIVEIRA, Pedro A. Ribeiro de. *Fé e política: uma trajetória.* Vila Velha: Gráfica e Editora Quatro Irmãos, 2018.

PERRUSO, Marco A. *Em busca do "novo": intelectuais brasileiros e movimentos populares nos anos 1970/80.* São Paulo: Annablume, 2009

RAMALHO, José Ricardo e ESTERCI, Neide (orgs). *Militância política e assessoria: compromisso com as classes populares e resistência à ditadura.* São Leopoldo: Oikos, 2021.

SAAVEDRA, Luis. Yves Congar. In: CHEZA, Maurice; MARTINEZ SAAVEDRA, Luis; SAUVAGE, Pierre. *Dictionnaire Historique de la Théologie de la Libération.* Namur (Belgique): Editions jésuites, 2017, p. 162-165.

SAID, Edward. *Representações do intelectual: as conferências Reith 1993.* São Paulo: Companhia das Letras, 2000.

SIRINELLI, Jean-François (1998). "As elites culturais". In: RIOUX, Jean-Pierre & SIRINELLI, Jean-François (direção). *Por uma história cultural.* Lisboa: Editorial Estampa.

______. (1986). "Le harsard ou a necessité? Une historie en chantier: l'historie des intellectuels". *Vingtième Siècle. Revue d'Historie, n. 9,* p. 97-108.

______. (1996). "Os intelectuais". In: RÉMOND, René (org.) *Por uma História Política.* Rio de Janeiro, Editora, FGV, p. 231-69.

TEIXEIRA, Faustino. *Os encontros intereclesiais de CEBs no Brasil.* São Paulo: Paulinas, 1986.

______. As CEBs no Brasil: Cidadania em Processo. In: TEIXEIRA, Faustino *et al*ii. *CEBs, Cidadania e Modernidade. Uma análise crítica.* São Paulo: Paulinas, 1993, p. 7-40.

TRAVERSO, Enzo. *Onde foram parar os intelectuais?* Belo Horizonte: Editora Âyiné, 2020.

VEIGA, Alfredo César da. *Teologia da Libertação: nascimento, expansão, recuo e sobrevivência da imagem dos anos 1970 à época atual.* São Paulo, USP, tese de doutorado em História, 2009.

WANDERLEY, Luiz Eduardo W. *Democracia e Igreja Popular.* São Paulo: EDUC, 2007.

WILLIAMS, Raymond. *Cultura*. Rio de Janeiro: Paz e Terra, 1992.

______. *Cultura e materialismo*. São Paulo: Ed. Unesp, 1999.

As Comunidades Eclesiais de Base (CEBs) em movimento: romantismo utópico, passado prático e Bem Viver

Sérgio Ricardo Coutinho[1]

As CEBs: tradição, modernidade e o romantismo utópico como projeto

As análises sobre o *Cristianismo da Libertação*,[2] longamente desenvolvidas por Michael Löwy (2000), se tornaram já clássicas entre os estudiosos sobre a Esquerda Cristã na América Latina. Entretanto, pensamos em retomá-las aqui, em grandes linhas, para introduzir as questões que queremos abordar acerca da "experiência do tempo histórico" vivido atualmente pelas *Comunidades Eclesiais de Base* (CEBs).

Conforme Michael Löwy (2000, p. 87), a antinomia entre tradição e modernidade é muitas vezes utilizada nas Ciências Sociais como a chave principal para analisar a realidade econômica, social, política e cultural.

---

1 Doutor em História pela UFG e professor das Faculdades Integradas UPIS (DF).

2 O termo se refere ao amplo movimento social/religioso que surgiu nos anos 1960 que envolve setores significativos da Igreja católica (padres, ordens religiosas, bispos) e de movimentos religiosos laicos (Ação Católica, Juventude Estudantil Católica, Juventude Universitária Católica, Juventude Operária Católica, redes de pastorais com base popular como a Comissão Pastoral da Terra ou o Conselho Indigenista Missionário, Comunidades Eclesiais de Base e organizações populares desenvolvidas a partir delas: clube de mães, associações de moradores, sindicatos de trabalhadores, entre outros) e que tomou por base os pressupostos da Teologia da Libertação, especialmente a chamada "opção pelos pobres".

Longe de negar essas categorias, Löwy alerta para que evitemos o risco de reduzir todas as análises sociais a uma dicotomia dualista, incapaz de explicar o caráter ambivalente – ou polivalente – de tais fenômenos. A modernidade e a tradição, longe de ser sempre contraditórias, são muitas vezes articuladas, associadas e combinadas de uma maneira complementar onde os componentes tradicionais são constituintes ativos de renovação cultural. Por outro lado, não devemos esquecer que a própria modernidade é um fenômeno ambíguo, atravessado de tensões entre a racionalidade instrumental (ações orientadas a fins) e a racionalidade substantiva (ações em relação a valores).

A hipótese que defende é que a originalidade da *Teologia da Libertação*, e de sua realização mais concreta na experiência das *Comunidades Eclesiais de Base* (CEBs), se centra precisamente na síntese que superou, dialeticamente, a oposição clássica entre tradição e modernidade (LÖWY, 2000, p. 88).

Avançando ainda um pouco mais em sua análise, Löwy enfatizava que, ao contrário da cultura progressista europeia, a *Teologia da Libertação* rejeitou a visão otimista da história como progresso, a avaliação da tecnologia e da ciência moderna como condições objetivas para esse progresso e a emancipação do indivíduo como seu critério principal. Isso, no entanto, não queria dizer que ela rejeitava o progresso técnico e científico, ou a estrutura formal das liberdades individuais. O que se queria era não poder aceitar uma visão de história que tem como posto de observação esses critérios ambivalentes ocidentais (LÖWY, 2000, p. 110).

Além disso, para os teólogos da libertação e os agentes pastorais que trabalhavam com as comunidades de base, um dos aspectos mais negativos da modernidade urbana/industrial na América Latina era a destruição dos elos comunitários tradicionais. Em diálogo com o sociólogo norte-americano Harvey Cox (1929), Löwy (2000, p. 101) afirmava que, por meio das CEBs, a população pobre tinha se apropriado de "um conjunto de histórias e de uma tradição moral" que sobreviveu à violenta investida da modernização capitalista e estava fornecendo uma alternativa para os sistemas de valores e significados.

Com estes argumentos, Michael Löwy formulou sua tese básica: a *Teologia da Libertação* compartilhava algumas premissas básicas da cultura progressista ocidental, mas, ao mesmo tempo, tinha muito em comum com uma tradição diferente – o *Romantismo*.

O *Cristianismo da Libertação* (tendo as CEBs inclusa neste conjunto), como outros movimentos sociais ou culturais contemporâneos, era, em grande parte, um movimento Romântico, ou seja, um movimento que protestava contra aspectos importantes da sociedade capitalista/industrial moderna em nome de valores pré-modernos – nesse caso religião e comunidade (LÖWY, 2000, p. 110-111).

No entanto, a natureza Romântica da "Igreja dos Pobres" não reforçava uma natureza retrógada. Existiria também um Romantismo revolucionário e/ou utópico, segundo Löwy, cujo objetivo não era uma volta ao passado, uma impossível restauração de comunidades pré-modernas, e sim um desvio que, saindo do passado, iria direto ao futuro, a projeção de valores passados em uma nova utopia. A essa tradição, que funde nostalgias, também pertenceria a *Teologia da Libertação*.

> [O romantismo revolucionário e/ou utópico] [...] vai mais além [...] para "investir" a nostalgia de passado pré-capitalista na esperança de um porvir radicalmente novo. Rechaçando tanto a ilusão de um retorno puro e simples as comunidades orgânicas do passado como a aceitação resignada do presente burguês e seu melhoramento por meio de reformas, aspira – de maneira que pode ser mais ou menos radical, mais ou menos contraditória – à abolição do capitalismo ou ao advento de uma utopia igualitária de onde se recobririam alguns traços ou valores das sociedades anteriores. (LÖWY, 2008, p.88)

Este projeto romântico revolucionário-utópico, que encontramos seus fundamentos em autores como Ernest Bloch (1880-1959) e José Carlos Mariátegui (1894-1930), se convergiu (numa verdadeira "afinidade eletiva") com o marxismo. Ainda segundo Michael Löwy, as fendas abertas no muro de hostilidades históricas entre católicos e os movimentos políticos marxistas, pela surpreendente convergência do Cristianismo e do Marxismo na América Latina durante mais de trinta anos (1960-1995) – especialmente por meio da *Teologia da Libertação* – foi um dos fatores mais importantes de transformação social na história moderna nesta nossa parte do planeta (LÖWY, 2000, p. 112).

Esta convergência, continua ele, não foi resultado de nenhuma conspiração, estratégia, tática, infiltração ou manobra por parte de comunistas, marxistas, gramscistas ou leninistas, e sim uma evolução interna própria da Igreja e originando-se de sua própria cultura e tradição. Mas quais teriam sido os aspectos ou elementos da própria doutrina da Igreja e do marxismo que poderiam ter favorecido, facilitado ou estimulado esta convergência?

Para Löwy o que transformou esses elementos em um relacionamento dinâmico de "afinidade eletiva" (Max Weber) foi uma conjuntura histórica determinada, caracterizada pela polarização social e pelo conflito político, que começou na América Latina com o triunfo da Revolução Cubana e continuou com a sucessão de golpes militares durante os anos 1960 e 1970.

Um dos desdobramentos básicos foi o uso de determinados conceitos marxistas pelos teólogos da libertação. Como resultado desses conceitos – especialmente o de "luta de classes" – as CEBs, também chamada de "Igreja popular" ou de "Igreja dos pobres" tornou-se, na *Teologia da Libertação*, uma Igreja baseada em classes, que se conscientizou das necessidades da luta revolucionária como uma fase no caminho da libertação, e que celebrava essa libertação em sua liturgia, algo que necessariamente levava ao questionamento de um modelo de Igreja marcadamente sacramentalista e hierarquizado. (LÖWY, 2000, p. 119)

Os teólogos da libertação romperam com uma visão tradicionalista em relação aos pobres: estes já não seriam mais objeto de caridade, e sim agentes de sua própria libertação. A ajuda ou assistência paternalista foi substituída pela solidariedade com a luta dos pobres por autoemancipação. Aqui se estabeleceu a conexão com o princípio político marxista fundamental: a emancipação dos trabalhadores seria obra dos próprios trabalhadores (LÖWY, 2000, p. 123).

Penso que todos estes elementos estão amplamente demonstrados em um sem número de estudos sobre as CEBs, mas vale à pena reforçar ainda mais uma vez estes argumentos, reproduzindo um trecho de uma música muito popular cantada nas reuniões e encontros nacionais das CEBs no Brasil e que reforçam esta convergência:

> Igreja é povo que se organiza,
> Gente oprimida buscando libertação,
> E em Jesus Cristo, a ressurreição.
> O operário lutando pelo direito,
> De reaver a direção do sindicato. [...]

A lavadeira mulher forte e destemida,
Lava a sujeira da injustiça e opressão.

Todos esses elementos apresentados até aqui, fruto das análises de Michael Löwy, se referem a um momento histórico em que a *Teologia da Libertação*, de forma geral, e as CEBs, de modo específico, foram hegemônicas (aqui num sentido gramsciano) no cenário religioso católico, tendo grande influência também no campo sociopolítico brasileiro.

Vivendo em uma conjuntura histórica muita diferente de 40-50 anos atrás, tanto política como religiosamente (seja no sentido de "novos ventos" de renovação sob o pontificado do Papa Francisco, seja na expansão das denominações evangélico-pentecostais que também "optaram" pelos pobres das nossas periferias urbanas), qual seria a compreensão de "tempo histórico" que as CEBs percebem na atualidade?

O problema que se levanta é se as CEBs, dentro de uma dialética da duração (continuidades e descontinuidades), ainda carregam em seu horizonte, consciente ou inconscientemente, um projeto romântico-utópico. A questão que se coloca é como as CEBs representam para si o "tempo histórico"? Como articulam as fronteiras temporais entre passado, presente e futuro?

Se, de fato, uma visão romântico-utópico persiste, algumas hipóteses se vislumbram: se as CEBs, por um lado, tendem a ver o estado utópico como iminente, isso provocaria nelas o interesse de encontrar os *meios revolucionários* de realizar essa *utopia agora no presente*. Ou, por outro lado, se ainda idealizam um passado remoto de inocência natural humana – da qual os homens, nos dias de hoje, acabaram por tombar no estado "social" corrupto em que se encontram –, as CEBs projetam essa *utopia sobre um plano de longa duração*, encarando-a como uma possibilidade de realização humana *em qualquer tempo*, bastando que os homens se apossem do controle de sua humanidade essencial, seja por um ato de vontade, seja por um ato de consciência que destrua a crença socialmente sustentada na legitimidade da instituição social vigente.

Além de uma orientação no tempo, também queremos compreender como as CEBs hoje concebem o "conhecimento histórico": se procuram estudar a história "racionalmente" e "cientificamente" em busca das explicações causais das estruturas e dos processos históricos ou se inclinam para uma visão "intuitiva" do sentido da história com a adoção de técnicas essencialmente empáticas do romantismo em seus relatos históricos?

Mito, rito, utopia e a realidade: tempo e conhecimento históricos nas CEBs

Tomamos como referência de análise desta parte de nosso texto, o material desenvolvido pelo Secretariado das CEBs em preparação ao 15º Encontro Nacional, chamado de "Intereclesial", que acontecerá em julho de 2023 na cidade mato-grossense de Rondonópolis. O material se intitula "Marco Referencial do 15º Intereclesial" e que procura oferecer aos membros das CEBs, e aos futuros participantes do Encontro Nacional, referências e balizas para se inserirem no contexto do processo preparatório, oferecendo as "linhas da metodologia assumidas pelo secretariado das CEBs na animação das comunidades". (SECRETARIADO, 2021, p. 6)

Os membros do Secretariado, muito influenciados pelo projeto eclesial do Papa Francisco para tornar concreta e real "uma Igreja em saída, que vai *ao encontro das periferias sociais e existenciais*", escolheram por tema "CEBs: Igreja em saída na busca da vida plena para todos e todas" e o lema "Vejam! Eu vou criar novo céu e uma nova terra" (Is 65,17).

O tema e o lema nos dão já alguns sinais de como as CEBs percebem a dinâmica e as estruturas temporais da história. A justificativa para a escolha do tema e do lema, que vem do profeta Isaías, são palavras

> que ressoam em nós criando imagens, pisando realidade, acordando sonhos e utopias. A utopia nasce da realidade. O sonho que ela encerra brota da ausência. Realidade marcada pela ausência do que se sonha. Ausência de vida, terra, céu. Realidade sofrida. Realidade dura, violenta, até com colorido de morte, mas que não mata a esperança (SECRETARIADO, 2021, p. 12)

Para representar o tempo histórico, os autores do "Marco Referencial" utilizam de uma metáfora da natureza recorrendo a imagem fluvial que marca a paisagem da Amazônia mato-grossense: "Dois rios de água pura alimentam a esperança: o *rio da utopia*, o *rio do rito*".

Por meio da imagem "rio da utopia", as CEBs aproximam passado e futuro articulando "mito" e "utopia". Numa linguagem fortemente romântica, que valoriza as forças criativas da imaginação popular e na inspiração fugaz dos momentos fortes da vida subjetiva (na fé, no sonho, na paixão, na intuição, na saudade, no sentimento da natureza e na força dos mitos), o texto coloca o par "mito-utopia" como uma força esperançosa para enfrentar o atual "tempo de crise".

> *O rio da utopia* tem sua nascente no mito. O mito é coisa séria. É fonte escondida que atua poderosamente. É memória coletiva do povo, sua identidade. No mito o povo expressa quem é, de onde vem e para onde vai. Descreve como se relaciona com o Divino, com a casa comum, consigo mesmo, com os outros. As narrações ajudam-nos a compreender os fatos da vida ligando-os às suas origens. Ajudam-nos a nos situar no "espaço" e no "tempo" atual estabelecendo um quadro de referências que dão segurança e identidade. O mito/utopia acorda a memória da origem de toda expressão de vida, da cultura, dos costumes. Fala de tudo que faz parte da vida. Fala da casa comum, da solidariedade humana, da convivência na casa comum. Fala da Divindade como origem da vida.
> Em tempo de crise, de mudanças, de derrota, quando a identidade é ameaçada, a utopia/mito entra em ação e ajuda o povo a defender-se, a reencontrar-se. As palavras do profeta Isaías nos ajudam a compreender quem somos, de onde viemos, e para onde vamos. Da utopia/mito fazem parte os ritos, as celebrações, as danças, as peregrinações, as visitas etc. A utopia/mito torna a vida inteira um rito. (SECRETARIADO, 2021, p. 13)

Por meio dessas imagens, as fronteiras do passado, presente e futuro são aproximadas: "O tempo da utopia/mito é ontem e amanhã. O tempo do rito é hoje" (SECRETARIADO, 2021, p. 13).

O segundo "rio" que alimenta a esperança das CEBs é o *rio do rito*.

> O mito/utopia é como uma música. [...] Quando ativadas pelo toque de instrumentos musicais, interpretadas pelas vozes, elas nos conectam e nos fazem entrar em comunhão com a inspiração original do artista. Acreditamos que o artista seja o Divino. Quando ativado através das águas do rito, a utopia/mito faz o *"eu"* da pessoa encontrar o *"nós"* da comunidade, do povo. Integra a pessoa e lhe dá identidade. Quando o rito é ativado através dos costumes e tradições, das celebrações e romarias, leitura orante e círculos bíblicos, novenas e visitas etc., a Palavra [de Deus] (mito/utopia) nos coloca em contato com a inspiração original que deu origem ao Povo de Deus, ao Povo das CEBs. (SECRETARIADO, 2021, p. 13)

Na verdade, rito e mito são unidades complementares dentro de uma perspectiva cíclica de tempo. O recurso do rito é um poderoso elemento que pode reinstaurar desde sempre o equilíbrio, ou mesmo resgatar o homem da angústia da finitude, ao transportar o indivíduo humano (ou o grupo) ao tempo primordial.

O ritual é frequentemente concebido como um recurso capaz de assegurar uma "redenção na origem" e não no "fim da história". Através do ritual – sob a forma da festa, do transe, dos cânticos, da sessão de cura, da narrativa – o indivíduo humano retorna às suas origens e reintegra-se ao Cosmos. Supera, portanto, a sua limitada natureza humana. Através do ritual, o indivíduo pertencente a uma humanidade decaída encontra a sua redenção na origem: torna-se ele mesmo um ser divinizado. Desta maneira, refaz-se o tempo cíclico (BARROS, 2013, p. 132).

No entanto, apesar da adoção pelas CEBs desta perspectiva, que pode nos fazer crer que elas adotaram uma concepção cíclica do tempo, a imagem do "rio" com sua "correnteza", reforça a compreensão de história enquanto processo ou, como define Reinhart Koselleck (2006, p. 128), "processo de desenvolvimento temporal das estruturas históricas".

> Faz-nos entrar na correnteza do rio rito que tudo purifica e renova, alimenta a resistência, a esperança. A correnteza das águas nos leva. O rito é o espaço onde vivemos a esperança, construímos a utopia. [...] O rito nos coloca em saída, nos faz perceber que a água de hoje não é a de ontem, que a paisagem mudou e compreendemos que a

> utopia se realiza na interação entre hoje e ontem, entre mito e rito. (SECRETARIADO, 2021, p. 13-14)

Esta compreensão será fortalecida quando o documento faz uma longa citação do Papa Francisco reproduzindo um dos seus postulados teológico-hermenêuticos que usa para defender seu projeto de "reforma" da Igreja Católica: "o tempo é superior ao espaço":

> [...] tempo é ocupar-se mais com iniciar processos do que possuir espaços. O tempo ordena os espaços, ilumina-os e transforma-os em elos duma cadeia em constante crescimento, sem marcha a ré. Trata-se de privilegiar as ações que geram novos dinamismos na sociedade e comprometem outras pessoas e grupos que os desenvolverão até frutificar em acontecimentos históricos importantes... gerar processos que construam um povo... desenvolve[r] e alcança[r] uma autêntica razão de ser a plenitude da existência humana, de acordo com o caráter peculiar e as possibilidades da dita época" (FRANCISCO, 2013, n°s 223-224).

Em diferentes escritos, o Papa Francisco tem feito uso de quatro postulados que fundamentam sua teologia e a visão que possui sobre a atuação da Igreja na sociedade. E o primeiro postulado, citado no texto das CEBs, diz respeito justamente ao "tempo histórico".

Entre os quatro postulados (os outros três são: "a unidade prevalece sobre o conflito", "a realidade é mais importante que a ideia" e "o todo é superior à parte") este parece ser o mais apreciado pelo Papa Francisco. Encontramo-lo enunciado pela primeira vez na Encíclica Lumen Fidei (2013, nº 57). Voltamos a encontrá-lo, junto com os outros três princípios, na Evangelii Gaudium (2013, n°s 222-225). Posteriormente, é retomado na Encíclica Laudato Si' (2015, nº 178). Por último, é citado, duas vezes, na Exortação Apostólica Amoris Laetitia (2016, n°s 3 e 261) (SCALESE, 2016).

Mas é o menos imediatamente compreensível em sua formulação. Torna-se claro apenas quando é explicado. Na *Evangelii Gaudium* Francisco o esclarece da seguinte maneira:

> Este princípio permite trabalhar a longo prazo, sem a obsessão pelos resultados imediatos. Ajuda a suportar, com paciência, situações difíceis e hostis ou as mudanças de planos que o dinamismo da realidade impõe. É um convite a assumir a tensão entre plenitude e limite, dando prioridade ao tempo. Um dos pecados que, às vezes, se nota na atividade sociopolítica é privilegiar os espaços de poder em vez dos tempos dos processos. Dar prioridade ao espaço leva-nos a proceder como loucos para resolver tudo no momento presente, para tentar tomar posse de todos os espaços de poder e autoafirmação. É cristalizar os processos e pretender pará-los. (FRANCISCO, 2013, nº 223)

Na entrevista publicada pelo jesuíta Pe. Antonio Spadaro na Revista La Civiltà Cattolica, em 19 de setembro de 2013, Francisco expõe o princípio em uma perspectiva mais teológica:

> Deus se manifesta numa revelação histórica, no tempo. O tempo inicia os processos, o espaço cristaliza-os. Deus encontra-se no tempo, nos processos em curso. Não é preciso privilegiar os espaços de poder em relação aos tempos, mesmo longos, dos processos. Devemos encaminhar processos, mais que ocupar espaços. Deus se manifesta no tempo e está presente nos processos da história. Isto faz privilegiar as ações que geram dinâmicas novas. E exige paciência e espera. (SPADARO, 2013, p. 468)

De fato, a sua chave hermenêutica, de natureza puramente teológica, encontra-se na afirmação da presença e da manifestação de Deus na história. Mas também não se pode perder de vista que a concepção de tempo histórico do Papa Francisco está plenamente em conformidade com aquilo que Reinhart Koselleck chamou de “moderno conceito de história” que compreende a “história” como um processo do planejamento humano. Desta forma, apesar de ver a história como manifestação de Deus, o Papa Francisco também vê a dinâmica da modernidade histórica como um processo de resultados, mesmo que a longo prazo.

Assim, a exigência de “paciência e espera” pelos processos da história afirmados por Francisco coadunam com o moderno conceito de história que “extrai sua ambivalência da obrigação de ter que ser pensado como um todo [...], mas que ao mesmo tempo jamais pode ser dado como terminado, pois o futuro permanece desconhecido, ainda que de forma conhecida" (KOSELLECK, 2006, p. 132).

É desta forma, tendo como referência o conceito de história e as suas estruturas temporais (as estruturas internas imanentes às circunstâncias em que se deram os eventos), que as CEBs, no mesmo documento, passam em revista a conjuntura histórica que se encontra o Brasil na atualidade.

Na seção "A realidade que nos interpela", as CEBs direcionam seu olhar para o contexto sociopolítico, econômico e cultural brasileiro "marcado por profundas transformações, contradições e desafios". Essas contradições e desafios emergem, segundo o documento, de uma profunda "mudança de época". Por isso, o conceito de "crise" ganha a centralidade.

> O que está em acentuada crise é o nosso modo de viver em sociedade, que atinge as diferentes formas de nos relacionarmos neste mundo. Por isso, falamos de uma crise civilizacional, ou seja, *todo o ambiente cultural, social, político, econômico, religioso em que vivemos está em processo de transformação, está se desfazendo das estruturas em que aprendemos a conhecer e viver*. (SECRETARIADO, 2021, p. 15. Grifo no original)

Desse modo, valores, concepções, estabilidades, certezas, entram em crise: "a família, a verdade, a religião, o Estado, a democracia, nossa relação com o planeta terra". Citando Antonio Gramsci, defendem que "a crise consiste precisamente no fato de que o velho está morrendo e o novo ainda não pode nascer. Nesse interregno, uma grande variedade de sintomas mórbidos aparece".

Um desses sintomas mórbidos seria a crise pandêmica do novo Coronavírus (covid-19). A pandemia não seria um "acidente de percurso", mas ela acabou aprofundando um conjunto de questões colocadas antes da sua chegada.

A crise pandêmica agravou a crise econômica, porque pegou a economia brasileira enfraquecida, estagnada com o aumento da pobreza, altas taxas de desemprego, baixa geração de emprego. Também escancarou a miséria e a fome no país, aumentando ainda mais as desigualdades sociais, a concentração de renda e riquezas, "e os que mais sofrem são os pobres". (SECRETARIADO, 2021, p. 17)

Outra crise detectada é a da democracia brasileira, em que se observa a instabilidade de suas estruturas político-administrativas, enquanto resultado da ação política das forças econômicas do capitalismo financeiro aliadas à elite econômica brasileira e aos seus grupos político-partidários, que veem no Estado brasileiro uma fonte segura para patrocinar o crescimento de seus rendimentos.

As CEBs também analisaram o aumento, neste período, dos números referentes à violência contra mulheres, negros e indígenas. Uma das consequências diretas do isolamento social foi a diminuição das denúncias de violência doméstica, uma vez que em função deste isolamento muitas mulheres não conseguiam acionar o sistema de justiça e segurança. Sobre a violência contra os negros, o texto afirma que o racismo tem conexão direta com esta violência e ele é naturalizado na sociedade brasileira. Daí concluem:

> Essa realidade se deve ao fato de que o Brasil tem uma história e uma cultura fundadas no *racismo* e no *sexismo*, com profundas marcas que são perfeitamente visíveis ainda hoje em dia e que, apesar das muitas lutas e conquistas, continuam como divisores sociais e econômicos que permanecem apartando as relações humanas contemporâneas (SECRETARIADO, 2021, p.21. Grifos do original)

Não menos grave, chama a atenção ainda o documento, a violência institucional e sociocultural contra os povos indígenas. Segundo as informações dos últimos relatórios "Violência contra os Povos Indígenas no Brasil", publicados pelo *Conselho Indigenista Missionário* – CIMI. A violência contra os povos indígenas vem aumentando, enquanto a delimitação, demarcação e regularização de terras vêm diminuindo.

No Estado vem crescendo a repressão e criminalização de lideranças, enquanto ruralistas empreendem cada vez mais ações de incitação ao preconceito, ao ódio e à violência física contra os povos indígenas e seus territórios.

E esta violência anda de par com a ocupação destruidora da Amazônia brasileira, particularmente em Mato Grosso, local onde vai acontecer o 15º Intereclesial. Historicamente, segundo o texto das CEBs, o território mato-grossense passou por um processo desenvolvimentista e conservador de colonização que o levou à conversão de extensas áreas de Cerrado e de floresta

Amazônica em pastagens e monoculturas sem a mínima ou nenhuma preocupação socioambiental. O agronegócio em Mato Grosso vem impondo um ordenamento dos territórios que forjam os espaços como "vazios demográficos", invisibilizando os povos e grupos sociais que são excluídos pelo sistema político e econômico hegemônicos. (SECRETARIADO, 2021, p.23)

Neste ponto, o documento das CEBs estabelece uma relação com a experiência histórica de resistência dos povos indígenas. Aqui, neste momento, podemos perceber certo influxo das CEBs em sua forma de representação da história abandonando aquela convergência entre *Teologia da Libertação* e Marxismo.

O "passado prático" e *sensus communis* nas CEBs: um modo de representação do passado

A forma como a história é escrita pelos membros das CEBs neste documento de preparação ao 15º Intereclesial nos ajuda a reconhecermos melhor as provocações trazidas pelo fundamental teórico da história Hayden White (1928-2018) para o campo da "operação historiográfica".

Em uma de suas últimas obras, *The Practical Past* (2014), White recorre à construção teórica desenvolvida inicialmente por Michael Oakeshott (1901-1990) que diferenciava *passado histórico* de *passado prático*. Esta diferenciação remete a uma interpretação já conhecida de Hayden White de que a historiografia passou, a partir do séc. XIX, por um progressivo distanciamento entre história e literatura e, simultaneamente, também entre *epistemologia* e *ética*.

O *passado histórico* seria aquele elaborado pelos historiadores a partir do estabelecimento de verdades factuais e empiricamente verificáveis, fruto de uma investigação metodologicamente orientada, sendo conduzido pela questão central: "isto é verdadeiro?".

O *passado prático* seria de outra natureza. Trata-se daquele passado em que as pessoas lançam mão no seu cotidiano, toda vez que se deparam com a questão: "O que eu (nós) devo (devemos) fazer?" Trata-se do passado mobilizado para a formação de um julgamento moral e fundado numa articulação temporal diferenciada: é o passado que serve ao presente e à ação, visando um certo futuro almejado.

Desta forma, a crítica elaborada por White acerca dos problemas da representação na escrita da história segue num duplo caminho: enquanto, por um lado, o passado prático apresenta-se a serviço do presente, por outro lado, o passado histórico legitima-se pelo rigor e relevância no interior do próprio campo historiográfico. Inversamente, o impulso ético que deveria dar sentido a essa historiografia seria recalcado, em nome de uma certa visão do que seja "científico" e "objetivo". Assim, segundo White, "isso significou, entre outras coisas, que os historiadores escreviam para outros historiadores ao invés de escreverem para os leigos" (WHITE, 2014, p.75).

Esse deslocamento, argumenta ainda mais White, foi uma das principais razões pelas quais a historiografia parece ter perdido a ligação com a sua própria época, a despeito da nossa necessidade existencial de lidar com o passado. Ficamos com o "fardo do passado" (WHITE, 1994). Diante disso, lança uma proposta de (re)conciliação entre os dois tipos de passado. Segundo ele, seria possível fazer com que o historiador supere essas barreiras para representar as dimensões práticas do passado e, assim, demarcar mais formalmente a sua posição no debate intelectual contemporâneo.

Observando o modo como as CEBs, neste documento, "representa" a conjuntura histórica e justifica a escolha da temática central do Encontro Nacional, é uma forma de pensar o *passado prático*.

O que se pode perceber é que as CEBs, na sua articulação entre tradição e modernidade, produzem uma representação do passado recorrendo à uma imaginação típica de um romantismo utópico (mito e rito), mas não "revolucionário" e por meio de conceitos de inspiração marxista. De fato, as representações dos trabalhadores do campo e da cidade, dos "pobres" como sujeitos históricos de transformação social, desapareceram da narrativa no documento em análise.

O que podemos perceber é que as CEBs ainda continuam rejeitando uma visão ocidental otimista da história enquanto "progresso", mas também deixaram de lado uma "filosofia da história" tipicamente marxista onde os "pobres" conseguiriam alcançar a "libertação" tanto na sociedade como na Igreja.

As CEBs parecem ter a aderido à "filosofia da história" do Papa Francisco, contida no postulado "o tempo é superior ao espaço", mantendo a noção teológica de que "Deus age na história", mas também reforçando a noção processual de "história", refletindo sobre a possibilidade de mudança dentro do mundano mundo das coisas humanas tal qual o desenrolar de um processo.

Mas não fica somente nisso. Será a experiência histórica das comunidades indígenas que servirá de modelo hoje para as CEBs incorporarem, em sua representação da história, tanto a linguagem romântica (do mito, do rito e da utopia) com o moderno conceito de história, mais a dimensão ética de uma tradição humanista recuperada, centrada na noção de *sensus communis.*

Esta noção de *sensus communis* foi muito bem desenvolvida pela hermenêutica de Hans-Georg Gadamer (1900-2002). Ela se encontra desenvolvida na seção "Os conceitos-guia humanístico" no seu clássico *Verdade e método* (1999). Neste livro, ele já criticava o corte por demais acentuado entre ética e epistemologia levado a cabo pela progressiva expansão do método moderno nas ciências humanas no século XIX. Contra esta tendência, Gadamer propôs um retorno à tradição humanista, a qual estava fundamentada em outros conceitos e valores na elaboração do conhecimento histórico.

Gadamer apresenta a ideia de *sensus communis* que remonta a Aristóteles e depois apropriado pelos estoicos, chegando até Giambattista Vico (1668-1744) com a sua *Ciência Nova* (1744). A definição mais básica desse *sensus communis* seria: um conhecimento da vida prática que existe em todos os seres humanos o que possibilita a instituição de uma comunidade. O sentido do senso comum não se alimenta do verdadeiro, mas do verossímil; não visa o conhecimento universal abstrato da razão, mas a universalidade concreta de um grupo, de um povo etc.

Essa defesa do verossímil, que está presente em Vico, ressoa o antagonismo aristotélico entre o "saber prático" (*phronesis*) e o "saber teórico" (*sophia*). Ambas são formas distintas do saber: "[Aristóteles] não vê nela simplesmente uma faculdade (*dynamis*), mas uma determinação do ser moral, que não pode existir sem um conjunto das 'virtudes éticas', como, ao contrário, estas não podem existir sem aquelas" (GADAMER, 1997, p. 64).

Retomando à reflexão sobre as CEBs, estas buscam inspiração no "saber prático", na "universalidade concreta" da luta de resistência dos povos originários brasileiros, com "virtudes éticas" que deveriam inspirar e ser apropriadas por todos os movimentos sociais em suas lutas reivindicatórias nos dias de hoje:

> [...] Quando os povos originários do nosso país afirmam, com convicção, que resistiram a mais de cinco séculos de invasão e massacres,

> estão desafiando os projetos de morte que foram e continuam sendo implantados sobre o sangue e vida de centenas de povos nativos do território que é hoje o Brasil. (SECRETARIADO, 2021, p. 26)

E isso porque, na tradição humanista, a existência moral histórica do homem, tal como se configura em seus feitos, está determinada pelo *sensus communis*. Nesse sentido, um conhecimento efetivamente positivo seria aquele que "transmite o senso comum" assim a história adquiriria uma forma de saber prático, ou seja, da *phronesis*: "A *história* é, realmente, uma fonte diferente do que a razão teorética. [...] Seu direito próprio repousa no fato de que as paixões humanas não podem ser regidas através de prescrições genéricas da razão" (GADAMER, 1997, p.66, grifo do autor).

> [...] Os povos indígenas *desencadearam um processo promissor* de retomar não apenas seus territórios, mas também suas culturas e espiritualidade. Estão convictos de que somente com uma intensa espiritualidade conseguirão vencer interesses contrários tão poderosos, tanto no governo como em setores da sociedade desinformados sobre os *importantes valores de que são portadores os povos originários* no continente e em todo o mundo. (SECRETARIADO, 2021, p.26. Grifos são nossos)

Essa centralidade da dimensão prática do saber histórico resultou, por exemplo, na permanência do *topos historia magistra vitae* (história mestra da vida, história exemplar), que só viria a ser desestabilizada a partir do século XVIII, justamente com a introdução do método moderno nas ciências históricas, deixando a dimensão prática do senso comum na obscuridade em nome de valores e princípios diferentes a essa tradição.

Gadamer e White questionam a universalidade do método histórico moderno, buscando explorar outras possibilidades para a compreensão histórica para atingir novas experiências de verdade. Apesar de ambos seguirem caminhos diferentes (Gadamer com um retorno à tradição humanista sem repeti-la de forma acrítica e White com uma aproximação às técnicas literárias), o ponto de convergência reside na busca de outras formas de experiência e representação da história, que permitem transgredir os limites que o método moderno impôs à historiografia, ou, em outras palavras e seguindo White, a crítica do passado histórico pela via do passado prático (RAMALHO, 2018, p.125)

As CEBs buscam inspiração na vida prática das sociedades indígenas uma "universalidade concreta de um grupo, de um povo", suas "virtudes éticas", "resistência moral histórica do homem tal como se configura em seus feitos", ou seja, a superação das opressões e dominação as quais as sociedades indígenas têm sido submetidas retomada não só dos seus territórios, mas também das suas culturas de hospitalidade:

> A valiosa contribuição das CEBs nesse diálogo intercultural e interétnico, num enriquecimento mútuo, confirma a possibilidade e necessidade de construir projetos e sistemas de vida plena, entendidos como projetos de Bem Viver dos povos originários do nosso continente (SECRETARIADO, 2021, p.26).

Considerações finais: o Bem Viver como síntese

Retomando aqui nossas questões podemos afirmar, a partir do material recentemente publicado pelas CEBs (SECRETARIADO, 2021) e que analisamos neste nosso texto, que há, de fato, um influxo na visão e representação de história por parte das CEBs. O indício está no final da citação acima: "projetos de 'Bem Viver' dos povos originários".

Em nível geral, o "Bem Viver" trata-se de uma cosmologia andina milenar de povos que habitaram a Cordilheira dos Andes. Tal utopia vem sendo difundida pelo movimento indígena desde os anos 1990 num sentido de recuperação e potencialização com vistas a refletir sobre a existência do ser humano e propor outro modelo de vida no Planeta Terra, alternativo ao capitalismo.

Também no sentido de um modo de vida, o "Bem Viver" concebe o termo "comunidade" como um todo: natureza-humano-divino-cósmico interdependente, complementar e relacional. A expressão "Bem Viver" corresponde a um arcabouço conceitual de ordem comunitária e matriz indígena andina, e não romântica ou mesmo marxista (comunista ou socialista) de matriz ocidental, mesmo que seja evocado por iniciativas políticas, sociais, econômicas, ambientais, culturais e jurídicas progressistas e de esquerda (LACHOWSKI, 2020-2021, p.149).

Esse processo de resgate do "Bem Viver" pelo movimento indígena andino tem sido potencializado por um amplo arco de instâncias da sociedade civil organizada. A saber: sindicatos, partidos políticos de esquerda; movimentos negro, feminista, ecológico e sem-terra; formas críticas dentro de instituições religiosas, como as CEBs, e no meio jurídico, como a postulação dos Direitos da Natureza ou Direitos da Terra; entre outras.

A visibilização do Bem Viver fez com que seu nome e proposta básica se expandissem geograficamente, assim como sua essência utópica e prática de vida ganhasse contornos de projeto de sociedade, projeto de governo e política pública.

As CEBs fizeram do conceito de Bem Viver uma síntese onde romantismo utópico, o moderno conceito de história e passado prático se encontram. As CEBs não acreditam mais em um "estado utópico iminente" e, por isso, abandonaram o desejo (pelo menos foi um desejo para muitos teólogos da libertação) de encontrar os *meios revolucionários* para realizar essa *utopia agora no presente*.

O conceito de Bem Viver é uma espécie de "giro decolonial", mas sem perder a visão moderna de história enquanto possibilidade de mudança dentro do mundo das coisas humanas num processo, fortalece a visão das CEBs em projetar essa utopia sobre um plano de longa duração; encarando-a como uma possibilidade de realização humana *em qualquer tempo*, bastando que os homens se apossem do controle de sua humanidade essencial. Para isso, se exige deles "paciência e espera" (como defende o Papa Francisco); "convicção e resistência" dos povos indígenas; na percepção de um "passado prático" onde os "valores éticos" colocam o passado a serviço do presente e à ação, em vista de um certo futuro almejado; vendo a "história" enquanto um processo "sem a obsessão pelos resultados imediatos [...], [pois] ajuda a suportar, com paciência, situações difíceis e hostis ou as mudanças de planos que o dinamismo da realidade impõe" (FRANCISCO, 2013, nº 223).

Bem Viver é o novo conceito que articula "tradição" e "modernidade" na "experiência do tempo" das CEBs.

Referências bibliográficas

BARROS, José D'Assunção. Considerações comparadas sobre a forma circular do tempo mítico e suas relações com o rito. *Revista Esboços*, Florianópolis, v. 20, n. 30, dez. 2013.

FRANCISCO, Papa. *Evangelii Gaudium* [Alegria do Evangelho]. Sobre o anúncio do Evangelho no mundo atual. São Paulo: Loyola, 2013.

______. *Lumen Fidei* [A Luz da Fé]. Sobre a fé. São Paulo: Loyola, 2013.

______. *Laudato Si'* [Louvado Seja]. Sobre o cuidado da casa comum. São Paulo: Loyola, 2015.

______. *Amoris Laetitia* [A Alegria do Amor]. Sobre o amor na família. São Paulo: Loyola, 2016.

GADAMER, Hans-Georg. *Verdade e Método*. Traços fundamentais de uma hermenêutica filosófica. 3ª ed. Petrópolis: Vozes, 1999.

KOSELLECK, Reinhart. *Futuro passado*. Contribuição à semântica dos tempos históricos. 1ª ed., Rio de Janeiro: Ed. PUC-Rio, 2006.

LACHOWSKI, Gibran Luis; CARNAHIBA, Ana Paula R. Comunidades Eclesiais de Base (CEBs) e "Bem Viver": diálogo, cultura e atualização de utopia. *Revista Comunicação, Cultura e Sociedade*, Cuiabá, Universidade Estadual de Mato Grosso (UNEMAT), 12ª ed, nº 07, 2020-2021.

LÖWY, Michael. *Rebelión y melancolia*. El romanticismo a contracorriente de la modernidade. 1ª ed. Buenos Aires: Nuéva Vision, 2008.

______. *A guerra dos deuses*. Religião e política na América Latina. 1ª ed. Petrópolis: Vozes, 2000.

RAMALHO, Walderez S.; RAMIRES, Augusto M.; FERRAZ, Letícia A. Historiografia e visada ética: Hayden White e os passados práticos. *Revista de Teoria da História*, Goiânia, UFG, vol. 20, nº 2, 2018.

SCALESE, Giovanni. *Os quatro postulados do Papa Francisco*. https://querculanus.blogspot.com/2016/05/i-postulati-di-papa-francesco.html?m=1. Acessado em 31/01/2022.

SECRETARIADO das CEBs. *Marco Referencial do 15º Intereclesial das Comunidades Eclesiais de Base CEBs*. 1ª ed. Rondonópolis (MT): Diocese Rondonópolis-Guiratinga, 2021.

SPADARO, Antonio, sj. Intervista a Papa Francesco. *La Civiltà Cattolica*, Roma, Quaderno 3918, Anno 2013, Volume III, 19 Settembre 2013.

WHITE, Hayden. O fardo da história. *Trópicos do Discurso*: ensaio sobre a crítica da cultura. São Paulo: EdUSP, 1994.

______. *The Practical Past*. Evanston: Northwestern University Press, 2014.

PARTE 4.

FORMAÇÃO POLÍTICA E PASTORAL: MÚLTIPLAS EXPERIÊNCIAS

Formação de lideranças leigas na Igreja Católica e constituição de quadros de inserção social e política no Brasil

João Marcus Figueiredo[1]

Introdução

A perspectiva deste capítulo é apresentar elementos de reconhecimento de processos de formação leiga católica no Brasil. Interessa relevantemente compreendermos esses processos em seus vínculos com a formação de lideranças que passam a compreender seu papel social e político em consonância com seu papel religioso. A temática nos conduz a pensar nas modificações referentes ao cenário católico.

As discussões sobre a temática do papel e atuação de leigas e leigos na Igreja Católica mostra-se como permanente nos tempos contemporâneos. A própria consciência e conscientização de leigas e leigos sobre seu campo de atuação e de missão eclesial vai motivar sua entrada nos debates de forma mais incisiva. As reivindicações para que a mentalidade de submissão do leigo à autoridade eclesiástica seja revisitada, se faz mais ampla e profunda. Pode-se dizer que há um amadurecimento que permanece em curso e que vem sendo motivado há décadas, especialmente em torno dos processos abertos pelo Concílio Vaticano II em meados do século XX.

---

1 Professor Associado do CCH da Universidade Federal do Estado do Rio de Janeiro (UNIRIO).

No processo de abertura da Igreja aos novos tempos, a preocupação para com leigas e leigos foi preponderante. Esse cenário de intensificação e ampliação da formação católica leiga tem como marco referencial o Concílio Vaticano II, podendo ser este tomado como o movimento mais relevante para a Igreja Católica em âmbito mundial no século XX. Embora compreendamos a necessidade de compreendermos o Concílio a partir do conjunto de seus documentos e dos grupos e forças, dois documentos conciliares se destacam como relevantes para compreendermos os fundamentos desses novos rumos, os documentos *Lumen Gentium* e o *Apostolicam Actuositatem.*

Outro aspecto relevante para pensarmos a formação leiga e sua relevância nos quadros da Igreja Católica é a compreensão da inserção da instituição nos meios sociais e políticos. Parte-se de uma perspectiva de segmentação de campos, ficando o religioso sob a coordenação eclesiástica e de religiosas e religiosos e o campo do "mundo" para a atuação leiga. Esse processo passa, ainda hoje, por intensos estudos e revisões.

Tais revisões e discussões levam em conta a complexidade sócio-cultural e política do mundo moderno e demonstra que a simples divisão de campos e distribuição segmentada de papéis não são suficientes para atingir seus objetivos. É necessário repensar não somente a teoria sobre o laicato e sobre o sentido da instituição eclesiástica, mas compreender mais profundamente as marcas que séculos de pensamento hierarquizante trouxe como consequência para o (auto)entendimento sobre o papel da Igreja no mundo contemporâneo.

O intuito aqui é refletir sobre tais mudanças de perspectivas, os embates e debates sobre o papel do leigo, especialmente buscando compreender sua atuação tanto extra quanto intra instituição. Desses debates e revisões teológicas, litúrgicas e de práticas pastorais decorrem os sentidos da formação leiga e da constituição de uma consciência de sua prática enquanto lideranças sociais e políticas que não apenas são reprodutores das deliberações eclesiásticas, mas que se compreendem como agentes ativos dos debates entre o religioso e o social e político.

O Concílio Vaticano II e as transformações na perspectiva sobre o laicato na teologia e na pastoral

O Concílio Vaticano II (CV-II) é o maior e mais significativo evento ocorrido na Igreja Católica nos tempos modernos. Sua relevância centra-se, especialmente, na busca por formas de atualização da estrutura da Igreja aos tempos modernos. Os sentidos projetados na palavra *aggiornamento* é o impulso dessa atualização. Os objetivos de atualização doutrinal, litúrgica e pastoral encontram-se nas palavras do Papa João XXIII no discurso de abertura.

> A finalidade principal deste Concílio não é, portanto, a discussão de um ou outro tema da doutrina fundamental da Igreja, repetindo e proclamando o ensino dos Padres e dos Teólogos antigos e modernos, que se supõe sempre bem presente e familiar ao nosso espírito. Para isto, não havia necessidade de um Concílio. Mas da renovada, serena e tranqüila adesão a todo o ensino da Igreja, na sua integridade e exatidão, como ainda brilha nas Atas Conciliares desde Trento até ao Vaticano I, o espírito cristão, católico e apostólico do mundo inteiro espera um progresso na penetração doutrinal e na formação das consciências; é necessário que esta doutrina certa e imutável, que deve ser fielmente respeitada, seja aprofundada e exposta de forma a responder às exigências do nosso tempo (JOÃO XXIII, 1962).

Outra condição significativa do concílio foi seu caráter mundial, ou seja, o *aggiornamento*, a renovação se daria em amplo aspecto e com projeções para toda a Igreja, levando-se em consideração os aspectos particulares das culturas locais. Buscou ser, com isso, um espaço de diálogo amplo com o mundo moderno. Bingemer (2013) aponta que o Concílio não buscou decidir questões dogmáticas e teológicas, estando estas já sedimentadas no patrimônio doutrinal da Igreja, mas buscou voltar a atenção para as interpelações insurgentes que marcavam a sociedade. Estas se constituíam em urgentes desafios para a Igreja, especialmente no que dizia respeito às incursões pastorais.

Nesse sentido, se fazia urgente atualizar especialmente a atenção ao papel das leigas e leigos. Um dos documentos de relevante importância para essa atualização do sentido da participação leiga na Igreja, *Lumen Gentium*, assim caracteriza essa participação: "Os leigos, porém, são especialmente chamados para tornarem a Igreja presente e operosa naqueles lugares e circunstâncias onde apenas através deles ela pode chegar como sal da terra" (COMPÊNDIO DO VATICANO II, LG,33, p. 79).

Dos dezesseis documentos produzidos pelo concílio, Francisco e Rodrigues (2012, p. 129) destacam cinco que tratam de forma mais direta a atuação leiga: a Constituição *Lumen Gentium* (sobre a Igreja), a Constituição *Gaudium et Spes* (sobre a Igreja no mundo de hoje), o Decreto *Apostolicam Actuositatem* (sobre o apostolado dos leigos), o Decreto *Ad Gentes* (sobre a atividade missionária da Igreja), o Decreto *Presbyterorum Ordinis* (sobre o ministério e a vida dos presbíteros). Pode-se destacar, portanto, que o concílio deu amplo espaço para o debate sobre a atuação das leigas e leigos na Igreja. Conforme esses autores, apesar dos entraves e dificuldades encontradas durante o concílio, fazendo com que algumas discussões fossem evitadas ou subestimadas pelos seus organizadores, a abertura lançada pelo concílio aponta para "uma etapa importante no processo de construção de uma Igreja mais comunitária e ministerial" (FRANCISCO; RODRIGUES, 2012, p. 130).

Apesar da ênfase na subordinação leiga à constituição hierárquica eclesiástica, como ainda aparece em alguns trechos dos documentos, há avanços consideráveis a serem apontados. Quanto ao modelo de subordinação, a definição da leiga e do leigo pelo negativo ainda faz-se presente. Nesse sentido os leigos seriam definidos pelo negativo do sujeito instituído enquanto eclesiástico: aquele que não é sacerdote. Por outro lado, no esforço de se definir a comunidade eclesial a partir do conceito de "Povo de Deus", abre-se caminho para o entendimento de que os leigos não se constituem simplesmente como um braço "secular" da Igreja, assumindo cargos e posições que não poderiam ser assumidas pelos eclesiásticos. Aqueles passam a ser entendidos no contexto da posição de igualdade de toda cristã e cristão na missão profética, sacerdotal e pastoral de Jesus Cristo.

Portanto, como afirmam Francisco e Rodrigues:

> Sendo assim, o apostolado dos leigos não é somente uma 'ajuda' aos padres, que em tantas dioceses são pouco numerosos; é uma resposta ao chamado que o Mestre dirige a todos, pelo batismo e

> pela confirmação, para participarem de sua missão de salvação. Daí decorre que o engajamento de cada um na obra da evangelização é direito e consequência natural dos sacramentos de iniciação e não somente uma concessão que a Igreja faz a alguns (FRANCISCO; RODRIGUES, 2012, p. 131).

Apesar do considerável avanço provindo da perspectiva Conciliar, em alguns espaços, a prática pastoral e a mentalidade conservadora continuaram a direcionar o entendimento sobre a atuação leiga, não somente entre os eclesiásticos, mas também entre os próprios leigos. Aos poucos tal ação vai sendo amplificada e sedimentada. A compreensão sobre a amplitude da ação pastoral "no mundo" vai tomando corpo e se capilarizando na própria mentalidade eclisal, evidentemente não sem tensões.

O concílio, evidentemente, não pode ser compreendido como um evento isolado de todo o contexto eclesial e mundial pelo qual se passava. As reflexões sobre as necessidades de mudança de postura da Igreja Católica provinham da percepção de que o rigorismo, o clericalismo e o fechamento de visão doutrinal, pastoral e litúrgica da Igreja Católica mais afastava do que aproximava do mundo moderno. Era necessário compreender o mundo moderno e, sobretudo, aprender a melhor dialogar com as diversas e complexas estruturas e instituições sociais.

Mais especificamente em relação à abertura leiga, destacamos a Ação Católica como experiência de projeção da leiga e do leigo precedente ao Concílio. Experiências como essa contribuíram para se repensar a relevância da ação leiga na Igreja.

Antecedentes do concílio: a experiência da Ação Católica

Dentre vários movimentos e iniciativas que envolveram os leigos católicos em períodos anteriores ao Concílio Vaticano II, considera-se que a Ação Católica foi uma experiência preponderante para o estabelecimento de bases de ação frente a problemáticas trazidas pelas mudanças do mundo moderno. As ações leigas pensadas nesse sentido voltam-se especialmente pelo envolvimento de leigas e leigos. No entanto, as preocupações de fundo da Igreja

Católica eram para com os perigos do comunismo e do desenvolvimentismo e a necessidade de uma tomada de ação frente ao avanço do protestantismo.

A Ação Católica desempenhou um papel relevante no cenário mundial e representou mudanças consideráveis no caso da Igreja Católica no Brasil. Pode-se ressaltar que inúmeras lideranças que se destacaram no cenário nacional, tanto religioso quanto político, tiveram suas bases de formação naquele Movimento.

Num primeiro momento, a Igreja utilizou-se da Ação Católica como elemento de pressão para ampliar seu poder político (BALDISSERA, 1987, p. 40). Porém, esta experiência tomou novos rumos após a sua reformulação em 1950, deixando de lado sua vinculação com o modelo italiano, com perspectiva mais autoritária, assumindo os modelos belga e canadense. A organização de seus quadros passa a se dar pelos diferentes estratos sociais. Assim, no meio rural surge a Juventude Agrária Católica (JAC), no meio estudantil secundarista, a Juventude Estudantil Católica (JEC), no meio universitário a Juventude Universitária Católica (JUC), no meio operário a Juventude Operária Católica (JOC) e no denominado meio independente a Juventude Independente Católica (JIC). No meio adulto, o único grupo a conseguir se manter foi a Ação Católica Operária"(ACO).

Löwy (2000) ressalta a importância da Ação Católica nos quadros de formação leiga. Um dos seus braços mais relevantes, a JOC, segundo ele, vai ser a primeira instância na qual começa a surgir o que vai ser identificado como esquerda cristã, introduzindo o conhecido e original método "ver, julgar e agir". Deste pode-se perceber o ponto de partida para o cristianismo da libertação. (LÖWY, 2000, p. 230). Esses são elementos significativos para o estabelecimento de processos didáticos de formação leiga em diversos países e, preponderantemente, no Brasil, especialmente pelas Comunidades Eclesiais de Base. Esse assunto será tratado mais adiante.

Souza (1984) destaca que a AC no Brasil concorreu com diversos outros movimentos que buscavam também firmar bases para a ação leiga no meio social e político, de cunho marcadamente conservador.

> Durante esses anos há uma forte tensão entre as forças de esquerda e as de direita, que se alinhavam principalmente na Ação Integralista Brasileira, com milícias inspiradas no modelo fascista

> italiano e no corporativismo português. Muitos católicos aderiram ao movimento integralista e inclusive alguns bispos o apoiaram com entusiasmo. Alceu Amoroso Lima, presidente da AC, nunca fez parte do movimento mas, no princípio, chegou a aconselhar os católicos a inscreverem-se nele. Mais tarde se arrependeria da sugestão e seria um crítico implacável desse movimento direitista (SOUZA, 1984, p. 60).

O mesmo autor (SOUZA, 1984) aponta para as modificações no cenário de formação de proposições da AC. Embora ainda se volte, de tempos em tempos, mais ferrenhamente para o embate e o combate ao comunismo, a AC tem como propósito, em seus primeiros tempos, a reconquista da elite financeira e industrial e as suas aliadas, as classes médias. Além dos interesses desse movimento na ampliação de seus vínculos com a classe média, interessava-se também pelas interferências no mundo da cultura. A Juventude Universitária Católica, em seu início, voltou-se de forma firme para esse propósito.

As tensões sociais e políticas brasileiras afetaram também as instâncias eclesiais e as perspectivas de inserção social e política da Igreja Católica via movimentos leigos. Pode-se perceber que esses sofreram considerável influência da hierarquia católica, agindo como se fossem "braços seculares" dessa hierarquia. Esse embate entre os sentidos da atuação leiga se desdobram também na articulação Conciliar. Dessa forma pode-se compreender os embates e as buscas por definições de perspectivas e ações leigas que trouxeram as contribuições de suas práticas para os debates Conciliares.

Clérigos versus leigos? Tensões e diálogos sobre os espaços e modos próprios de atução

Uma das questões fundamentais ao se tratar do Vaticano II é a abertura para a participação dos leigos na vida da Igreja Católica. Representou uma maneira de se abrir à participação leiga de abertura diferente das de épocas anteriores, como pudemos ver acima. Reforçamos o argumento de que, em diversos casos, o concílio só acatou, legitimou ou consentiu práticas que eram já correntes em muitos lugares.

Portanto, podemos afirmar que no concílio desembocaram diversas manifestações de abertura e de diálogo da Igreja Católica para com a sociedade como um todo. A Igreja necessitava se firmar como instituição religiosa reguladora da vida humana nas diversas sociedades do planeta frente aos novos tempos. Várias experiências pastorais motivaram a abertura proposta por tal Concílio e conduziram para o que se pode pensar como "inevitável olhar para a modernidade". Também diversas formas de manifestações religiosas nasceram ou tomaram impulso a partir desse concílio.

Tal impulso colocou em questão princípios e formulações católicas sobre a leiga e o leigo sedimentados em documentos eclesiásticos anteriores e práticas seculares. Dessa forma, o resultado dos documentos Conciliares demonstraram avanços e permanências nessa mentalidade. Aos poucos, nas práticas pastorais pós-conciliares, tais perspectivas foram se atualizando e sedimentando a relevância e autonomização da ação leiga. Afirmação de relevante importância é a que discute e estabelece o entendimento sobre a Igreja como "comunidade eclesial".

Francisco e Rodrigues (2012), autores já citados, destacam o documento conciliar *Presbyterorum Ordinis* (PO) como fundamental para se perceber a mudança no pensamento teológico sobre as leigas e leigos. Destacam que, embora não trate especificamente dos leigos, ressalta ainda mais essa nova dimensão teológica do laicato. O primeiro capítulo deste documento começa destacando o "sacerdócio santo e régio" de todo povo de Deus. Logo, os autores entendem que o decreto tende a reduzir as distâncias entre o clero e as leigas e leigos.

Portanto, o papel do laicato vai sendo reforçado no concílio e no pós-concílio em meio a diversas referências à importância da atuação leiga, à sua inserção necessária no mundo e o alcance que estes conseguem por estarem inseridos na família, no mundo do trabalho, da cultura, nas diferentes instituições. Essa inserção passa a ser compreendida como fundamental para a atuação em um mundo cada vez mais diverso e complexo.

As leigas e leigos, com sua inserção em espaços que os clérigos, religiosas e religiosos não conseguem estar, passam a ser progressivamente valorizados. Porém, não são mais entendidos tanto como auxiliares da hierarquia eclesiástica, mas ganham maior autonomia no "estar no mundo". Por outro lado, sua atuação não se aparta dos afazeres e decisões *intra* eclesiais. As discussões iniciadas no concílio vão se ampliando e tomando corpo as definições sobre os ministérios próprios de leigas e leigos. A tônica vai passando a ser a da corresponsabilidade eclesial.

Na relação dos leigos e leigas com a estrutura eclesiástica, os fundamentos vão ser buscados na ênfase do batismo, elemento que uniria todos os cristãos e não na distinção feita pela ordenação presbiteral. Recorre-se à confluência de todas e todos para com o sacerdócio de Cristo, junto ao qual todas e todos são responsáveis da mesma forma, pelo serviço. Como acentuam Francisco e Rodrigues (2012, p. 136), no que concerne a tal realidade, na "companhia de todos os que se regeneraram na fonte do batismo, os presbíteros são irmãos entre irmãos, como membros de um só e mesmo corpo de Cristo, cuja edificação a todos foi confiada" (FRANCISCO; RODRIGUES, 2012, p. 136).

Evidentemente esse processo não se deu de forma progressiva/linear e sem tensões, avanços e retrocessos. Trata-se aqui de pensar que as acomodações, revisões e reelaborações dos sistemas teóricos e práticos da instituição católica evidenciam as diferentes formulações eclesiológicas e distinções de práticas pastorais consequentes. Esses aspectos devem ser observados a partir de alguns elementos do próprio processo eclesial, assim como das próprias especificidades e proposições das igrejas locais e regionais.

A inserção da leiga e do leigo em espaços antes sobremaneira reservados a clérigos, religiosas e religiosas é outro elemento a ser pensado. A ampliação da abertura ministerial e de serviços dentro do contexto litúrgico, a formação teológica e o magistério dos cursos de Filosofia e de Teologia são aspectos a serem considerados como relevantes quanto à ampliação dos espaços e, consequentemente, dos debates e das reivindicações por direitos dentro da Igreja.

A inserção feminina, o desenvolvimento de Teologias Feministas, a formação de Teólogas e Filósofas, a abertura dos ministérios antes ocupados relevantemente por homens, todas essas questões informam sobre a dinamicidade e multiplicidade de faces dessa questão da inserção leiga na Igreja e na sociedade. A própria concepção dualista entre Igreja *versus* mundo vai sendo tomada em sua complexidade, superando uma dicotomia superficial. Deve-se isso, em grande parte, à atuação leiga tanto *extra* quanto *intra* eclesial. A teóloga Maria Clara Bingemer esclarece sobre esse panorama do cenário pós-conciliar:

> Surgem figuras que desenham um novo paradigma laical: essas figuras se inspiram na renovação conciliar e dão passos audaciosos. Numa Igreja onde as vocações sacerdotais e religiosas diminuem dramaticamente, os institutos e cursos de teologia hoje recebem um bom número de alunos e professores leigos, sobretudo mulheres, surgindo as teólogas leigas. Muitos prestam relevante serviço na reflexão sobre a fé, sobre a qual podem dizer uma palavra qualificada e solidamente sustentada, especialmente na teologia do matrimônio, e em certos aspectos da teologia moral. Os leigos pleiteiam e obtêm graus acadêmicos nos melhores institutos e faculdades de teologia. Estão preparados para a docência em qualquer instituição acadêmica em igualdade de condições com os padres ou religiosos. (BINGEMER, 2013, p. 72).

A valorização da leiga e do leigo no mundo moderno, portanto, provém de uma série de fatores, não podendo ser explicado por uma emergência espontânea, mas pelas exigências impostas ao modelo eclesial. Tais mudanças delineavam-se fortemente no modelo doutrinal e pastoral de fechamento para com o mundo, e mais do que isso, de distanciamento escrupuloso das instituições sociais, políticas e econômicas. Dessa forma, os leigos estariam mais aptos a lidar com esse mundo de perigos e contaminações. Nesse modelo fica evidente a separação entre mundo sagrado e mundo profano, ou o mundo seguro e o mundo das tentações. Tal mentalidade trouxe, e ainda traz, consequências conceituais bastante significativas. Por mais que essa mentalidade continue a demonstrar uma segmentação de campos e de funções, ao mesmo tempo abre espaço para a ação própria da leiga e do leigo e a valorização desse campo e suas especificidades.

Há uma progressiva valorização da formação leiga, das especializações próprias desses agentes. Sua formação se dá nesse universo, ao mesmo tempo em que a Igreja valoriza sua atuação cada vez mais crescente nos meios próprios de sua estrutura. Apesar dos desencontros possíveis, da tentação de um novo tipo de clericalização, de recentralização do poder dos agentes eclesiásticos, é possível perceber um espaço ocupado progressivamente por leigas e leigos, assim como renovados temas e debates que se impõem.

Bingemer (2013) continua avaliando as perspectivas, projeções e pistas deixadas pelo concílio. Destaca os inúmeros avanços nesse campo, recuperando a dignidade do leigo, como partícipe do corpo eclesial e não como um agente apartado, destinado ao envolvimento com os perigos do mundo profano. A leiga e o leigo têm possibilidades de atuação que os colocam no meio da dinâmica eclesial, e não mais se (auto)compreendendo como expectador ou somente como um auxiliar dos destinos e ordenamentos eclesiásticos. Décadas após o término do concílio é possível perceber tendências teológicas que contribuem para eliminar ou ultrapassar contradições ainda existentes entre leigos e clérigos. Destaca um eixo interessante nesse sentido, que é o da comunidade/carismas/ministérios. Esses eixos destacam possibilidades interpretativas relevantes para se pensar a valorização leiga e superar a dicotomização e exclusão dos leigos dos destinos eclesiais. Esses elementos serão tratados mais adiante, ao se abordar mais detidamente os meios e instrumentos da formação leiga no Brasil.

A formação leiga frente aos desafios abertos pelo concílio

É importante compreender que o Concílio Vaticano II foi um evento que congregou ideias, perspectivas e iniciativas prática e reflexivas sobre o mundo moderno e a inserção da Igreja Católica nesse contexto de modernidade. Assim sendo, várias iniciativas já estavam em curso como prática e experimentação pastoral e já presentes como forma de elaboração filosófica e teológica. A Ação Católica, como vimos acima, foi uma dessas iniciativas relevantes.

Outras manifestações já se colocavam como preponderantes, como o papel da mulher na sociedade e na Igreja, a defesa dos empobrecidos, das minorias, de grupos e pessoas em vulnerabilidade, o sentido da política e o papel da Igreja também nesse campo. Se fazia necessário compreender as exigências que vinham dos diferentes contextos sociais, políticos e culturais espalhados nos diferentes povos e regiões nas quais a Igreja se fazia presente. Não era mais possível fechar os olhos para realidades tão impactantes para a vida em sociedade.

O concílio acatou, sedimentou e solidificou diversas práticas já existentes e abriu caminho para novas práticas, muitas das quais intensificaram a inserção leiga e a urgência de uma formação continuada, não mais somente "para" a leiga e o leigo, mas "com" elas e eles. É possível,assim, transformar a consciência de pertença.

Podem ser destacadas como consideravelmente relevantes nesse processo as Conferências Gerais do Episcopado Latinoamericanas, sendo a II Conferência de Medellín, em 1968, e a III Conferência de Puebla, em 1979.[2] Os debates e documentos produzidos nessas duas conferências sedimentaram as práticas pastorais abertas pelo concílio. No caso específico do Brasil, foi relevante também o impulso dado pela Conferência Nacional dos Bispos do Brasil (CNBB), notadamente, nesse período inicial, a atuação do bispo Dom Hélder Câmara.

Importante lembrar que, no contexto político brasileiro, vivia-se sob o controle de um governo baseado no domínio militar após o golpe civil-militar instaurado em 1964 (1964-1985). Esse contexto trouxe consequências marcantes para a atuação da Igreja Católica, uma vez que diversas práticas e movimentos iniciados em décadas anteriores, inclusive com o apoio ou fundação advindas de padres, religiosas, religiosos e leigos católicos. Foram momentos em que houve recuos e colaboracionismo de uma significativa parcela da hierarquia católica e do laicato, mas também de reafirmação do compromisso social e político de outra parcela significativa da Igreja.

Algumas iniciativas e perspectivas foram relevantes para a instauração de uma atenção para a formação leiga e sua qualificação para a atuação eclesial e para sua inserção no mundo da cultura, do trabalho, intelectual, meios populares, enfim, onde se encontra, sem a antiga dicotomização sagrado-profano.

Um desses elementos provém da teologia eclesial proposta pelo concílio, que é a noção da comunidade eclesial, formada pela conceituação teológica "Povo de Deus". Essa perspectiva abriu diversos caminhos de reflexão sobre a valorização leiga. Este passa a ser compreendido como constitutivo e constituinte do contexto eclesial, e não apartado dele, ou como uma presença menor.

---

2 Foram realizadas cinco conferências: I Conferência Geral do Episcopado Latino-Americano (Rio de Janeiro, 1955); II Conferência Geral do Episcopado Latino-Americano (Medellín, 1968); III Conferência Geral do Episcopado Latino-Americano (Puebla, 1979); IV Conferência Geral do Episcopado Latino-Americano (Santo Domingo, 1992); V Conferência Geral do Episcopado Latino-americano e do Caribe (Aparecida, 2007).

Os documentos resultantes dessas conferências marcavam um direcionamento da Igreja Católica na América Latina quanto à consciência de seu papel integrado à realidade social e não apartada dela. Críticas e percepções de lacunas são apontadas por analistas e teólogos que se debruçaram sobre os documentos, mas há também certa concordância em relação a avanços feitos, especialmente nos aspectos pastorais. Afirmações relevantes foram feitas em Medellín e, de certa forma, ratificadas em Puebla, como a opção preferencial pelos jovens e pelos pobres e a abertura para uma reflexão sobre o contexto sócio-cultural e político da América Latina, assim como o reconhecimento do valor das experiências das comunidades eclesiais de base. Há ainda relevantes propostas de abertura, aproximação e comprometimento com essa realidade. Especial atenção é dada para a realidade de opressão pela qual passavam os países latino americanos. Embora pudessem ter avançado mais quanto a essas questões, é importante compreender que tais documentos são reveladores dos embates e tensões vivenciadas naquele período, sendo também produtos desse processo.

Ao concluir sua análise sobre o documento de Medellín e de apontar imprecisões analíticas e lacunas, Beozzo afirma que a

> atual Igreja da América Latina e do Caribe, com suas comunidades eclesiais de base, sua riqueza ministerial, sua opção pelos pobres e pelos jovens, sua leitura comunitária e celebrativa da Palavra de Deus, suas pastorais da terra, dos indígenas, das crianças e tantas outras, sua teologia da libertação que vai se desdobrando em uma teologia índia, numa teologia afro-americana e numa teologia desde as mulheres pobres e na sua perspectiva tornou-se, a partir de Medellín, uma igreja com rosto próprio e inculturado. (BEOZZO, 1998, p. 849).

A Conferência de Puebla é apontada como um encontro que demonstra perda de energia e vigor criativo, uma vez que não avança em determinados pontos. Porém, sedimenta avanços conquistados no período de intervalo desde Medellín. O contexto sócio-político latino-americano é impactado pela implantação maciça de ditaduras militares, perseguição, prisão e morte de lideranças políticas e lideranças cristãs envolvidas com a formação de consciência crítica e de organização de grupos populares.

Francisco e Rodrigues (2012) avaliam que a análise crítica de Leonardo Boff ao documento de Puebla aponta dez linhas de avanço, apesar dos recuos. São elas: "1. A consagração do método de ver analiticamente, julgar teoricamente e de agir pastoralmente; 2. A dimensão social e política da fé; 3. A defesa e promoção da dignidade da pessoa humana; 4. A opção preferencial pelos pobres; 5. A promoção e libertação integral; 6. A religiosidade popular; 7. As CEB's; 8. A opção preferencial pelos jovens; 9. A promoção da mulher; 10. As três condenações: do capitalismo liberal, do marxismo coletivista e da ideologia da segurança nacional" (FRANCISCO; RODRIGUES, 2012, p. 141).

A abertura de perspectiva para a atuação leiga nesse contexto de fragilidade política e de opressão para a população pobre, a opção pelos pobres, a promoção da mulher, a afirmação das Comunidades Eclesiais de Base serão motivadores para uma nova inserção de leigas e leigas no universo cultural das populações pobres na América Latina. Também são ressaltadas as tensões no contexto eclesial e político dos países latino americanos que passavam por processos totalitários. No caso do Brasil, o papel da CNBB nesse sentido foi de fundamental importância para estabelecer diretrizes de formação e de atuação de lideranças leigas.

Formação para a missão e para a evangelização: experiências formativas

Anteriormente apontamos uma experiência de particular importância para a formação da consciência do laicato, inclusive com força de influência no Concílio Vaticano II que foi a Ação Católica. Com suas ramificações, essa experiência conseguiu atingir diferentes camadas da população. Notadamente no Brasil tiveram relevante influência no meio estudantil e no meio operário. Tais experiências se desdobraram em diversas frentes e pastorais. É possível perceber a relevância que tiveram e continuam tendo na formação da juventude, na formação operária, nas lutas urbanas e agrárias de um modo geral. Sua capilaridade na sociedade brasileira pode ser demonstrada nos quadros de lideranças sociais e políticas que se desdobraram dessas práticas.

Evidentemente decorrentes da persistência pessoal e coletiva, da perseguição política, da cassação de direitos, prisões, mortes e desaparecimentos.

Retomando as proposições apresentadas por Bingemer (2013) acima, sobre os eixos de análise sobre os progressos da atuação do laicato (comunidade/carismas/ministérios), é importante apontar algumas experiências que marcaram a formação de consciência religiosa, política e social advinda das iniciativas de atuação leiga.

O aspecto comunitário vai se mostrar como fundamental para a solidificação do entendimento da Igreja como constituída pelo Povo de Deus. Tal perspectiva teológica e pastoral traz uma renovação da estrutura eclesial, até esse momento marcada pela dimensão hierárquica piramidal, da qual as leigas e leigos estão fora. Identificados pelos elementos negativos (o não-sacerdote), são entendidos mais como objeto da ação evangelizadora da hierarquia do que co-participantes da constituição eclesial.

A dimensão comunitária da Igreja é objeto de intensos debates e análises sociológicos, antropológicos, filosóficos e teológicos. Ao analisar a Diocese de Nova Iguaçu, RJ, Assis (2018), pode analisar as perspectivas de agentes pastorais sobre essa dimensão. Ao serem perguntados sobre seu entendimento sobre o termo comunidade foram associados diferentes elementos.

> Em determinado momento referem-se ao bairro, outras vezes à capela ou igreja, espaço de culto e encontros; outras vezes ainda a um grupo específico, como os Grupos de Oração da Renovação Carismática, às denominadas Comunidades de Vida e Aliança, ou ainda ao conjunto de pessoas que desenvolvem atividades no espaço católico de culto ou encontros. (ASSIS, 2018, p. 99).

Apesar das dissonâncias na apreensão pessoal sobre o que venha a ser comunidade, essa concepção evidencia-se como fundante das ações leigas na Igreja do Brasil. As denominadas Comunidades Eclesiais de Base (CEBs) são experiências fundantes da inserção da Igreja Católica nos meios populares e têm bases profundas em experiências de longa data na Igreja do Brasil.

Dentre essas experiências, destaca-se o chamado "Movimento de Natal". Esta foi uma iniciativa surgida na intenção de produzir a entrada e controle da Igreja Católica no mundo social. Teve influência principalmente nas áreas rurais e pretendeu acentuar o compromisso social do cristão leigo. Este movimento representou o início de atividades sistemáticas da Igreja Católica no Brasil em questões sociais.

As chamadas "Escolas Radiofônicas", criadas em 1958, representaram um passo significativo desse movimento. Por meio dessas, posteriormente teve início o "Movimento de Educação de Base" (MEB), o qual buscava uma educação voltada para as camadas populares, tomando como base o conceito de "conscientização" do educador Paulo Freire (ASSIS, 2008).

Embora representem um avanço da Igreja Católica no meio popular, tais experiências podem ser consideradas como instrumentos utilizados na busca para bloquear a influência dos ideais comunistas, as quais se disseminavam no meio rural, através do trabalho das "Ligas Camponesas". O apoio governamental para essa iniciativas demonstra o interesse confluente entre as duas instituições no combate ao avanço do comunismo.

Outra experiência relevante foi o das "Catequistas Populares de Barra do Pirai", cidade do interior do Estado do Rio de Janeiro. Teve início em 1956, sendo entendida como uma forma de difundir a doutrina católica para compensar a carência de clérigos naquela diocese frente ao avanço das igrejas evangélicas.

Os leigos que desenvolviam práticas próprias do catolicismo popular (reza do terço, novenas, festas dos santos, benzimentos, orações diversas) foram valorizados em função da necessidade de difusores doutrinais.

Assis (2008), referindo-se, às atuais práticas pastorais leigas na Igreja Católica afirma que devem sua existência, em grande parte, a essa experiência. Aponta ainda que essa experiência não conseguiu, naquele momento, efetuar uma ação leiga autônoma devido ao intenso controle hierárquico e à falta de uma formação crítica. As leigas e leigos tiveram sua ação limitada, na maior parte das vezes desempenhando o papel de meros executores.

Apesar desse controle, tais experiências vão acumulando diretivas para a ação leiga e motivando novas perspectivas de inserção eclesial no meio popular. São formadoras, por exemplo, de experiências que vão se desenvolver nas CEBs. Nessas a atuação leiga é preponderante, reivindicando-a, não sem tensões com representantes eclesiásticos e disputas por poder. Apesar disso, as CEBs representam uma prática pastoral de profundas raízes nas instâncias mais pobres da sociedade. Apontam ainda para o amadurecimento da perspectiva leiga e para a formação de lideranças comunitárias e para aspectos relevantes da educação popular (NÓBREGA, 1988)

Tais perspectivas ressaltam principalmente o caráter horizontal e partilhado do poder na "comunidade eclesial". Grande parte das tensões advindas do aspecto comunitário proveniente dessas experiências revelam as dificuldades de se lidar com a distribuição do poder. As CEBs, conjuntamente com a Teologia da Libertação (TL, formam um corpo teórico-prático significativo para a renovação do pensamento eclesial. Formam ainda um campo relevante de formação de líderes e de projeção de agentes pastorais que se voltam para a atuação política mais estrita, concorrendo a cargos eletivos em várias instâncias do poder público. Formam também um importante grupo de pressão a partir da liderança em grupos, Associações, Organizações Não Governamentais (ONGs) e sindicatos.

Outro aspecto importante nessa análise é a conscientização sobre os carismas. Nesse sentido, igualmente importante é a atuação dos grupos da Renovação Carismática Católica (RCC). A Renovação situa-se em caminhos diferenciados das CEBs, mas da mesma forma que aquelas, reivindica seus fundamentos na renovação conciliar. Da mesma forma que as CEBs, a RCC pode ser entendida a partir de sua pluralidade de iniciativas e diversidade de meios e instrumentos de atuação.

Um ponto fundamental que pode ser usado para se caracterizar a Renovação, a grosso modo, é a reivindicação da não exclusividade dos carismas pelo controle eclesiástico. A liberdade de atuação e de pertença advinda dessa proposição marca a atuação leiga fortemente significativa. Essa experiência, a qual se espraia por diversas camadas sociais, rivaliza não só com as CEBs, mas também com as lideranças eclesiásticas. Conforme Mariz, "a experiência do contato do leigo com o sagrado, que é central para a RCC, desempenha papel importante na produção da autonomia e da diversidade de discursos e práticas" (MARIZ, 2006, p. 59).

A Renovação Carismática Católica é também uma experiência relevante na constituição e projeção de lideranças políticas e sociais no cenário brasileiro. Em grande parte, seu sucesso nesse campo se deve ao modelo midiático assumido pela RCC e seu acento na valorização da estrutura hierárquica católica.

Carranza (2006) identifica a atuação da RCC na re-institucionalização de suas ações.

> É bom recordar que, dentre os traços que consolidam a RCC no Brasil, podemos destacar sua *institucionalização e burocratização* (secretarias, estrutura hierárquica); a *paroquialização*, assumindo ações pastorais ou sendo assimilada pelos próprios párocos e bispos; a *proliferação de redes carismáticas* estruturadas em pequenas (ou grandes) comunidades de Aliança e de Vida; a *multiplicação* em inúmeros grupos de oração e de jovens, promovendo as mais criativas formas de socialização em torno da música - *cristotecas, carnavais de Jesus, Rebanhões, festivais*; e a *espetacularização e a personalização*, cultivando figuras emblemáticas como Pe. marcelo Rossi e outros *padres e leigos cantores* (CARRANZA, 2006, pp. 74-75, destaques da autora).

Portanto, os carismas não são compreendidos como posse dos representantes eclesiásticos, mas distribuídos conforme a vontade divina. Tal sentido destaca a ação leiga conforme a disponibilização de carismas assumidos por esses. A RCC tem uma estrutura organizacional bastante complexa e sistemática para o desenvolvimento da formação leiga e para o conhecimento e desenvolvimento dos dons. Tal sistemática faz parte de sucessivos acordos para que a ação leiga pudesse estar sob o controle da instituição. Por isso, apesar da liberdade dos carismas, é necessário que haja um controle dessa ação.

O entendimento sobre a ação de leigas e leigos a partir da atuação dos carismas aproximou também outro aspecto já discutido nos documentos Conciliares e em documentos posteriores, sobre os ministérios na Igreja. Wisniewski e Almeida (2019), apontando avanços no Documento final da V Conferência Geral do Episcopado Latino Americano e do Caribe, na cidade de Aparecida, SP, em 2007 (Documento de Aparecida), destacam o desenvolvimento da distribuição dos ministérios para além dos sacerdotes e religiosos. Há uma crescente abertura visibilizada pela Conferência de Medellín sobre a amplitude dos carismas e seu espraiamento na ação leiga. Sua missão se dá nos diversos meios sociais e adquire uma identidade própria quanto à sua atuação. Vão sendo inseridos nos trabalhos eclesiais antes pertencentes somente aos clérigos, como os campos da evangelização, da vida litúrgica e de diferentes formas de apostolado. Para isso foi necessário também ampliar a preocupação com a formação doutrinal, pastoral e espiritual, além de um consistente acompanhamento para que consigam ser testemunhas no âmbito cultural, econômico, político e social.

Esses autores apontam ainda o avanço no Documento de Aparecida sobre a atuação das mulheres:

> Merece destaque o que a V Conferência solicitou em relação à presença da mulher, cuja atuação em matéria de ministérios leigos é majoritária. Pede-se que se garanta a efetiva presença da mulher nos ministérios que na Igreja são confiados aos leigos, como também nas instâncias de planejamento e de decisões pastorais, valorizando sua contribuição. (WISNIEWSKI; ALMEIDA, 2019, p. 395).

Importante ressaltar que esses movimentos se desenvolvem envolvidos em consideráveis tensões. Devemos considerar que nesse trajeto houve e ainda há processos de retomada do controle eclesiástico em várias dioceses, cooptação da atuação leiga na política a partir de pautas moralizantes, formas de nova clericalização da atuação leiga e o avanço de setores eclesiais e políticos conservadores.

De qualquer forma, a formação de lideranças leigas e o interesse pela inserção social da Igreja, conflui para o despertar do interesse de pessoas e grupos no trabalho social, político, sindical e da organização popular. Ortunes; Martinho e Chaia (2019) analisam o desenvolvimento da ação política advinda das bases das ações populares pautadas nas proposições da Teologia da Libertação. Destacam que diversos partidos políticos, agentes e militantes políticos tiveram influência ou passaram pela formação na Teologia da Libertação. Assim, os valores da Igreja Católica estiveram presentes no impulso de sua atuação política. Devido ao seu caráter de crítica social, a Teologia da Libertação forneceu elementos para o comprometimento com transformações políticas e sociais e para a denúncia das injustiças sociais e a necessidade da luta pela igualdade e pela conquista de direitos (ORTUNES; MARTINHO; CHAIA, 2019, p. 199).

Destacam-se, na confluência desse movimento, a criação do Partido dos Trabalhadores (PT) e o Movimento dos Trabalhadores e Trabalhadoras sem Terra (MST), duas relevantes frentes do cenário político brasileiro.

A conscientização e atuação política promovidas pela Renovação Carismática Católica no Brasil é também igualmente relevante. Em sua estruturação de secretarias e ministérios, há um especificamente destinado para a formação política e o acompanhamento de lideranças. É uma preocupação da RCC a ocupação de cargos e funções de coordenação de deliberação tanto em setores políticos e sociais quanto em setores internos à Igreja.

Em pesquisa na Diocese de Nova Iguaçu, buscando perceber as negociações entre lideranças e agentes da RCC em uma Diocese maciçamente formada nas bases da Teologia da Libertação, Assis (2018) aprofunda essa questão. Para a ocupação desse espaço diocesano, pautado pela TL, fez-se necessária a integração da ocupação com as ações sócio transformadoras. Ocupar espaços como a Pastoral de Juventude, a Pastoral da Criança, os cargos de dirigentes das Comunidades de Base e, principalmente, os ministérios diretamente ligados ao culto e à liturgia se tornaram urgentes.

A RCC vai se tornar espaço também de disputa pela legitimidade de lideranças políticas advindas das bases do catolicismo. Seu poder midiático contribuiu enormemente para a projeção de militantes católicos, ao lado de personalidades eclesiásticas, como os padres cantores e leigas e leigos envolvidos com programas religiosos católicos. Nesse caso, destaca-se a Canção Nova como propulsora dessas lideranças, cujo interesse volta-se mais para as intenções de pautas políticas defendidas pelos setores eclesiásticos conservadores.

Para finalizar, parece ser interessante apontar iniciativas de formação leiga relevantes em décadas anteriores e que tiveram um papel fundamental na sedimentação de lideranças leigas. São os cursos ecumênicos de formação. Dentre as inúmeras iniciativas, destaca-se o "Curso de Verão", realizado na cidade de São Paulo. Este Curso é relevante, especialmente porque motivou a criação de diversos outros cursos de âmbito mais localizado, como o "Curso Ecumênico de Formação Flor e Canto" e o "Curso do Rio", ambos desenvolvidos no Estado do Rio de Janeiro.

O Curso de Verão é promovido pelo Centro Ecumênico de Evangelização e Educação Popular (CESEEP), fundado em 1982. Esse centro presta serviços de formação às lideranças de movimentos sociais e comunidades de diferentes igrejas cristãs. O elemento ecumênico é um marcador importante nesse tipo de formação, pois amplifica a inserção social e a sedimentação de lideranças para além dos quadros católicos.

Sanches e Possani (2012, p. 2) apresentam as linhas fundamentais desse curso. É um curso de âmbito nacional, atingindo assim cursistas de todos os locais do país e mesmo acolhendo pessoas de outros países. Tem o caráter de ser um curso popular, fundamentado na metodologia da educação popular, baseado em Paulo Freire. Outro aspecto relevante é ser um curso baseado no ecumenismo, quanto ao seu conteúdo e quanto à dinâmica apresentada e ao convívio com pessoas de diferentes igrejas cristãs e a abertura ao diálogo inter-religioso. Sua realização se dá em formato de mutirão, a partir do trabalho voluntário e a colaboração com instituições parceiras para sua organização e infraestrutura. Por fim, os autores destacam seu caráter massivo, ou seja, é um curso que visa atender a um grande público.

Os autores destacam dois desses aspectos para caracterizar o Curso de Verão, seu caráter de construção em mutirão e o modelo de educação popular. Ao assumir o modelo de mutirão, o curso aponta para quatro dimensões: a estratégica, a pedagógica, a política e a utópica. Quanto à dimensão estratégica, quer demonstrar a possibilidade da realização de modelo de ação de um projeto de educação de grande abrangência, com o envolvimento de poucos recursos financeiros, a partir do trabalho voluntário e da constituição de parcerias. A dimensão pedagógica encontra-se no despertar para a importância da construção coletiva dos saberes.

A dimensão política aponta para a relevância da socialização dos saberes e os aspectos de crítica social que daí podem advir. Ajuda a demonstrar que toda ação realizada tem implicações políticas que atingem as condições concretas da vida. A dimensão utópica, por sua vez, está na busca por motivar as pessoas a acreditarem que a realidade social pode ser transformada, aproximando-se assim do desejo da constituição de uma sociedade mais justa.

Quanto ao caráter próprio da educação popular, aproxima-se dos princípios filosóficos, sociológicos e pedagógicos de Paulo Freire, uma vez que a proposta metodológica de educação popular escolhida desde o início por apresentar as ideias de que homens e mulheres são seres de saberes e, portanto, compartilham os mesmos saberes de forma igualitária. Outro aspecto é que homens e mulheres são seres de relação, ou seja, nós seres humanos nascemos incompletos e completamo-nos na relação. Outro elemento é o da interação com o mundo, pois entende-se que mudamos o mundo e somos mudados por ele. Por fim, a proposta pedagógica leva em conta as dificuldades para se mudar as situações, mas que tais mudanças são possíveis.

Esse modelo formativo se espelha em experiências como os mutirões de diversas ações populares promovidas pelas comunidades eclesiais espalhadas pelo Brasil e por outros países. Também se aproxima dos grandes Encontros Intereclesiais das Comunidades Eclesiais de Base, os quais reúnem representantes de todas as CEBs do Brasil e do exterior em torno de temas comuns, da reflexão, da formação, da celebração e do culto. Tais modelos representam avanços significativos na compreensão e concretização de um modelo eclesial que valoriza o protagonismo leigo, o caráter eclesial coletivo e participativo do modelo de Igreja Povo de Deus.

A capilaridade da ação leiga na sociedade brasileira

A inserção da Igreja Católica na sociedade moderna não ocorre sem tensões e agudizações de conflitos. Nesse sentido, a presença da leiga e do leigo tem um papel preponderante. A conscientização da Igreja sobre a necessidade de diálogo com as diferentes instâncias da sociedade proporciona abertura de diálogo, mas ao mesmo tempo revela a fissura provocada entre instituição eclesiástica e mundo da cultura, o universo social, econômico e político. Seria inviável continuar no modelo eclesial tradicional, fechado e rigorista. A abertura exige diálogo.

A percepção do lugar da leiga e do leigo se dá mais claramente ao se perceber que essas e esses encontram-se mais próximas e próximos das instâncias sociais do que o clero, as religiosas e os religiosos. Porém, é necessário reavaliar a própria estrutura da instituição católica para se repensar o modelo de laicato. Este modelo precisa ser superado se há real intenção de diálogo amplo com a sociedade. Logicamente pode-se avaliar que essa inserção eclesial representa uma pura estratégia para se avançar no controle de espaços perdidos para outras instâncias. Nesse sentido é relevante lembrar o medo do perigo comunista e as perdas de espaço para Igrejas evangélicas, ocorridas especialmente no século XX.

A dinâmica da estratégia de retomar o controle eclesiástico está no horizonte de análise, uma vez que compreende-se a Igreja Católica como uma instituição social como tantas outras. A disputa por espaço e pela manutenção religiosa e ideológica faz parte da existência dessa instituição milenar. Porém, a abertura proporcionada por experiências espalhadas pelos países, como a Ação Católica, destacada por nós e experiências de inserção social em meios populares acabaram por motivar debates intensos na Igreja e vão confluir nas discussões do Concílio Vaticano II, evento de intenso impacto na vida eclesial.

Desses debates surgiram reflexões teológicas, doutrinárias e pastorais que abriram espaço para revisões de posturas e implementação de diálogos renovados e rumos inesperados. Nesse conjunto de discussões e na urgência de se abrir ao mundo moderno, sob o perigo de perder outras oportunidades, o papel da leiga e do leigo na Igreja é amplamente revisado. Entretanto, essa revisão de papéis não ocorre sem tensões e sem disputas relevantes.

A confluência de experiências prévias e a insurgência de novas experiências trazem para a discussão os próprios leigos e leigas. Estas e estes tornam-se peças fundamentais do debate. Passam a ser entendidos não mais como simples colaboradores passivos da hierarquia eclesiástica, mas como agentes, atuantes e co-responsáveis para com os rumos eclesiais. Sua qualificação própria, sua formação acadêmica, sua inserção na cultura, na vida laboral, no universo econômico e político são valorizados. São agentes e não pacientes da pastoral, da liturgia, da evangelização. Colocam-se hoje em funções antes destinadas somente a clérigos, como o acompanhamento espiritual, o magistério da teologia, da liturgia, da Bíblia.

A formação da leiga e do leigo deixa de ser um papel preponderante dos representantes eclesiásticos e passam a ser desenvolvidos pelos próprios leigos e leigas. As experiências apresentadas acima demonstram a dinamicidade advinda da (auto)consciência de suas capacidades e qualificações, além de expressar o desenvolvimento da autonomia leiga diante do enfrentamento dos problemas sociais, econômicos, políticos e da cultura. Leigas e leigos lançam-se nas instâncias da sociedade com autoridade de seu compromisso eclesial e social e não somente como um braço secular da Igreja.

Esses processos são múltiplos e diversos, cujas experiências se diferenciam conforme o estabelecimento ou não da ampliação do diálogo, da criação de estruturas dialógicas ou não. Como não há uma unanimidade de mentalidades e ações, sendo respeitada a autonomia das circunscrições eclesiásticas, o papel da leiga e do leigo vai se moldar também a partir dessas condições e na busca pela superação dos impedimentos.

Pode-se perceber que, entre avanços, retrocessos, retorno clerical e retomadas de controle institucional, a formação de lideranças provindas das experiências pré e pós Conciliares representa um importante avanço em diversos campos sociais. Essas lideranças se lançam na política partidária, nas universidades, no mundo da Cultura, nas diferentes organizações sociais e populares, como Associações de Bairro, Conselhos diversos, sindicatos. Vale ressaltar que parte considerável dessas lideranças mostra-se, ao longo do tempo, mesmo com possíveis distanciamentos das bases eclesiais, um forte compromisso com a defesa e conquista de direitos voltados para populações vulneráveis, melhores condições de vida e a defesa dos Direitos Humanos e do debate democrático.

Referências bibliográficas

ASSIS, João Marcus Figueiredo. *Igreja Católica: conflitos e negociações na Diocese de Nova Iguaçu.* Salvador: Sagga, 2018.

ASSIS, João Marcus Figueiredo. *Negociações para o convívio no catolicismo na Diocese de Nova Iguaçu.* Orientadora: Cecília Loreto Mariz. Tese (Doutorado). Universidade do Estado do Rio de Janeiro - UERJ. Instituto de Filosofia e Ciências Humanas. 2008. 293f.

MARIZ, Cecília Loreto. Catolicismo no Brasil contemporâneo: reavivamento e diversidade. In.: TEIXEIRA, F.; MENEZES, Renata (Orgs.) *As religiões no Brasil.* Continuidades e rupturas. Petrópolis, RJ: Vozes, 2006. pp. 53-68.

CARRANZA, Brenda. Catolicismo midiático. In.: TEIXEIRA, F.; MENEZES, Renata (Orgs.) *As religiões no Brasil.* Continuidades e rupturas. Petrópolis, RJ: Vozes, 2006. pp. 69-87.

E. WISNIEWSKI, E.; ALMEIDA,A.J. de. Ministérios eclesiais na A. Latina. *Revista Eclesiástica Brasileira*, Petrópolis, volume 79, número 313,, Maio/Ago. 201, p. 369-402.

BEOZZO, José Oscar. Medellín: inspiração e raízes. *Revista Eclesiástica Brasileira*. v. 58 n. 232 (1998): Medellín - 30 anos. pp. 822-850

BINGEMER, Maria Clara. Da Apostolicam Actuositatem aos ministérios leigos. Conferência no auditório do ITESC (03/09/2012). Murilo Guesser (sintetizador). *Encontros Teológicos*, n. 64. Ano 28. Número 1. 2013, pp. 65-72.

FRANCISCO, Fernando Rodrigues; RODRIGUES, Maurílio Alves. Os leigos na obra Conciliar do Vaticano II e nas Conferências Episcopais Latino-Americanas. *Revista Cultura Teológica*. V.20, n.79 - jul/set 2012, pp. 127-147.

ORTUNES, Leandro; MARTINHO, Silvana; CHAIA, Vera. Lideranças políticas no Brasil: da Teologia da Libertação ao Neofundamentalismo. *Revista Brasileira de Ciência Política*, n.28, Brasília, janeiro-abril de 2019, pp. 195-232.

SANCHEZ, Wagner Lopes and POSSANI, Lourdes de Fátima P. Curso de verão: um projeto de educação popular feito em mutirão.. In: CONGRESSO INTERNACIONAL DE PEDAGOGIA SOCIAL, 4., 2012, São Paulo. Proceedings online... Associação Brasileira de Educadores Sociais, Available from: <http://www.proceedings.scielo.br/scielo.php?script=sci_arttext&pid=MSC0000000092012000200040&lng=en&nrm=abn>. Acess on: 03 Mar. 2022.

PASSOS, João Décio. Entre a igreja e o mundo: identidades em construção na era do Concílio Vaticano II. *Rev. Pistis Prax., Teol. Pastor.*, Curitiba, v. 13, n. 3, p. 1085-1108, set./dez. 2021.

BORGES, Damião Conceição de Souza; MIDLEJ, Moema Maria Badaró Cartibani. Igreja e Universidade: Escola Teológica para leigos e o papel da Universidade no desenvolvimento do saber humano. *Diálogo e Perspectivas Interventivas*, Serrinha, Bahia, Brasil, V.1, n. e10732, 2020, pp. 1-15.

NÓBREGA, Lígia de Moura P., *CEBs e Educação Popular*. Petrópolis, RJ: Vozes, 1988.

SOUZA, Luiz Alberto Gómez de. *A JUC: Os estudantes católicos e a política*. Petrópolis, RJ: Vozes, 1984.

LÖWY, Michael. *A guerra dos deuses*. Religião e política na América Latina. Petrópolis, RJ: Vozes, 2000.

JOÃO XXIII. *Discurso de Sua Santidade Papa João XXIII na abertura solene do ss. Concílio* (11/10/1962). Disponível em: https://www.vatican.va/content/john-xxiii/pt/speeches/1962/documents/hf_j-xxiii_spe_19621011_opening-council.html Acessado em 20 de fevereiro de 2022.

COMPÊNDIO DO CONCÍLIO VATICANO II. Constituições, Decretos, Declarações. *Constituição Dogmática Lumen Gentium*. 8.ed. Petrópolis: Vozes, 1974.

BALDISSERA, Adelina. *CEBs. Poder, nova sociedade*. São Paulo : Paulinas, 1987.

Fé e liderança: para uma cartografia da formação de líderes católicos no século XX brasileiro

Marcelo Timotheo da Costa[1]

Introdução

O presente texto deseja investigar a construção de lideranças leigas católicas ao longo do século XX, no Brasil.[2] Propõe-se, nas linhas seguintes, destacar continuidades e mudanças – e as tensões daí decorrentes – em determinados discursos e práticas católicas de formação política, tomando três exemplos históricos como paradigmáticos. Assim, *sempre tendo como referencial último a formação de líderes entre o laicato*, serão analisados:

a) o projeto relativo à primeira instituição universitária católica de ensino superior no país, que levou à constituição da PUC-Rio;
b) a criação e militância da Juventude Universitária Católica (JUC);

---

1 Doutor em História pela PUC-Rio.

2 Pretende-se dar sequência à investigação iniciada tempos atrás. Naquela ocasião, também a partir de mirada "cartográfica", formalizou-se abordagem conjunta da trajetória de três dos mais significativos intelectuais católicos brasileiros: Jackson de Figueiredo (1891-1928), Alceu Amoroso Lima (1893-1983) e Gustavo Corção (1896-1978). Os resultados dessa investigação sobre a trinca Figueiredo, Amoroso Lima e Corção foram publicados na Argentina ("Los tres mosqueteros: una reflexión sobre la militancia católica lega en el Brasil contemporáneo") e, anos depois, no Brasil ("Fé e Obras: a construção da intelectualidade católica leiga no Brasil contemporâneo – os caso de Jackson de Figueiredo, Alceu Amoroso Lima e Gustavo Corção"), respectivamente pelo periódico Primas, da Universidad Nacional de Quilmes, em 2007, e por Coletânea, revista da Faculdade de São Bento do Rio de Janeiro, em 2015.

c) o surgimento de práxis formadora de lideranças comunitárias cristãs, ação essa baseada nos pressupostos da Teologia da Libertação.[3]

Sobre o corte temporal

O corte cronológico projetado contempla boa parte do século XX nacional. Inicia-se nos anos 1930-40, com o planejamento e implementação da Universidade confessional católica, no Rio de Janeiro. Chega-se aos anos 1950-60, onde se forjou a chamada "ação católica especializada" com as suas juventudes agrária (JAC), estudantil secundarista (JEC), de profissionais liberais independentes (JIC), operária (JOC) e a já citada JUC, voltada ao público discente universitário, recaindo sob a última o foco analítico. Por fim, são privilegiados os anos 1970-85, quinzena na qual ocorre a sistematização da Teologia da Libertação, sua difusão e, já no final do período assinalado, o enfrentamento, intermuros eclesiais, entre seus defensores e críticos, adversários estes que contaram com o apoio das instâncias doutrinárias da Santa Sé.

Em resumo, ratificando o já anunciado, *deseja-se, aqui, em reflexão de natureza ainda exploratória, considerar trinca de experiências paradigmáticas no que se refere à cooptação e formação de líderes leigos católicos, em nosso país, durante o século passado*: o projeto e fundação da Universidade Católica, no Rio de Janeiro; a atuação dos jovens acadêmicos e de seus assessores eclesiais em torno da JUC, agir calcado na metodologia do "ver-julgar-agir"; a redefinição, operada pela Teologia da Libertação, do modelo de liderança cristã, liderança que passará a ser formada principalmente nas Comunidades Eclesiais de Base (CEBs) e nos chamados Círculos Bíblicos Populares.

Refletindo sobre três experiências modelares

O debate sobre a necessidade de formação de lideranças em meio ao laicato, no século XX brasileiro, surge em contexto histórico bem preciso. Eram "tempos de neocristandade", do chamado "projeto romanizador", projeto que

3 Não se advoga aqui que os três casos a serem trabalhados na sequência esgotam os exemplos de formação de lideranças leigas católicas no período em lume. O trio iluminado no presente texto não é apresentado como de casos únicos e, sim, por representativos, como experiências modelares e oportunas em termos analíticos.

ganhou contorno e ímpeto no Brasil a partir da Carta Pastoral redigida por D. Sebastião Leme (1882-1942), por ocasião de sua posse na arquidiocese de Olinda, em 1916.[4] A importância deste documento é atestada, de forma unânime, pela bibliografia sobre o assunto.[5] Por intermédio da citada Pastoral, D. Leme lançou os alicerces de movimento então concebido como de efetiva cristianização do Brasil, sendo apoiado, na sequência, por várias vozes da hierarquia nacional.[6] Movimento pensado pela liderança eclesial como imperativo para que se reagisse às perdas de espaço e influência advindas da proclamação da República e da separação entre Igreja e Estado consignada na Constituição de 1891.

Na Carta Pastoral de 1916, D. Leme propõe a conquista de todo o corpo social brasileiro, retratado pelo prelado como apenas formalmente católico. Neste espírito, a Pastoral apresenta quadro paradoxal e, aos olhos eclesiásticos, desolador: os brasileiros, em imensa maioria, definiam-se como católicos, contudo tal situação não se refletia na esfera pública. Na voz de D. Leme:

> "Na verdade, os católicos, somos a maioria do Brasil e, no entanto, católicos não são os princípios e os órgãos de nossa vida política. Não é católica a Lei que nos rege. De nossa fé prescindem os depositários da Autoridade."[7]

4 D. Sebastião Leme da Silveira Cintra (1882-1942) foi o segundo cardeal arcebispo do Rio de Janeiro, à época Distrito Federal. Antes de ser transferido para a Sé carioca (coadjutor em 1921, arcebispo titular em 1930), foi arcebispo de Olinda, em Pernambuco. Em Olinda, marcou sua posse com documento que é considerado o texto inaugural do projeto de neocristandade no país: a "Carta Pastoral de Dom Sebastião Leme, Arcebispo Metropolitano de Olinda, Saudando os Seus Diocesanos", de 1916. Vale ainda acrescentar que, em 1918, a Sé de Olinda passou a se chamar arquidiocese de Olinda e Recife, nomenclatura que persiste até os dias de hoje.

5 Cf., p. ex., em duas obras referencias sobre a temática: BRUNEAU, Thomas, *Catolicismo Brasileiro em Época de* Transição. São Paulo: Loyola, 1974, e MAINWARING, Scott - *Igreja Católica e Política no Brasil: 1916-1985*. São Paulo: Brasiliense, 1989.

6 Com natural apoio de Roma. Sintonia que será confirmada quando da condução de D. Sebastião Leme à mais proeminente arquidiocese nacional, a do Rio de Janeiro, única Sé cardinalícia do Brasil, localizada na então capital política do país.

7 Carta Pastoral, p. 5.

E em todos os demais domínios, diz o prelado, situações análogas à do campo político seriam observadas: o educacional (a previsão do ensino laico contemplada pelo novo ordenamento constitucional republicano ameaçaria o ensino religioso); o mundo das letras ("anticatólicas ou indiferentes são as obras de nossa literatura") e dos jornais ("vivem a achincalhar-nos os jornais que assinamos."); as relações econômicas, nas esferas produtivas e de circulação (onde falta o respeito às "leis sagradas do descanso festivo").[8]

Diante do quadro traçado, D. Leme indaga:

> "Que maioria católica é essa, tão insensível, quando leis, governos, literatura, indústria, comércio e todas as demais funções da vida nacional se revelam contrárias ou alheias aos princípios e práticas do Catolicismo?"[9]

A resposta é dada pela própria Pastoral:

> "É evidente, pois, que, apesar de sermos a maioria absoluta do Brasil, como Nação não temos e não vivemos vida católica [...], chegamos ao absurdo máximo de formarmos uma grande força nacional, mas uma força que não atua, e não influi, uma força inerte. Somos, pois, uma maioria ineficiente."[10]

Para Dom Leme, urgia, pois, diante de tão dramático diagnóstico, reativar, ou melhor, ativar pela primeira vez a presença católica na praça pública brasileira. Enfim, fazer dinâmica e vigorosa a "força que não atua[va]" e que existia apenas em potência.

E, com esse objetivo, a ideia subjacente ao projeto de neocristandade era *replicar a sociedade*. Mais exatamente, tratava-se de efetuar dupla réplica em relação à sociedade contemporânea. Replicar: responder aos tempos correntes, seus desafios, questionamentos e críticas, em especial aqueles remetidos à fé católica pelo avanço da secularização e de movimentos políticos como o anarquismo, socialismo e comunismo. E, em sentido complementar, o proje-

---

8 Id. ib.

9 Id. ib.

10 Id. ib.

to romanizador propôs-se replicar a sociedade, isto é, mimetizar, reproduzir importantes características do corpo social já existente – reprodução, sem dúvida, sob a clave cristã. Portanto, se havia escolas e hospitais, deveria haver escolas e hospitais católicos; o mesmo valia para partidos políticos, imprensa, sindicatos, intelectualidade, associações variadas (de jovens, moças, universitários, etc). Numa frase: marcar o século laicizado com a Cruz romana. Em síntese: dar visibilidade à fé. Visibilidade que ganha expressão arquitetônica no monumento ao Cristo Redentor, imagem em pedra do movimento romanizador. Obra que contou com entusiasmado apoio de D. Leme desde que ele chegou ao Rio de Janeiro, como arcebispo coadjutor, em agosto de 1921; monumento finalmente inaugurado uma década depois, em outubro de 1931.

Pelo que foi dito acima, D. Leme, a partir da Pastoral de 1916, tencionou dar espécie de sopro vital à reação católica no país. E, visando lograr a cristianização de todo o corpo social, a Igreja convocou o fiel leigo. Fiel que deveria ser preparado para defender as causas católicas em tempos tidos como cada vez mais hostis a elas.

Lovaina nos Trópicos

Neste quadro cruzadista e de campanha de reação aos tempos modernos, destaca-se o clamor pela constituição da Universidade Católica, destinada a formar a elite intelectual que deveria tomar a si o ideário de romanização da sociedade e cultura brasileiras.[11] Urgia forjar a aristocracia de espírito que, proveniente das classes alta e média, funcionasse como eficaz elemento de ligação entre a hierarquia eclesial e todos os fiéis, aí incluídos os mais simples. Sintomática, a este respeito, é a sentença de D. Leme, em sua famosa Pastoral: "Quem nos dera levantar-se no Brasil uma irmã da Universidade de Louvain."[12] A eleição do tradicional centro de ensino católico como modelo magno revela igualmente o desejo de mimetizar a cultura erudita europeia, em chave neotomista. Proposta coerente com o universo mental dos formula-

11 Outro ponto consensual na bibliografia. Ver, p. ex., CASALI, Alípio – *Elite Intelectual e Restauração da Igreja*. Petrópolis: Vozes, 1995. Cf., especialmente, seu capítulo terceiro.

12 Carta Pastoral, p. 112.

dores do projeto de neocristandade, um clero romanizado segundo a tradicional exegese católica do pensamento de Tomás de Aquino (1224-1274).

Nas palavras do padre jesuíta Leonel Franca (1893-1948), outro responsável direto pela fundação da Universidade Católica, no então Distrito Federal, e primeiro Reitor desta instituição de ensino:

> "Queremos uma universidade capaz de totalizar e hierarquizar o saber; de fundir, numa unidade orgânica, o pensamento e a vida; depositária fiel de todo um patrimônio intelectual que constitui uma das maiores riquezas de nosso povo; orientadora segura nas dificuldades, cada vez mais complexas, da civilização cristã."[13]

O trecho permite aproximações diversas. A primeira confirma ponto já frisado: a universidade confessional é apresentada como fiel aliada ("orientadora segura nas dificuldades cada vez mais complexas") da Igreja em suas querelas com o século laicizado.

Há mais: as palavras de Franca são oportunas, explicitam ponto caro à análise aqui sugerida: *considerar o discurso elaborado pelos formadores de futuras lideranças católicas, considerar como apresentavam e justificavam sua militância e causas.* Ou seja, atentar à retórica empregada por tais agentes sociais a partir de conceitos a eles caros. Creio proceder o paralelo: em *O Código dos Códigos*,[14] Northrop Frye, ao estudar a Bíblia a partir da crítica literária, sustentou que o Cânon judaico-cristão deve ser compreendido levando-se em conta sua rica imagética, que formaria original e poderoso código artístico. Acredito que a ideia de Frye pode servir a discussões outras, como é o caso da proposta do corrente texto de abordar a formação de lideranças católicas no século XX, em *três momentos históricos tomados como paradigmáticos. Tarefa*

---

13 *Apud* AZZI, Riolando – *História da Igreja no Brasil*. Petrópolis: Vozes, 2008. Vale acrescentar que, em termos concretos, a instalação da Universidade Católica começou a ganhar corpo com a constituição do Instituto Católico de Estudos Superiores (ICES), inaugurado em maio de 1932. Em agosto de 1940, o ICES tornou-se "Faculdades Católicas", transformadas, por sua vez, em Universidade, em 1946. A solene instalação de seus primeiros cursos deu-se em março daquele ano. Em janeiro de 1947, a Santa Sé concedeu à Universidade o título de "Pontifícia".

14 Ver FRYE, Northrop – *O Código dos Códigos: a Bíblia e a Literatura*. São Paulo: Boitempo Editorial, 2004.

que será otimizada ao se iluminar a ressignificação de conceitos utilizados nos discursos católicos - como os de conversão à fé, Tradição e pecado. Relevante câmbio interpretativo a ser verificado em conjunturas plurais, transformação inspirada pelo contexto vital dos agentes históricos que a operavam.

Isto posto, e como ilustração do acima dito, retorne-se ao trecho citado do Pe. Franca. Nele, a futura Universidade Católica é definida como "depositária fiel de todo um patrimônio intelectual". Expressão inspirada no clássico conceito católico de Tradição (ou *Depositum Fidei*). O "depósito da Fé", isto é, a reunião da totalidade das formulações canônicas católicas elaboradas ao longo do tempo. Para Franca, este conjunto estocástico de formulações mais que seculares deveria orientar a Academia católica, auxiliando-a no exercício de "totalizar e hierarquizar o saber". Enfim, o discurso do jesuíta – e sua remissão, nas entrelinhas, à ideia da Tradição, conforme pensada pela eclesiologia romanizadora – indica a função esperada da Universidade confessional. A esta caberia ser guardiã fiel da cultura cristã católica, sendo também depositária "das maiores riquezas de nosso povo". Enfim, a Universidade concebida como pilar da fé e da nacionalidade.

Cabe a lembrança: em décadas tão marcadas pela busca modernista da "identidade nacional" do Brasil, a Igreja já oferecia sua resposta: *ser brasileiro é ser católico*. A representação, aliás, de uma nação que nasce quando da missa celebrada pelo frade português Henrique de Coimbra, em 26 de abril de 1500, logo após o "descobrimento do Brasil", é frequente entre os partidários do movimento neocruzadista. Primeira missa, primeira eucaristia, o altar como berço da nação. O vigor do apelo simbólico é inquestionável. Brasilidade e catolicidade atadas, por exemplo, no discurso de Alceu Amoroso Lima (1893-1983), o mais proeminente líder leigo da empresa romanizadora de então. Em texto publicado em fins dos anos 1930, pela *A Ordem*, revista vinculada ao Centro D. Vital, polo agregador da intelectualidade católica nacional, Amoroso Lima escreve de maneira peremptória: "Sem a Eucaristia, o Brasil não é Brasil".[15] Novamente: ser brasileiro é ser católico.

Atente-se à expressão "ser católico". Importante observar que a ideia de pertença à Igreja varia, ela mesma, no tempo. Em termos muito sintéticos,

15 AMOROSO LIMA, Alceu, "A Eucaristia", Revista A Ordem, Rio de Janeiro, novembro de 1939, p. 464.

informe-se que, na era colonial, a identidade católica era definida somente pelo batismo. Tratava-se de "batizar os gentios", os silvícolas aqui encontrados. Muito mais tarde, a partir de meados do século XIX, a Igreja nacional, impulsionada pela chegada de novas ordens religiosas missionárias europeias, frisou a importância da vida sacramental de cada fiel. Assim, além do registro formal de batismo, ser católico implicava em prática cotidiana do credo assumido: ir à missa nos domingos e dias santificados, confessar-se e comungar ao menos uma vez ao ano. Com o avanço do projeto romanizador, a opção religiosa como que "transborda" para o mundo da experiência. Em adição (e como complemento) do batismo e da vida sacramental assídua, pede-se aos fiéis que defendam sua fé e as teses da Igreja na praça pública. Forja-se, pois, o modelo do católico militante para os tempos contemporâneos, vistos como infensos à fé e críticos do cristianismo e de "sua verdadeira Igreja", expressão tão utilizada nos discursos católicos da época. É este fiel atuante que D. Leme quis convocar na sua Pastoral de 1916. E é primariamente para ele e sua formação que será criada a Universidade Católica, concebida como espaço privilegiado para a constituição de líderes entre o laicato.

A concepção deste católico exemplar – como aquele que não dissocia escolha individual de fé e ação na coletividade – não será característica apenas do movimento de neocristandade. Ela irá prevalecer em todo período cronológico aqui apontado. Também a JUC e a Teologia da Libertação cunharam modelos de exemplaridade, conectando credo e militância. Porém, importantes câmbios vão se dar no que concerne à forma de atuação no século deste fiel modelar e quanto aos fins de seu agir em nome da fé. O que resultará, igualmente, na modificação da própria ideia de liderança leiga e de sua formação.

Antes de seguir para a análise dos casos da JUC e Teologia da Libertação e sobre a construção de lideranças em cada um deles, vale dedicar alguns parágrafos a considerações próprias do universo semântico.

De todas as ideias cristãs que podem oferecer bom retorno analítico a essa exposição introdutória, destaco a de conversão, que, por sua força e significação (ou significações), será utilizada como espécie de fio condutor do debate contido nestas linhas.

Entre os cristãos, o conceito de conversão parece atemporal. Afinal, o cristianismo, desde seus primórdios, caracterizou-se pelo discurso de adesão

– impulso prosélito que Ernst Benz associou ao "mandato missionário" recebido pelos apóstolos do próprio Jesus.[16] Observe-se ainda que, desde os tempos mais antigos, o ato conversional está ligado à catequese – bem o prova a existência da *Didaqué*, também chamada de "Instrução dos Doze Apóstolos", documento elaborado no século I e que tinha como alvo catecúmenos e recém-convertidos originários do paganismo.[17] Esforço catequético, portanto, que é anterior à profissão de fé, que prepara a adesão formal ao credo; exercício formativo que é também posterior ao ato conversional, visando o aperfeiçoamento continuado do fiel.

Em síntese: *conversão e formação. Formação contínua. Ação*, desde época também remota do cristianismo, *vista como capaz de ratificar seguidamente a conversão formal.*[18] Se é importante ter em mente a antiguidade da ideia cristã de conversão como ato contínuo e sempre a ser aperfeiçoado, cumpre notar que as formas para que cada fiel alcançasse tal aperfeiçoamento variaram bastante no tempo. Alteração crucial para a corrente exposição, que tenciona acompanhar permanências e mudanças nos discursos e práticas dos agentes sociais em questão, da neocristandade aos seguidores da teologia liberacionista, passando pelos militantes da JUC.

Retorne-se aos anos de neocristandade. Como já foi dito, no registro eclesial de D. Sebastião Leme e do padre Leonel Franca, a adesão ao catolicismo implicava em aceitar o projeto romanizador, plataforma de transformação do século segundo as teses da Igreja de então. Isto é: combater a dessacralização própria da era moderna, seu relativismo e indiferentismo religioso, lutando também contra o protestantismo, o espiritismo, as forças de esquerda, anarquistas. Inimigos que, ainda segundo o pensamento católico então prevalente, passaram a ameaçar a Igreja Católica, colocando-a em posição defensiva, sitiando-a. Sítio sofrido pelo catolicismo a partir de Lutero, no distante século

16 Cf. in BENZ, Ernst – *Descrição do Cristianismo*. Petrópolis: Vozes, 1995, p. 31.

17 Ver STORNIOLO, Ivo (org.) – *Didaqué: o catecismo dos primeiros cristãos*. 12ª. ed., São Paulo: Paulus, 2003. Para análise erudita deste documento, ver NIEDERWIMMER, Kurt – *The Didache: a commentary*. Minneapolis: Fortress Press, 1998.

18 Sobre este tema, lembre-se o testemunho de Agostinho (354-430). Ao célebre doutor da Igreja é atribuída a oração conhecida pelo título "Quero ver Teu Rosto". Seu trecho final diz: "Dá-me que me lembre de Ti, Te conheça e Te ame. E aumenta em mim esses dons, até minha completa conversão."

XVI. Não por acaso, um dos primeiros livros de Leonel Franca, editado em 1923, mais de 400 anos após Lutero iniciar seu movimento reformador em 1517, foi intitulado *A Igreja, a Reforma, a Civilização*. E depois do ex-monge agostiniano, mais adversários se somaram à onda de ataque ao catolicismo, sendo os principais o Iluminismo e as proposições dos chamados "mestres da suspeita": Marx (1818-1883), Nietzsche (1844-1900) e Freud (1856-1939). Conjunto de críticos que teriam contribuído decisivamente para distanciar fé e sensibilidade contemporânea.[19] Some-se a isso, já no século XX, o triunfo da Revolução Russa, despertando temores acerca da expansão socialista em vários quadrantes do globo. Inquietação sobremaneira sentida às margens do Tibre, junto à cátedra de Pedro.

Diante de tantos desafios, era urgente reagir. No caso que interessa a estas linhas, o da Igreja Católica nacional, reagir significava cristianizar – ou *converter* – a sociedade brasileira integralmente, em todos seus aspectos e instituições. Projeto a ser guiado por nova elite intelectual, elite para a qual a referência maior seria a Universidade Católica, uma Louvain trazida aos trópicos.

O caso da Juventude Universitária Católica

É exatamente no meio universitário que surge, nas décadas de 1950-60, fenômeno novo no que concerne à militância católica. Fenômeno remodelador da relação entre fé e ação política, modificação que terá considerável impacto na sociedade brasileira de então. Refiro-me à experiência da Juventude Universitária Católica (JUC), aqui indicada como segundo momento histórico paradigmático para a construção de uma topografia da formação de lideranças leigas no catolicismo nacional do século passado.

---

19 Pequeno inventário deste distanciamento pode ser encontrado em LIBÂNIO, João Batista – *Igreja Contemporânea: encontro com a modernidade*. São Paulo: Loyola, 2000, pp. 13-35. Para debate mais alentado sobre este modelo de catolicismo reativo, forjado em Trento, ver DELUMEAU, Jean & COTTRET, Monique – *Le Catholicisme entre Luther et Voltaire*. Paris: PUF, 1996, pp. 344-397. E sobre a (tardia) tridentinização do catolicismo em nosso país, ver SERBIN, Kenneth – *Padres, Celibato e Conflito Social: uma história da Igreja Católica no Brasil*. São Paulo: Cia das Letras, 2008. Nessa última, ir especialmente ao capítulo III: "A romanização e a Grande Disciplina – ou Trento chega ao Brasil", pp. 78-125.

A militância laica católica, organizada institucionalmente, nasceu com a criação, em 1935, da Ação Católica Brasileira (ACB), fundação ligada ao esforço apologético de D. Leme e do episcopado nacional. Criada a partir do modelo vigente na Itália, a ACB estruturou-se de maneira centralizada. Na prática, cabia aos leigos a execução de diretivas aprovadas pela hierarquia.

A partir de meados dos anos 1940, proposições renovadoras vindas sobretudo da França, muitas delas divulgadas entre nós pelo já aludido Alceu Amoroso Lima – intelectual que vivia, ele próprio, processo de transformação religiosa e política, indo de eclesiologia reacionária a outra liberal progressista – ganham força em setores eclesiais brasileiros.[20] No bojo deste processo, surgiu a "ação católica especializada", reunindo jovens segundo seus meios de atuação: mundos agrário (JAC), das profissões independentes (JIC), operário (JOC), estudantil (JEC e JUC). A atuação dos universitários católicos alcançará maior repercussão no cenário brasileiro, principalmente pela releitura que seus integrantes farão da militância católica prevalente até aquele momento. Movimento que faz os jovens jucistas e seus assessores eclesiais interpretarem em seus termos, a partir de seus cotidianos e esperanças, o tradicional apostolado social da Igreja, modificando em acréscimo a imagem da liderança ideal e o que se devia esperar dela entre os estudantes universitários.

A referida releitura – o que significa ser cristão e atuar a partir da fé? – foi concretizada no confronto com a realidade brasileira. A inspiração vinha do método "Ver-Julgar-Agir", idealizado pelo padre belga Jozef (ou Joseph) Cardjin (1882-1967), que viveu como vigário em subúrbio pobre de Bruxelas. De acordo com tal método, o fiel deveria conhecer a realidade,

20 Amoroso Lima abandonou seus registros reacionários de fé e militância, em câmbio paulatino, cauteloso e não-linear, tornando-se, nas últimas décadas de sua longa vida, reconhecido como representante do progressismo católico, reconhecimento que extrapolou os muros eclesiais, caracterização particularmente identificável a partir dos anos 1960, em especial por conta de sua incisiva oposição ao último regime ditatorial brasileiro (1964-1985). Para a transformação de Alceu e a forma como ele a controlou, ver COSTA, Marcelo Timotheo da – *Um Itinerário no Século: mudança, disciplina e ação em Alceu Amoroso Lima*. São Paulo/Rio de Janeiro: Loyola/PUC-Rio, 2006. Para debate concentrado em torno da atuação de Alceu, na grande imprensa, por ocasião do governo de exceção, ver COSTA, Marcelo Timotheo da – "Entre todos os homens: a crônica do tempo presente de Alceu Amoroso Lima", in LUSTOSA, Isabel & OLIVIERI-GODET, Rita – *Imprensa, história e literatura: o jornalista escritor*. Rio de Janeiro: FCRB/7Letras, 2021, pp. 63-82.

identificando problemas (ver); emitir juízos sobre a situação em que se está inserido a partir de valores cristãos (julgar); atuar para solucionar os problemas divisados (agir).

Para a jovem militância universitária católica, tratava-se de, à luz da fé (ou por exigência dela), transformar a nação brasileira em local mais justo e, a seus olhos, mais digno de ser crismado cristão. Proposição muito distante do ideário da neocristandade. Os jucistas mantinham a identidade católica. Porém, distanciam-se da militância tradicional de sua instituição, apresentando novos projeto e prática social em decorrência do credo cristão ou de sua forma de encará-lo. Estava em jogo atuar no século propondo e defendendo teses reformistas. Acreditavam os jucistas que, assim, confirmariam, na esfera pública, a escolha religiosa individual de cada um. Origina-se, portanto, outro significado para a ideia de conversão: escolha de fé a ser continuamente confirmada na luta política em prol de causas progressistas. Em síntese: o próprio conceito de conversão transformava-se, convertia-se.

No bojo da transformação acima assinalada, mudam, igualmente, as temáticas das reuniões nacionais da JUC, ao longo da década de 1950. Depois de temas como "O testemunho cristão da cultura" (1952) e "Cristo através da cultura" (1953), chega-se a "O universitário e a questão social" (1954). Como se vê, a trajetória da JUC é nítida: do interesse inicial pela cultura e por temas filosóficos e teológicos às ciências sociais e à demanda de conhecimento mais rigoroso da sociedade.[21]

Todo este renorteamento foi incentivado pelos clérigos que acompanhavam de perto as juventudes católicas, os chamados "assistentes eclesiásticos", sacerdotes e teólogos que deveriam orientar – e também controlar – os universitários. Contudo, com o tempo, embaralham-se os papéis antes definidos com clareza. Através do contato cotidiano com os leigos, o assistente eclesial descobre os valores do meio estudantil e passa a compartilhar boa parte de suas aspirações. Mais uma vez, o vocabulário é ilustrativo: em muitos depoimentos de antigos assessores eclesiais sobre o assunto, utilizou-se a palavra

21 Cf. in SOUZA, Luiz Alberto Gómez de – *Do Vaticano II a um Novo Concílio?*. São Paulo: Loyola, 2004, pp. 61-80.

"*conversão*" para explicar o efeito do diálogo entre eles e os universitários.[22] Os estudantes teriam sido decisivos para que os clérigos – todos formados, anos ou décadas antes, em Seminários onde prevaleciam os postulados romanizadores de combate aos tempos modernos –, tivessem contato com ideias da modernidade. Ideário anatematizado há muito pela Igreja e, ao menos em parte, reabilitado pelo Concílio Vaticano II (1962-1965).

O despertar dos jovens universitários para as relações entre cristianismo e política, em viés progressista, também gerou o neologismo "engajamento", vindo de círculos existencialistas franceses e cristianizado pelo pensador católico Emmanuel Mounier (1905-1950).[23] Para a Juventude Católica dos anos 1950-60, o cristão deveria ser "engajado": estar compromissado com a transformação da sociedade em que vivia – apresentada como desigual e injusta. Neste espírito, em 1960, o líder da JUC mineira, Herbert José de Sousa (chamado de Betinho, 1935-1997), apresentou documento denominado "Algumas diretivas de um ideal histórico cristão para o povo brasileiro".[24] Nele, à análise de conjuntura nacional, seguia-se a denúncia do subdesenvolvimento e da primazia do capital sobre o trabalho. Pedia-se então, em virtude do *status quo* lido por contrário ao cristianismo, a reforma agrária e o controle estatal dos setores de base da economia.

Mais que realizar o inventário da JUC brasileira, quer-se registrar aqui, ainda que de forma sumária, seu papel como formadora de determinada liderança laica católica. Ideal de liderança, inclusive, que irá reverberar além dos muros eclesiais. Iniciada com o fito de testemunhar o cristianismo em novas bases, a Ação Católica especializada e especialmente os membros da JUC foram determinantes na formação de alguns atores políticos de projeção

---

22 Cf., p. ex., in BEOZZO, José Oscar – *Cristãos na Universidade e na Política*. Petrópolis: Vozes, 1984, p. 78.

23 Cf. in SOUZA, Luiz Alberto Gómez de, *op. cit.*, p. 65.

24 Vale acrescentar que Herbert de Souza, durante a ditadura civil-militar que se seguiu à deposição de Goulart, já desvinculado da Igreja, iria se engajar na luta armada contra o regime. Guerrilha derrotada, exilou-se, voltando ao Brasil em fins dos anos 1970, tornando-se figura de proa do ativismo social do país, fundando e dirigindo importante organização não-governamental, o IBASE (Instituto Brasileiro de Análises Sociais e Econômicas). Em seus últimos anos de vida, liderou a Ação da Cidadania contra a Fome, a Miséria e pela Vida.

nacional. Afinal, no campo da política tradicional, passaram pela JUC, entre outros, o ex-governador de São Paulo José Serra (n. 1942), e o deputado federal, Aldo Arantes (n. 1938). Houve aqueles que dirigiram a militância para Organizações Não-Governamentais, como o já citado Herbert de Souza.

A JUC também originou o movimento político Ação Popular (AP), grupo que, entre suas realizações, se empenhou em alfabetizar adultos segundo o método pedagógico concebido pelo educador Paulo Freire (1921-1997). Diga-se, em acréscimo, que a AP, durante o período mais duro da ditadura civil-militar, optou pela luta armada contra o regime.

No âmbito eclesial, o maior legado da JUC, algo de especial relevância para estas páginas, foi sintetizado pelo teólogo peruano Gustavo Gutiérrez (n. 1928). Gutiérrez, o primeiro formulador da Teologia da Libertação, declarou considerar a experiência da JUC do Brasil (encerrada, pela hierarquia eclesial, por pressão do regime ditatorial) fundamental para a constituição da eclesiologia que viria a fundar.[25]

A formação de lideranças cristãs a partir da Teologia da Libertação

O primeiro texto no qual se utiliza a expressão "Teologia da Libertação" foi apresentado em encontro de prelados católicos peruanos, a Conferência de Chimbote, ocorrida em 1968.[26] Na ocasião, o autor do citado trabalho, o já mencionado Gustavo Gutiérrez, defendeu nova forma de se fazer teologia, onde se mantivesse "dupla fidelidade": ao Deus bíblico e ao povo latino-americano, especialmente a seus milhões de excluídos. Operação essa que, preconizada por Gutiérrez e adotada por demais teólogos da libertação que se seguiram, fez com que as Escrituras judaico-cristãs fossem lidas e interpretadas em clave radicalmente contestadora. Isto é, *divisou-se no Cânon um Deus que, em vez de guardião da ordem social, torna-se aliado dos pobres.*[27] Desta forma, por

---

25 Cf. in SOUZA, Luiz Alberto Gómez de, *op. cit.*, p. 76.

26 A comunicação intitulou-se *Hacia una Teología de Liberación*. Seu argumento ampliado foi publicado no livro *Teología de la Liberación*, do mesmo Gutiérrez, três anos depois. Cf. in "Olhar Longe", introdução à reedição brasileira de *Teologia da Libertação*, p. 12.

27 Lembre-se que a figura do "pobre", representando aquele de classe social mais baixa, não é definida com rigor. Aos adeptos da Teologia da Libertação basta, muitas vezes, asso-

meio de tal exegese inovadora, a Bíblia – sobretudo quanto a seus livros proféticos, os Salmos e todo o Novo Testamento – passou a ser interpretada como manifestação de apoio divino à causa da superação da pobreza latino-americana, condenando-se também o sistema sócio-político-econômico que produziu realidade tão desigual, realidade classificada de "anti-evangélica". *Daí advém outra releitura de relevo, a da ideia de pecado.* Antes entendido como problema apenas individual, concernente ao fiel e a sua salvação pessoal, o pecado, pelas lentes dos teólogos da libertação, passa a ter também expressão coletiva: sociedades nas quais a desigualdade social extrema produz milhões de pobres e miseráveis seriam presas a "estruturas sociais pecaminosas". Caberá a Jon Sobrino (1938), teólogo jesuíta catalão radicado em El Salvador, a síntese lapidar acerca da questão crucial levantada pela Teologia da Libertação: como apresentar a fé no Deus cristão, Deus crucificado, em Continente com milhões de crucificados pela miséria?[28]

No Brasil, o mais conhecido formulador desta eclesiologia progressista é Leonardo Boff (n. 1938), frade franciscano por mais de três décadas e, hoje, teólogo leigo de matriz católica. Em sintonia com outros teóricos da Teologia da Libertação, Boff notabilizou-se pelo uso, no exercício da teologia, do pensamento sociológico e, de modo particular, de dada apropriação do método marxista. Baseado neste instrumental advindo das ciências sociais – e de Marx, ainda considerado uma ameaça para católicos mais conservadores –, *Boff irá definir a conversão como mudança de lugar social.*[29]

De novo, aponte-se a releitura do conceito tradicional de conversão. Desta feita, o resultado do movimento de adesão confessional impõe ainda mais exigências àquele que professa a fé. Como se viu acima, na neocristandade, o fiel exemplar deveria militar em prol da Igreja e de suas causas. Já segundo o catolicismo crítico e reformista da JUC, caberia ao fiel lutar para tornar a sociedade menos desigual. E, para a Teologia da Libertação, como sustenta

---

ciar as classes subalternas da América Latina aos *anawin*, palavra do hebraico bíblico que significa "os menores de Javé".

28 Trata-se de ponto fundamental na produção intelectual de Sobrino, também presente no pensamento de outros teólogos da libertação. Para Sobrino, ver, p. ex., sua obra *Jesus Cristo, o Libertador*, publicada entre nós pela Vozes de Petrópolis, em 1994.

29 Cf. in BOFF, Leonardo – *Francisco de Assis: ternura e vigor*, 5ª. ed., Petrópolis: Vozes, 1991, pp. 85-88.

Leonardo Boff, ser cristão, assumir a conversão a esta fé, exigiria transformação em maior profundidade.

A proposição de se compreender a conversão como "mudança de lugar social" é crítica em relação ao apostolado social católico anterior. Assim, Boff e os teólogos da libertação negam, por ineficazes, as práticas meramente caritativas, típicas da neocristandade. E, mesmo que em bem menor grau, fazem restrições às tentativas reformistas católicas dos anos 1950, vistas como insuficientes. *Pode-se mesmo dizer que Boff forjará novo paradigma de atuação cristã como complemento e confirmação da conversão de cada um.* De acordo com dois sociólogos católicos ligados a esta eclesiologia, Leonardo Boff, ainda que nascido em família católica praticante e sendo religioso desde a infância, viveu, em vida adulta, outra espécie de conversão. Ao ajudar a sistematizar a Teologia da Libertação, Boff teria se convertido, ele mesmo, "à ação libertadora".[30] Muito importante é notar que tal "ação libertadora" *irá implicar na revisão do próprio modelo de intelectual e também de liderança em dado universo católico.* Processo de transformação que caracteriza o terceiro momento histórico da cartografia aqui exposta em mirada exploratória. Câmbio que pode ser ilustrado pela análise da produção e militância de Carlos Mesters (1931), exegeta e frade carmelita que aplicou, ao estudo da Bíblia, as intuições e métodos preconizados pelos formuladores da Teologia da Libertação.

Mesters, nascido na Holanda e radicado no Brasil desde 1949, agrega o refinamento exegético cultivado no *Pontificium Institutum Biblicum* romano e na École *Biblique* de Jerusalém à capacidade de se exprimir de maneira simples ao público não-especializado. Politicamente engajado, autor de muitas dezenas de livros, tem por projeto difundir o conhecimento da Bíblia, especialmente entre os mais humildes, com destaque para os membros das Comunidades Eclesiais de Base (CEBs) – redes pastorais com base popular, presentes em áreas urbanas e rurais, onde se unem fé e reivindicação de melhores condições de vida. Mesters atua também ministrando cursos nos chamados "Círculos Bíblicos", *voltados para a formação de lideranças populares ecumênicas* (algo impensável no modelo de intelectual católico da neocristandade). Em decor-

30 A expressão "conversão à ação libertadora" foi utilizada, em momentos diversos, pelos sociólogos Luiz Alberto Gómez de Souza (1935-2020) e Pedro Ribeiro de Oliveira (1943), em conversas privadas com o autor do presente texto.

rência deste apostolado, em 1979, associado ao sociólogo protestante Jether Pereira Ramalho (1923-2020) e outros, fundou o Centro de Estudos Bíblico (CEBI). Organização essa que construiu e apregoa "um novo método de leitura da Bíblia, uma leitura a partir da realidade e em defesa da vida, que ficou conhecida como a 'Leitura Popular da Bíblia'".[31] Em outro trecho retirado do sítio do CEBI, a síntese do método de Mesters, definido como alicerçado "[n] o triângulo hermenêutico Realidade – Bíblia – Comunidade."[32]

Nas obras de Mesters, percebe-se especial relação entre autor e público. Aquele deseja orientar os leitores, fornecer subsídios para que eles avancem na compreensão do texto bíblico e, por conseguinte, na desejada militância progressista no dia-a-dia. Já quanto ao público, ele é apontado como inspirador do teólogo, alguém que, necessariamente, deve estar inserto nos meios populares. Estabelece-se, pois, diálogo que se deseja dinâmico. Em suma: Mesters faz exegese e teologia a partir do mundo dos mais simples, de seu cotidiano e privações. E de tal duplo exercício – apontar significados no Cânon e elaborar dado discurso de fé a partir daí – Mesters pretende oferecer às comunidades cristãs social e economicamente mais desassistidas meios para que formem seus próprios líderes e conduzam sua militância e reivindicações a partir da base. Ou da fé como interpretada e vivenciada na base.

Assim, por exemplo, ao abordar o livro do Gênesis e a imagem do Paraíso ali contida, Mesters atualiza a representação do Éden terreno. Em vez do maravilhoso Jardim onde Javé teria semeado árvores que dão frutos e exalam aromas de toda espécie, imagem tão apelativa ao homem das civilizações antigas para o qual o deserto é referência próxima, o Paraíso descrito por Mesters revela uma sociedade sem favelas, nem fome, onde todos possuem casa própria e o homem não domina a mulher.[33] Já o relato do Êxodo faz Mesters lembrar, em pleno regime ditatorial brasileiro, de opressões contemporâneas: o analfabetismo que humilha o povo, o baixo salário do operário, a tortura e as violações dos direitos humanos.[34] Já o hermético livro do Apocalipse é apre-

31 Sítio oficial do CEBI (http://www.cebi.org.br/institucional-historia.php), acessado em maio de 2009.

32 In cebi.org.br/método, acesso em dezembro de 2021.

33 er MESTERS, Carlos – *Paraíso Terrestre: saudade ou esperança?*. Petrópolis: Vozes, 1971.

34 MESTERS, Carlos – *Deus, onde estás?*. Belo Horizonte: Veja, 1976, pp. 27-37.

sentado como alegoria da luta dos mais humildes e da Igreja contra aqueles que os perseguem.[35]

Unem-se, pois, no texto de Mesters, dramas pessoais e coletivos. Juntam-se lutas do passado – conforme consignadas nos texto sagrados judaico-cristãos – e do presente, especialmente aquelas vividas pelas classes sociais mais baixas.

Como definiu o próprio Mesters, deste turno em texto acadêmico, sua exegese popular seria válida porque:

> A Bíblia nasceu da preocupação de se reencontrar, na realidade conflitiva de cada época, o apelo do mesmo Deus de sempre. Ler a Bíblia a partir dos pobres exige que se descubram e analisem as causas que geram a pobreza, causas econômicas, sociais, políticas e ideológicas. Aqui não se trata de leitura reducionista da Palavra de Deus. Não se reduz nada. [...] Aumenta-se o ângulo de visão, incluindo o que antes não era considerado.[36]

Assim, o intelectual modelar previsto e exaltado pela Teologia da Libertação é aquele que coaduna especulação teórica e militância, dispondo seu saber em prol das causas populares. E a massificação da leitura e interpretação da Bíblia, concebida como texto formativo por excelência e que deve ser lido em clave radicalmente progressista, torna-se elemento fundamental da nova modelagem de liderança cristã. Liderança cujo paradigma maior passa a ser o agente de pastoral, o catequizador popular, formado nas CEBs e nos Círculos Bíblicos. Processo de formação esse que, como se viu, prevê viva interação entre formadores e formandos, em fecundo intercâmbio de saberes erudito e popular. Troca na qual, acreditam os defensores da pedagogia liberacionista, constrói-se saber novo. Interessante observar que, aqui, percebe-se inegável confluência entre essa maneira de se fazer teologia (e atuar politicamente) e a célebre "pedagogia do oprimido" do educador Paulo Freire já citado acima.

---

35 MESTERS, Carlos – *Esperança de um Povo que luta: o Apocalipse de João*. São Paulo: Paulinas, 1985.

36 MESTERS, Carlos – "O Projeto Palavra-Vida e a leitura fiel da Bíblia de acordo com a Tradição e o Magistério da Igreja", *Revista Eclesiástica Brasileira* 49 (1989), p.671.

Reveladoras desta nova forma de se conceber a liderança leiga cristã (mais que católica, cristã, a ênfase é ecumênica) são as palavras de Leonardo Boff, na dedicatória de sua obra *Francisco de Assis: a saudade do Paraíso*, uma interpretação da trajetória e legado do santo assisense à luz da Teologia da Libertação: "ao irmão e evangelizador Manelão [que,] como São Francisco, de pés no chão, de cajado e com a poesia prega e canta de porta em porta o evangelho da libertação."[37]

À guisa de conclusão: cruzando Fé, Razão e Retórica

Pretendeu-se, aqui, lançar as fundações de estudo topográfico sobre a constituição de lideranças em meio ao laicato católico no Brasil, entre 1930 e meados dos anos 1980.

Período de tempo no qual sugeriu-se discernir três registros de eclesiologia e militância católica, registros tomados como exemplares para fins analíticos: aquele da neocristandade e do projeto romanizador, onde a Universidade Católica foi apresentada como instituição de vanguarda na formação de líderes leigos; a experiência da Juventude Universitária Católica, que forjou a ideia do "cristão engajado", pronto a lutar pela reforma social; o registro eclesiológico e militante gestado a partir do ideário da Teologia da Libertação, que propôs o renascimento do cristianismo, em clave ecumênica e progressista, a partir da base, onde teólogos e membros das camadas sociais mais simples dialogassem, trocando vivências e saberes, unidos na contestação do sistema capitalista, tido como opressor, excludente e, por isso mesmo, contrário à fé cristã.

No texto que ora se encerra, procurei indicar também a importância de se levar em conta o universo discursivo de todos os agentes sociais em questão.

---

37 BOFF, Leonardo, *op. cit.*, p. 5. Esta obra tornou-se uma espécie de libelo da Teologia da Libertação, posto que lançada em 1985, meses após Boff haver sido punido, por Roma, com a imposição de "silêncio obsequioso", em virtude de suas proposições teológicas. A dedicatória da obra, por sua natureza inequivocamente militante, reforça as posições de Boff, em sua maneira de ver e fazer Teologia. Para análise mais detalhada de *Francisco de Assis: a saudade do Paraíso*, cf. in COSTA, Marcelo Timotheo da – "Em nome do Pai: o Francisco de Assis de Leonardo Boff", Topoi (Rio de J.), Rio de Janeiro, v. 17, n. 33, p. 444-467, jul./dez. 2016.

Universo conceitual onde se cruzam permanências e mudanças, em realidade sempre conflituosa e dinâmica, processo que reverbera na praça pública.

Cruzam-se também, nesta projeção de painel memorialístico do catolicismo brasileiro contemporâneo, em cada um dos três momentos históricos divisados, *fé, razão e retórica*. O credo religioso pensado, em vários registros, e exposto no mundo da experiência, por agentes e para públicos diversos, com estratégias de convencimento e objetivos diferentes.

Já se disse que "[o] conceito de memória é crucial".[38] Crucial porque importante. Crucial também porque nele se cruzam múltiplos elementos: atores e classes sociais, representações, ações, lembranças, gerações e temporalidades múltiplas. Para o presente estudo, situado na fronteira – ou no cruzamento – entre história nacional e sensibilidades religiosas, trabalhar com a memória do catolicismo brasileiro, revisitar e reconstruir itinerários tão marcados "pela Cruz" e por plurais discursos e práticas cristãs pode ser igualmente exercício tomado como crucial.

Referências bibliográficas

AMOROSO LIMA, Alceu. "A Eucaristia", Revista A Ordem, Rio de Janeiro, novembro de 1939

AZZI, Riolando. *História da Igreja no Brasil*. Petrópolis: Vozes, 2008

BENZ, Ernst. *Descrição do Cristianismo*. Petrópolis: Vozes, 1995

BEOZZO, José Oscar. *Cristãos na Universidade e na Política*, Petrópolis: Vozes, 1984

BOFF, Leonardo. *Francisco de Assis: ternura e vigor*. 5ª. ed., Petrópolis: Vozes, 1991

CASALI, Alípio. *Elite Intelectual e Restauração da Igreja*. Petrópolis: Vozes, 1995

COSTA, Marcelo Timotheo da. "Em nome do Pai: o Francisco de Assis de Leonardo Boff", Topoi (Rio J.), Rio de Janeiro, v. 17, n. 33, p. 444-467, jul./dez. 2016

______. *Um Itinerário no Século: mudança, disciplina e ação em Alceu Amoroso Lima*. São Paulo/Rio de Janeiro: Loyola/PUC-Rio, 2006

38 Ver LE GOFF, Jacques – *História e Memória*. Campinas: Ed. da UNICAMP, 1996, p. 423.

DELUMEAU, Jean & COTTRET, Monique. *Le Catholicisme entre Luther et Voltaire*. Paris: PUF, 1996

FRANCA, Leonel. *A Psicologia da Fé e o Problema de Deus*. São Paulo/Rio de Janeiro: Loyola/PUC-Rio, 2001

FRYE, Northrop. *O Código dos Códigos: a Bíblia e a Literatura*. São Paulo: Boitempo Editorial, 2004

GUTIÉRREZ, Gustavo. *Teologia da Libertação: perspectivas*. São Paulo: Loyola, 2000

LE GOFF, Jacques. *História e Memória*. Campinas: Ed. da Unicamp, 1996.

LIBÂNIO, João Batista. *Igreja Contemporânea: encontro com a modernidade*. São Paulo: Loyola, 2000

MAINWARING, Scott. *Igreja Católica e Política no Brasil (1916-1985)*, São Paulo: Brasiliense, 1989

MESTERS, Carlos. *Deus, onde estás?*. Belo Horizonte: Veja, 1976, p. 27-37

______. *Esperança de um Povo que luta: o Apocalipse de João*. São Paulo: Paulinas, 1985

______. "O Projeto Palavra-Vida e a leitura fiel da Bíblia de acordo com a Tradição e o Magistério da Igreja", *Revista Eclesiástica Brasileira* 49 (1989), p.671

______. *Paraíso Terrestre: saudade ou esperança?*. Petrópolis: Vozes, 1971

SANTO ROSÁRIO, Maria Regina do. *O Cardeal Leme (1882-1942)*. Rio de Janeiro: José Olympio, 1962

SERBIN, Kenneth. *Padres, Celibato e Conflito Social: uma história da Igreja Católica no Brasil*. São Paulo: Cia das Letras, 2008

SOUZA, Luiz Alberto Gómez. *Do Vaticano II a um Novo Concílio?*. São Paulo: Loyola, 2004

STORNIOLO, Ivo (org.). *Didaqué: o catecismo dos primeiros cristãos*. 12ª. ed., São Paulo: Paulus, 2003

PARTE 5.

ZONAS DE CONFLITO

Jardim das folhas sagradas, orixás do dique e outras históricas: a bancada evangélica soteropolitana nos governos Lídice da Mata e Antonio Imbassahy

Adriana Martins dos Santos[1]

"Sem folha não tem sonho
Sem folha não tem vida
Sem folha não tem nada.

Quem é você e o que faz por aqui?
Eu guardo a luz das estrelas
A alma de cada folha
Sou Aroni".
Gerônimo

Este texto está dividido em duas partes. Na primeira, analisa-se a atuação dos políticos evangélicos baianos durante o governo Lídice da Mata (1993-1996), principalmente sua reação ao que será aqui interpretado como a instauração de uma política pública para as religiões afrobrasileiras em território soteropolitano por parte da prefeitura de Salvador. No segundo momento, observa-se o desempenho da bancada evangélica no governo de Antonio Imbassahy (1997-2005), a partir de dois episódios ocorridos em seu primeiro mandato como prefeito: a instalação das estatuas dos orixás no Dique do Tororó[2] e a padronização da venda de acarajé.

---

1 Doutora em História pela UFBA.

2 Foram instaladas oito esculturas dos Orixás: representações de Oxum, Ogum, Oxóssi, Xangô, Oxalá, Iemanjá, Nanã e Iansã.

Governo Lídice da Mata

Em 2005, estreou em circuito nacional o filme *Jardim das Folhas Sagradas*,[3] longa-metragem do cineasta Pola Ribeiro, que conta a história de Bonfim, negro, funcionário bem sucedido de um banco na cidade de Salvador, que teve sua vida transformada por conta da revelação de que teria que abrir um terreiro de candomblé. Para realizar tal intento, ele foi forçado a empreender uma série de aventuras, lutando contra aspectos tradicionais nos cultos afrobrasileiros que iam de encontro aos seus próprios princípios, enfrentando as mazelas da especulação mobiliária soteropolitana, do preconceito racial e religioso. A película, além de analisar estes aspectos, também abordou a relação bastante particular que estes cultos mantêm com a natureza. É, sobretudo, esta faceta que inspirou a imediata ligação desta produção a um antigo projeto de preservação ambiental que teve o mesmo nome e que foi desenvolvido no governo municipal de Lídice da Mata, em Salvador, entre os anos de 1993 a 1995. Neste, também se ressaltava o papel desempenhado pelas religiões de matriz africana na preservação ambiental, pois um dos elementos indispensáveis ao culto são as folhas, folhas que formam uma espécie de jardim sagrado.

A coincidência dos nomes, que tinham basicamente o mesmo significado, não parecia arbitrária, ao se referir às religiões afrobrasileiras como um espaço que proporcionava a preservação das áreas verdes, tão raras com o processo de urbanização sofrido pela cidade de Salvador nas últimas décadas do século XX. Depois de algumas pesquisas, foi possível constatar que a realização de uma produção cinematográfica fazia parte do projeto original desenvolvido pela prefeitura de Salvador,[4] mas que não teve continuidade possivelmente por conta das dificuldades financeiras enfrentadas por Lídice da Mata no seu último ano de governo e pela não permanência do mesmo grupo na gestão seguinte.[5] O interesse, no entanto, de investigar este projeto e seus

3 Jardim das folhas sagradas, direção de Pola Ribeiro, roteiro de Henrique Andrade e Pola Ribeiro, distribuído pela Polifilmes, brasileiro, 2011, com duração de 90 minutos e classificação livre. Elenco: Antônio Godi, Aurístela Sá, Érico Braz, Evelyn Buchegger, Harildo Deda, João Miguel e Sérgio Guedes.

4 Jardim das folhas sagradas, por seu diretor. Disponível em <http://cenpah.wordpress.com/2010/12/01/entrevista-exclusiva/polemicas-do-filme/>. Acesso em: 01/07/2014.

5 *A Tarde*, Salvador, p. 10, 25 jun. 1995.

possíveis significados no campo religioso soteropolitano teve como resultado este estudo. Nele, serão analisados alguns enfrentamentos ocorridos durante a gestão de Lídice da Mata, possivelmente em razão de uma menor articulação política da bancada evangélica. Nosso objetivo principal foi discutir como as políticas públicas para o povo de santo, instituídas pela dita prefeita, ocasionaram reações no campo evangélico.

Objetivamos construir um histórico das relações entre os vereadores evangélicos, seus colegas e a prefeita da cidade no que tange às políticas públicas empreendidas pela prefeitura e que tiveram como beneficiários setores ligados às religiões de matriz africana. No governo de Lídice, a valorização do patrimônio cultural afrobrasileiro não agradou muitos vereadores ligados a grupos evangélicos. Apesar das dificuldades enfrentadas pela prefeita que administrava a cidade na época com parcos recursos, fruto apenas das transferências obrigatórias feitas pelo governo estadual, dirigido por Antonio Carlos Magalhães (ACM), cujo grupo político tinha sido derrotado nas eleições de 1990 (ALMEIDA, 2000, p.524), houve uma política pública voltada para a valorização do candomblé, principalmente através do projeto Jardim das Folhas Sagradas, que realizou a melhoria de instalações físicas de alguns terreiros de candomblé de Salvador. Surpreendentemente, esta iniciativa não consta na seleção das ações de seu governo como prefeita no seu atual site oficial.[6]

Durante as décadas de 1970 e 1980, foram encontradas duas iniciativas da prefeitura de Salvador voltadas a melhorias para os adeptos das religiões de origem africana. Elas foram relatadas pelo antropólogo Jocélio Teles dos Santos no livro *O poder da cultura e a cultura no poder*: a disputa simbólica da herança negra no Brasil. Nesta obra, Santos analisa a relação entre a cultura negra (ou culturas negras) e o Estado, entre os anos 60 e 90 do século XX. Em 1976, a prefeitura de Salvador, dirigida por Jorge Hage Sobrinho, em convênio com a Sociedade Cruz Santa do Axé Opô Afonjá e a Sociedade de Estudos da Cultura Negra (Secneb), implantou um projeto-piloto de uma escola alternativa voltada para a comunidade do terreiro. A escola, chamada Obá Biyi, antecipou medidas de promoção da cultura afrobrasileira que só viriam a ser implementadas pelo Estado nas duas últimas décadas:

6 Prefeita. Disponível em <http://www.lidice.com.br/v1/lidice/prefeita/>. Acesso em: 21/01/2022.

> Além de assistência médica, alimentação, creche, atividades profissionalizantes, o projeto incluía a criação de um currículo multicultural, cuja metodologia incorporava elementos das comunidades religiosas, como cânticos, lendas e mitos. O escopo do projeto era o universo simbólico que passava a ser utilizado tanto na integração com a sociedade global quanto como uma forma de impedir a "alienação" das crianças da comunidade. (SANTOS, 2005, p.175)

Outra iniciativa que pode ser pensada como uma ação de política pública voltada para as religiões de origem africana foi o tombamento do Terreiro da Casa Branca, ocorrido em 1982, no governo de Renan Baleeiro (1981-1983). No governo seguinte, do prefeito Manoel Castro (1983-1986), o terreno onde estava localizado o terreiro foi desapropriado e doado à comunidade religiosa.

> A luta pela preservação da "Casa Branca" começou no final de 1980, quando alguns dos seus frequentadores sentiram que, logo logo, os 6 mil e 800 metros quadrados secularmente ocupados pelo Candomblé dariam lugar aos comuns loteamentos urbanos. As ameaças do atual proprietário do terreno, Hermógenes Príncipe, eram frequentes e, por iniciativa do antropólogo Olympio Serra, foi criada a Comissão de Defesa da Casa Branca.[7]

Em 1984, o Terreiro da Casa Branca foi tombado como Patrimônio Histórico do Brasil pelo Conselho do Patrimônio Nacional.[8] No ano seguinte, um exemplo do prestígio do terreiro diante dos órgãos municipais pode ser visto através de um evento rotineiro na cidade de Salvador em época de chuva: a necessidade de derrubadas de árvores em situação de risco. Três árvores consideradas sagradas pelo terreiro, duas gameleiras e uma jaqueira, ameaçavam desabar e cabia a Superintendência de Parques e Jardins da prefeitura fazer o serviço. Mas para que a obra se efetivasse foi imprescindível à execução de uma série de rituais de caráter religioso, incluindo a realização de oferendas e

---

7 MENTONI, Gioconda. O tombamento do mais antigo terreiro do Brasil. *Jornal do Brasil*, Rio de Janeiro, Caderno B, p. 1, 2 ago. 1992.

8 ALVIM, Francisco. A mãe de todas as casas. *Folha de S. Paulo*, São Paulo, Folhetim, p. 11, 30 set. 1984.

uma espécie de purificação dos trabalhadores. "Os últimos rituais – aspersão de água sobre as árvores e lavagem das mãos dos funcionários da Prefeitura – foram cumpridos minutos antes de os operários desferirem as primeiras machadadas sobre a jaqueira".[9]

Ambas as ocorrências se inscrevem num quadro de transformação da relação do Estado com a questão negra. Se antes estas populações tiveram seus pleitos atendidos a partir de sua promoção cultural, cada vez mais as iniciativas se voltaram, no contexto do processo de democratização da sociedade brasileira e da emergência de movimentos negros organizados politicamente, para a busca de ações que dessem conta de responder as necessidades relacionadas à questão da cidadania. É interessante notar que os aspectos culturais da comunidade negra brasileira, notadamente a religião, permaneceram como um dos mais efetivos instrumentos de luta. Como observa Santos:

> Mesmo que o preconceito sobre as religiões afrobrasileiras ainda fosse corrente, a conjuntura política possibilitava reações anteriormente não manifestadas. Se havia matérias de jornais relacionando achados macabros na cidade do México com as práticas dos candomblés do Brasil, morte de pessoas em rituais afrobrasileiros ou a proposta de proibição pelo governo federal de qualquer tipo de despacho de umbanda e candomblé em vias públicas, a partir dos anos oitenta, a reação a qualquer tentativa de discriminação das religiões afrobrasileiras englobaria tanto intelectuais, pais e mães-de-santo, lideranças de movimentos negros e de esquerda, assim como representantes das elites políticas e de representantes das entidades governamentais. Um exemplo sintomático foi o pedido de desculpas do governador do estado da Bahia, Waldyr Pires (PMDB), pela repressão aos terreiros de candomblé ocorrida ao longo do século e a devolução de inúmeros objetos sagrados apreendidos pela polícia aos terreiros, como um ato simbólico da postura estatal estabelecida a partir da Nova República.[10] (SANTOS, 2005, p.183)

9 Árvores sagradas são derrubadas. *Jornal do Brasil*, Rio de Janeiro, p. 14, 16 mai. 1985.

10 SANTOS, Jocélio Teles dos. *O poder da cultura e a cultura no poder*, p. 183.

É neste quadro de transformações das relações do Estado com a comunidade das religiões de origem africana que se inserem as ações estabelecidas pelo governo Lídice da Mata, como o Projeto Jardim das Folhas Sagradas.

O Projeto Jardim das Folhas Sagradas estava ligado à Secretaria Municipal do Meio Ambiente, cujo diretor era Juca Ferreira, sociólogo com histórico de envolvimento no Movimento Estudantil durante os anos 1960, tendo participado também da resistência à Ditadura Militar instalada em 1964. Ele foi um dos idealizadores do Projeto Axé,[11] cuja qualidade da proposta fez furar o cerco criado por Antonio Carlos Magalhães em torno das realizações da prefeitura de Lídice da Mata.[12] A relação do Candomblé com a natureza inspirou a iniciativa que tinha como um dos objetivos principais preservar as áreas de mata presentes nos terreiros:

> O "Projeto Jardim das Folhas Sagradas" tem como finalidade deflagrar ações práticas de preservação e proteção das áreas verdes (jardins ou matas) inerentes aos terreiros de candomblé, onde se cultivam árvores e plantas consideradas sagradas pelo culto afro-brasileiro, e que vinham sendo devastadas, inclusive pela especulação imobiliária.[13]

Boa parte dos principais terreiros de Salvador foi beneficiada com ações de preservação e promoção. Dentre os agraciados, estavam o Terreiro do Bate Folha, o Terreiro do Bogum, Terreiro da Casa Branca e o Terreiro do Gantois.[14]

---

11 Foi um programa responsável pela educação e assistência a jovens e adolescentes em situação de risco social criado pelo advogado e educador Florenço Cesare de Florio em 1990, que teve um amplo apoio durante a gestão de Lídice da Mata na cidade de Salvador. http://lidice.com.br/?page_id=50, http://redeglobo.globo.com/acao/noticia/2012/08/projeto-axe-em-salvador-ha-22-anos-transformando-vidas-por-meio-da-arte.html Acessos em 20/01/2022.

12 Quem é Juca Ferreira. Disponível em <http://reminiscencias.com.br/jucaferreira/quem-e-juca-ferreira/>. Acesso em 24/01/2022.

13 *Diário Oficial do Município*, Salvador, p. 8, 31 jan. 1994.

14 O Ilê Axé Opô Afonjá não apareceu como um dos terreiros beneficiados com o projeto, mas é coerente supor que em etapas posteriores viesse a ser atendido por conta de sua importância histórica, assim como pelo fato de que as relações entre a prefeita e este grupo também eram bastante amistosas, haja vista que quando prefeita de Salvador, Lídice concedeu a Mãe Stella de Oxossi, yalorixá responsável pelo Axé Opô Afonjá, a Medalha Maria

Neste último, foi inaugurada uma praça no dia 3 de fevereiro de 1994, ocasião que contou com a participação de devotos dos orixás, artistas e diversas autoridades políticas. No discurso da prefeita durante a festa foi ressaltado o papel que as religiões afrobrasileiras tiveram na construção do estado:

> Não poderíamos deixar de dar esta contribuição significativa para a cultura e religião afro na Bahia, no centenário de Mãe Menininha do Gantois. Daqui para frente, nossas praças terão o nome das pessoas que ajudaram a fazer a cultura e a história de Salvador, dos verdadeiros representantes da nossa cidade, mães, pais e filhos-de-santo, artistas intelectuais, capoeiristas, cantores e todos aqueles que ajudaram a fazer da nossa terra um lugar diversificado, do ponto de vista cultural.[15]

É possível perceber o reconhecimento da importância do projeto da prefeita para a comunidade religiosa afro-baiana, uma vez que se tratava não de conquistas pontuais, mas da tentativa de instalação de uma política pública através da ação da prefeitura. O projeto ambicionava transformar em jardins sagrados centenas de terreiros em Salvador e criar um Jardim Etno-Botânico, com as plantas consideradas sagradas, que fazem parte dos cultos afrobrasileiros. Entretanto, é importante ressaltar que não foram todos os grupos que se beneficiaram com esta política de valorização e que havia disputas pela legitimidade entre os próprios terreiros. Em outubro de 1995, por exemplo, a Superintendência de Controle e Ordenamento do Uso do Solo, órgão do município de Salvador, fechou um terreiro de candomblé localizado nas proximidades de um grande hotel da cidade porque este seria um falso templo de adoração de orixás. O interessante é que o fechamento foi realizado a pedido da Federação Baiana do Culto Afrobrasileiro, que não reconhecia este terreiro como filiado à entidade:

> Antes de executar a ordem de despejo, as autoridades municipais ouviram depoimentos de Antoniel Ataíde Bispo, 1° secretário da

Quitéria, em reconhecimento a seu trabalho social e educativo e em prol da preservação e reafirmação do candomblé como religião, numa cerimônia realizada no próprio terreiro. *Diário da Câmara dos Deputados*, Brasília, p. 33640, 14 jul. 2010.

15 *Diário Oficial do Município*, Salvador, p. 1, 7 fev. 1994.

> federação, que negou qualquer espécie de vínculo entre o guia turístico e a entidade. "Ele não é ogã", afirmou. Sua declaração foi confirmada por Mãe Creusa do Gantois, que desmentiu em carta a filiação do falso ialorixá ao seu terreiro. A carta de Mãe Creusa e a comunicação do Othon, solicitando a demolição da casa de cultos e oferendas, foram anexadas ao processo da Sucom.[16]

Esta discussão lembra um importante livro para pensar como as oposições no campo religioso estão relacionadas à busca de hegemonia no seio do mesmo. Em *Vovó nagô e papai branco*, Beatriz Dantas observou como a defesa empreendida por autores como Nina Rodrigues e Artur Ramos tornou possível a construção do mito da superioridade nagô, inclusive em termos religiosos[17] (DANTAS, 1988) No entanto, os padrões utilizados por esses intelectuais para defender o Candomblé, em detrimento de outras formações religiosas africanas, estava pautado na ideia de que este se afastava cada vez mais de algumas concepções religiosas que eram encaradas como magia, este, um crime previsto no código penal brasileiro ainda durante a primeira metade do século XX. A defesa das religiões supostamente detentoras da tradição africana teve que passar pela negação dos que não se enquadravam dentro do padrão herdado das tradições religiosas cristãs que sempre associaram a magia ao maléfico.

> Nos "bons terreiros", os pais-de-santo às "direitas" usam um saber africano que eles detêm para adorar seus deuses, fazer religião. Por extensão, são respeitadores e úteis; eles não ameaçam a ordem da sociedade. Ao contrário, os que "não tem competência", que não detém uma verdadeira tradição africana, servem-se dela ilegitimamente para fazer "despachos e catimbós", ou seja, trabalhos de magia com que se pratica o Mal e se explora o povo. Esses são perigosos e constituem um "grupo à margem", ou melhor, são marginalizados pelos intelectuais que, tomando a pureza da África como critério,

16 *Diário Oficial do Município*, Salvador, p. 1, 11 out. 1995.

17 É possível dizer que houve um relativo respeito à diversidade religiosa afro-baiana, uma vez que as três etnias tiveram pelo menos um de seus terreiros preservados e protegidos: o do Bate Folha, de tradição Angola, o do Bogum, de tradição Jêje e os da Casa Branca e do Gantois, Nagôs.

> através de suas classificações, fazem sobre os cultos um recorte em que o uso legítimo do sagrado coincide com a maior fidelidade às tradições africanas, predominantemente nagôs. (DANTAS, 1988, p. 179)

A Superintendência de Controle e Ordenamento do Uso do Solo pode ter tido reais motivos para fechar o prédio, mas é digno de nota que a defesa da religião de matriz africana "legítima" aparece com um elemento central da questão, fato que não desmerece a ação da prefeitura que, ao instituir políticas públicas para o povo de santo, ainda que privilegiando grupos mais "tradicionais", respondia por uma demanda de valorização de uma religião historicamente discriminada na sociedade brasileira.

A prefeita Lídice da Mata mantinha boas relações com as lideranças religiosas afrobrasileiras e a presença dela em terreiros, assim como do povo de santo em seu gabinete, era constante. Dentre estes, o Terreiro da Casa Branca tinha um lugar de destaque. Desde os tempos de deputada constituinte que Lídice cultivava uma relação próxima com este grupo. Já em 1989, ela denunciava o risco que esta comunidade sofria, pois parte de suas terras havia sido ocupada irregularmente por um posto de gasolina, apesar desta área já ter sido desapropriada, em favor do terreiro, pelo então governador Waldir Pires (1987-1989):

> Há 29 anos que a entrada (local sagrado) do Terreiro Casa Branca está ocupada por um posto de combustível. Esta área ocupada pelo posto, que é destinada à construção da Praça de Oxum, futuramente projetada gratuitamente por Oscar Niemeyer, foi desapropriada através de decreto do Governo do Estado que há semanas entregou espaço à comunidade de Casa Branca. Porém, o proprietário do posto de gasolina entrou com pedido de reintegração de posse na Justiça estadual e conseguiu uma liminar. A entrada do Terreiro é consagrada às deusas e, no caso, a Oxum, divindade que incorpora as qualidades tidas como femininas; é a Deusa do Amor, da Maternidade e da Sedução. A Praça de Oxum é, portanto, também a Praça das Mulheres. No último dia 25 de março, diversas entidades, artísticas e políticos da Bahia realizaram um ato de apoio à luta daquela comunidade em frente ao posto que ocupa a entrada

> do Terreiro Casa Branca. Todos os presentes, sensíveis à defesa da cultura afrobrasileira, se solidarizaram.[18]

Quando Lídice assumiu a prefeitura, garantiu, em encontro realizado com representantes do Terreiro da Casa Branca, conservar e colocar guardas municipais para garantir a segurança no local, além de apoiar a construção da Praça de Oxum e prometer encontrar o processo da desapropriação do terreno que estava perdido entre os papéis municipais. Este foi encontrado e entregue às lideranças do terreiro no dia da inauguração da praça, que aconteceu em junho de 1993. Stella de Óxossi, Creuza do Gantois, Altamira Cecília dos Santos, as principais sacerdotisas do candomblé baiano no momento, compareceram ao evento que contou com a presença também de artistas, intelectuais e filhos e filhas de santo.[19]

No ano seguinte, em 1994, Lídice foi convidada para a abertura do ano litúrgico na Nação Keto/Nagô do Brasil que ocorreu no terreiro da Casa Branca. Essa aproximação sem dúvida está relacionada à sua atuação em relação ao terreiro. Como já foi visto, ela conseguiu ajudar esta comunidade a recuperar, depois de trinta anos de batalhas judiciais, um terreno de mil metros quadrados que tinha sido ocupado ilegalmente pelo posto de gasolina, além de incluí-la no Projeto Jardim das Folhas Sagradas.[20]

Apesar da ligação cordial entre a prefeitura e o povo de santo, não era só de afagos a relação de Lídice com estes grupos religiosos. O carnaval de 1993 foi marcado por uma polêmica entre a prefeitura e a Federação do Culto Afrobrasileiro, por conta da decoração oficial da festa que tinha como tema "Salvador, Terra dos Orixás". Esta atitude desagradou segmentos do culto afro que viram como um desrespeito religioso a presença de imagens dos Orixás como elementos decorativos.

> A decoração foi suspensa depois que a Federação do Culto Afrobrasileiro entrou com uma ação judicial acatada pela Defensoria Pública, com base no artigo 275 da Constituição Estadual, que dizia

---

18 *Diário da Câmara dos Deputados*, Brasília, p. 1865, 6 abr. 1989.

19 *Diário Oficial do Município*, Salvador, p. 1, 22 jun. 1993.

20 *Diário Oficial do Município*, Salvador, p. 10, 7 fev. 1994.

> ser "dever do Estado preservar e garantir a integridade, a respeitabilidade e a permanência dos valores da religião afrobrasileira." A ialorixá Stella de Óxossi, uma das vozes mais importante do candomblé na Bahia, considerou desrespeitoso o uso de símbolos dos orixás numa festa profana como o Carnaval.[21]

A presença da cultura ou das culturas negras na sociedade soteropolitana sempre foi muito forte e como esta sempre esteve muito ligada à religiosidade, se tornou difícil estabelecer onde começava uma e terminava outra. Isto, se por um lado trazia vantagens, como a promoção das práticas religiosas, poderia levar também a sua folclorização. Era o que possivelmente temiam as entidades religiosas afrobrasileiras que se encontravam também em processo de afirmação religiosa. Esta se dava em amplas frentes: afastamento de práticas sincréticas com o catolicismo, criação de uma ortodoxia e, talvez como consequência destas ações, distinções entre os aspectos culturais e religiosos da história da população negra. Neste último caso, os fiéis do candomblé queriam que a prática religiosa se afirmasse dentro de um campo específico, o campo religioso, e não fosse encarado como um elemento meramente cultural e/ou turístico.

Apesar da existência de atritos, a proximidade entre a prefeita e o povo de santo permitiu que o diálogo fornecesse as bases para resolução das pendências. Foi marcada uma reunião entre os coordenadores do carnaval e a Federação do Culto Afrobrasileiro, que visava estabelecer um entendimento através da retirada dos pontos que eram considerados mais polêmicos na decoração.[22] Esta relação próxima entre o povo de santo e a prefeitura, no entanto, não agradou muito aos vereadores evangélicos da Câmara Municipal de Salvador: os batistas Alvaro Martins e Beto Gaban, os iurdianos Domingos Bonifácio e Geraldo Ferreira, assim como os assembleianos Eliel Santana e Pedro Melo. Ainda não havia uma identidade de grupo entre estes evangélicos e eles atuavam de forma individual para atender aos seus interesses.

---

21 *Diário Oficial do Município*, Salvador, p. 1, 27 jan. 1993.

22 *Diário Oficial do Município*, Salvador, p. 1, 27 jan. 1993.

Em busca da construção de uma bancada

A força da bancada evangélica, em todas as esferas do legislativo brasileiro, pareceu estar diretamente ligada a sua capacidade de agir como um bloco unido por interesses comuns, em razão de sua condição religiosa minoritária na sociedade, o que não acontecia naquele momento. Por exemplo, quando do acirramento das tensões entre os iurdianos e diversos setores da sociedade como parte considerável da imprensa, setores do protestantismo e a Igreja Católica, no episódio que ficou conhecido como o "chute da Santa", os vereadores assembleianos e batistas da câmara municipal fizeram questão de destacar o seu afastamento em relação à Igreja Universal, chegando a participar de um evento em homenagem ao dia da Bíblia, realizado no Campo Grande, sem a presença de nenhum vereador ou liderança religiosa deste grupo, embora a Câmara Municipal apoiasse formalmente este ato.[23]

É possível notar que as demandas de cada grupo foram mais atendidas na medida em que cresceu sua participação na sociedade e quando estes passaram a agir em conjunto com outros grupos religiosos ligados ao seu credo. Apesar de relativamente numerosos, não existia uma bancada evangélica durante a prefeitura de Lídice da Mata, apenas vereadores batistas, assembleianos e iurdianos. Esta condição ocasionou limitações a sua oposição em relação às políticas públicas desenvolvidas pelo governo municipal em relação ao povo de santo, apesar delas desagradarem bastante este segmento. Alvaro Martins, por exemplo, acreditava que estaria ocorrendo uma negação do Estado laico e desrespeito ao princípio da liberdade religiosa.

Como uma possível contestação da política de preservação e promoção do candomblé em 1996, o batista Alvaro Martins apresentou o projeto de lei 75/96. Este tinha como finalidade proibir que espaços públicos recebessem nomeação religiosa:

> Tomamos a iniciativa de apresenta[r] este Projeto de Lei, tendo em vista que o nosso município é composto de uma religiosidade bastante diversificada, fruto da liberdade de culto e da Democracia, pertinentes à nossa sociedade. A denominação de logradouros,

23 *Diário Oficial do Município*, Salvador, p. 1, 12 dez. 1995.

> escolas, creches ou qualquer bem público, não deve ter nenhuma tendência religiosa, haja vista que um patrimônio de toda coletividade com a denominação com cunho religioso tende a agradar a um segmento e desagradar outros.
> Queremos citar, como exemplo, a denominação que recentemente foi dada ao abrigo para meninas carentes da Prefeitura de "Casa de Oxum", que se constituiu claramente em homenagem ao culto afro, trazendo, desta forma, um desagrado aos evangélicos, católicos, carismáticos e outros segmentos que não coadunam com a filosofia religiosa praticada pelo candomblé.
> Por estas razoes, e também por sabermos que todos os segmentos merecem ser respeitados em suas convicções religiosas, apresentamos este Projeto que acreditamos ser justo, para apreciação dos nobres pares.[24]

A Fundação Cidade Mãe foi criada no governo de Lídice da Mata para atuar como órgão de concretização dos direitos sociais de crianças e adolescentes em situação de risco social/pessoal na cidade de Salvador através da oferta de abrigo, proteção e integração das crianças e adolescentes de bairros carentes. Em 1995, foi inaugurada a Casa de Acolhimento Noturno como parte integrante do projeto Axé, que num primeiro momento havia identificado as crianças que dormiam nas ruas da cidade.[25] A primeira criada era destinada aos meninos, mas já no ano seguinte foi inaugurado o abrigo feminino. Interessante observar que ambas receberam nomes relacionados a grupos religiosos: o primeiro, batizado de abrigo D. Timóteo Amoroso Anastácio, abade do Mosteiro de São Bento (Salvador), visava atender meninos entre oito e quatorze anos de idade; e o segundo, chamado de abrigo Casa de Oxum, um dos orixás das religiões afrobrasileiras, atendia as meninas com a mesma faixa etária. Era a este abrigo que se referia o vereador Alvaro Martins. Ele, provavelmente, não via com bons olhos as homenagens do executivo municipal a grupos que eram seus rivais no campo religioso.

---

24 PL 75/96 de 03/06/1996. *Diário Oficial do Município, Diário do Legislativo,* Salvador, p. 7, 28 nov. 1996.

25 *A Tarde*, Salvador, p. 2, 9 jul. 1993.

O vereador Alvaro Martins não desejava que logradouros públicos recebessem intitulações como "Casa de Oxum" porque estavam ligadas a determinadas crenças, mas ao que parece não pensava desta maneira em momentos anteriores. Os projetos de lei 396/1991 e 246/95, já vistos, também nomeavam locais de Salvador com termos religiosos, Jesus de Nazaré e Praça da Bíblia, mas estas palavras eram pertencentes ao universo cristão.[26] Certamente o que importava não era tanto a homenagem, mas quais grupos eram agraciados com a celebração.

Os vereadores evangélicos ainda se opuseram de forma veemente à construção de uma Casa da Herança Africana, em 1996, que consideraram como uma valorização das religiões afrobrasileiras, a despeito dos demais edis tentarem afirmar que apenas estavam reconhecendo o papel dos africanos para a formação da cultura brasileira. A discussão mais acalorada ocorreu na sessão ordinária realizada em 17 de abril de 1996:

> O vereador Edvaldo Lima estranhou a polêmica criada pela bancada evangélica contra o projeto, já que o conteúdo da matéria é abrangente e se respalda na cultura africana como um todo e não só na religião. [..] O vereador Juca Ferreira observou que estava em discussão a propriedade de se instituir uma casa da herança Africana, cuja contribuição ao Brasil, nos diversos aspectos, é incontestável. Refutou a não aceitação da pluralidade de expressão. O projeto de lei nº 210/95 foi, então aprovado em 3ª discussão e até a redação final, contra os votos dos edis Eliel Santana, Beto Gaban, Pedro Melo e Alvaro Martins.[27]

Ressaltando, sobretudo, esta relação íntima entre Brasil/África, Bahia/África, Salvador/África, os vereadores que questionaram a contestação da "bancada evangélica" venceram facilmente a disputa, embora os representantes políticos dos assembleianos e batistas mantivessem o voto contrário ao projeto e tivessem feito inclusive uso da imprensa para exprimir a opinião de que o projeto tinha estrita ligação com a promoção do candomblé:

---

26 *Diário Oficial do Município*, Salvador, p. 15, 20 nov. 1992 e *Diário Oficial do Município*, Salvador, p. 3, 29 dez. 1995, respectivamente.

27 *Diário Oficial do Município*, Salvador, p. 5, 19 abr. 1996.

> Tanto Eliel quanto Melo são radicais quando o assunto evocado é o candomblé. Eliel diz que existe dois polos dentro da concepção religiosa, um que leva a Deus e outro que vai dar no Diabo. Ele não tem dúvidas de que o candomblé invoca o Diabo, "invoca espíritos malignos como Exu e Caveirinha", conforme citou.
> Eliel Santana acredita que, nos momentos em que prevalece na Câmara um clima conturbado, a causa é a ação de espíritos maléficos. Isso ocorreu, disse ele, durante a votação do projeto de autoria do vereador Germano Tabacof, que instituiu a Casa da Herança Africana. Durante a votação desse projeto, acrescentou, havia no plenário uma guerra espiritual resultante do conflito entre as forças de Deus e do Diabo. "A criação da Casa da Herança africana tem como pano de fundo a divulgação do candomblé, o que não agrada a Deus", raciocina.
> Pedro Melo reforça a análise de Santana, diz que já esteve em terreiros como observador e não gostou do que viu. Presenciou o sacrifício de animais, muitos dos frequentadores utilizavam o candomblé para praticar o mal contra alguém e muitas das pessoas envolvidas com o culto tinham um fim muito triste.[28]

Ao autor do projeto coube negar esta relação, ressaltando o caráter cultural de sua iniciativa. Para Germano Tabacof, a intenção do projeto era "valorizar todas as manifestações culturais e artísticas da África, onde se inclui, também, o candomblé". Também ressaltou que o clima de disputa religiosa na Câmara Municipal de Salvador a estava transformando no purgatório.

A atuação dos evangélicos e as transformações que sofreram ao longo de sua trajetória na política não seriam possíveis sem as modificações discursivas que, ao mesmo tempo em que refletiram as mudanças, ajudaram a disseminar e justificar diante dos fiéis a necessidade desta ampliação. A sua presença nos espaços legislativos esteve de certa forma articulada à construção de um "reino na terra", uma "administração pública à luz do Evangelho". Aliás, este foi o título bastante sugestivo de um seminário organizado, em 1995, por vereadores evangélicos no legislativo soteropolitano para discutir a relação entre os cristãos e a política:

---

28 *A Tarde*, Salvador, p. 4, 27 mai. 1996.

> O autor da proposta, Domingos Bonifácio, lembrou que os problemas que existem nas esferas do Poder Executivo, seja ele federal, estadual ou municipal, são originários sobretudo pela falta do temor a Deus. Ele cita a corrupção, a malversação de recursos e a proliferação de obras inacabadas, como consequências de administrações que não priorizam metas cristãs, como o respeito ao próximo e às coisas públicas. "Em épocas passadas esses problemas também existiam. Mas houve homens tementes a Deus que também administraram e fizeram prosperar cidades e sanear seus problemas cruciais", disse Bonifácio. Segundo ele, na atual administração municipal, estão faltando ações e atitudes confiáveis. "É preciso tocar uma administração sem retaliações ou privilégios", adverte.[29]

Não seria leviano imaginar, a partir das relações estabelecidas entre Lídice da Mata e o povo de santo, quais seriam as pessoas que estariam sendo agraciadas com privilégios no governo municipal, na visão de Bonifácio. Embora uma política de aliança e prestígio com segmentos da elite baiana sempre estivesse presente nas relações estabelecidas entre membros das religiões afrobrasileiras e a sociedade baiana, esta obteve ao longo de décadas apenas conquistas pontuais. Os grupos religiosos de matriz africana tiveram no governo de Lídice da Mata, no entanto, um maior espaço político, seja através da valorização de seus terreiros, seja por meio da promoção de suas práticas religiosas na sociedade.

Por outro lado, pode-se perceber a formulação de uma reação evangélica a esta política pública que eles consideravam como fruto de privilégios que outros grupos religiosos detinham na esfera municipal. Condenando iniciativas de outros vereadores, como a sugestão de criação de uma Casa da Cultura Africana, questionando as ações da prefeita no sentido de promover terreiros de candomblé tradicionais, os vereadores evangélicos iniciaram no governo de Lídice da Mata a base para a construção de uma bancada evangélica atuante na Câmara Municipal de Salvador, que veio a se consolidar apenas nas legislaturas seguintes, o que explica talvez uma maior dificuldade posterior para que projetos semelhantes ao do Jardim das Folhas Sagradas viessem a ser executadas pelo poder municipal.

29 *Diário Oficial do Município, Diário do Legislativo*, Salvador, p. 1, 28 nov. 1995.

Governo Imbassahy

O período legislativo de 1997 a 2000 foi o momento de consolidação da bancada evangélica na Câmara Municipal de Salvador e, neste intervalo de tempo, ocorreram dois conflitos que ganharam visibilidade na sociedade soteropolitana. Os dois ocorreram em 1998 e diziam respeito à identificação que se construíra na Bahia, notadamente em Salvador, entre as religiões de origem africana e "baianidade". Em ambos os casos, os vereadores evangélicos que atuavam na Câmara Municipal se uniram para lutar contra o que consideravam como exemplo de discriminação religiosa.

O primeiro foi a revitalização do Dique do Tororó, realizada em 1998, que incluiu a instalação de esculturas dos orixás pela prefeitura de Salvador, então dirigida por Antonio Imbassahy, contando com o apoio estadual do governo Paulo Souto (1995-1999). Este episódio rendeu a administração estadual e municipal uma série de críticas dos grupos evangélicos, que condenaram o que interpretaram como um ato de apreciação de elementos religiosos afrobrasileiros, através da ação do poder público. Os vereadores evangélicos protestaram contra a instalação do monumento dos Orixás, que se apresentavam como símbolo da remodelação do Dique.[30]

O outro conflito ocorreu em novembro de 1998, quando o prefeito Antonio Imbassahy baixou uma portaria na qual determinava a padronização da venda de acarajés no município. Os grupos evangélicos que consumiam os "bolinhos de Jesus" e não os "acarás" do candomblé questionaram o ato da prefeitura de Salvador, pois mais uma vez acreditavam que as religiões de origem africana estavam de uma forma camuflada sendo impostas à população. Os evangélicos consideravam impuros os alimentos vendidos pelas "baianas autênticas" e preferiam consumi-los em locais que julgavam imunes aos efeitos da herança das religiões afrobrasileiras.

30 Situado no centro da cidade de Salvador, o Dique de Tororó é uma zona de tráfico intenso, entre a Estação Central da Lapa e o estádio de futebol da Fonte Nova, comunicando o centro histórico com os bairros pobres do norte. O Dique tinha se transformado num esgoto a céu aberto, e a remodelação visava higienizar as águas e formar um parque com equipamentos nas suas imediações, funcionando como mais uma opção turística de Salvador. (SANTOS, 2007, p.83).

Orixás do Dique

As discussões que antecederam a instalação das esculturas dos orixás no Dique do Tororó aconteceram logo após o anúncio do projeto por parte do governo municipal e estadual, em 1997, e se prolongaram até um pouco depois da conclusão e inauguração da obra, em 1998. Na primeira fase, os principais conflitos ocorreram na Câmara Municipal a partir do posicionamento contrário da bancada evangélica. Um dos primeiros a se manifestar foi o assembleiano Eliel Santana, respondendo ao questionamento do vereador Antonio Lima quanto a sua posição em relação ao projeto:

> O Vereador Eliel Santana disse ao Vereador Antonio Lima que jamais desencadearia uma guerra santa ou discriminaria qualquer religião. Reiterou a insatisfação dos evangélicos com a utilização do espaço público do Dique do Tororó para colocação de símbolos e até mesmo culto de uma religião, conforme notícia do jornal *A Tarde*. Deixou claro o protesto consistente e ordeiro dos evangélicos, que será, inclusive, levado ao Governador, pelo constrangimento que causará a colocação de símbolos num local público. Disse que respeita o direito de credo de cada um, para tanto podendo existir o espaço privado do culto.[31]

A bancada evangélica enxergava a posição do governo estadual, principal responsável pela obra feita em parceira com a Prefeitura Municipal de Salvador, como destoante do princípio de imparcialidade, o qual lhe seria esperado. Sua ação foi interpretada como mais uma prática de promoção das religiões afrobrasileiras, semelhantes às que eles alegavam ter visto durante a gestão de Lídice da Mata. Já os defensores do projeto de revitalização e remodelação do dique argumentaram que a instalação das estátuas não tinha como pretensão representar um grupo religioso, mas apenas uma atividade artística: não eram imagens, eram esculturas. Se a religiosidade africana estava sendo valorizada, era apenas por seus aspectos culturais, vistos como inseparáveis da "cultura baiana".

---

31 *Diário Oficial do Município, Diário do Legislativo*, Salvador, p. 5, 6 ago. 1997.

Em setembro de 1997, o jornal *A Tarde* publicou uma carta. Nesta, seu autor, Hildebrando Matos, que se identificara como pertencente a uma denominação batista, condenava as pretensões dos governos municipal e estadual de seguir com a obra:

> Venho protestar contra o projeto de se colocar imagens do Candomblé no Dique do Tororó. Este manancial pertence a todos os baianos. Portanto, é também dos quase dois milhões e 400 mil evangélicos da Bahia e dos 800 mil protestantes de Salvador.
> Nós evangélicos, cidadãos eleitores e contribuintes, não aceitamos a consolidação dessa triste idéia que afronta ao Deus vivo que reina para sempre.
> Não concordamos ainda com a abertura do comércio aos domingos. Pois segundo o Evangelho de Mateus, Marcos, Lucas e João, neste dia Jesus Cristo ressuscitou para salvar a todos os homens, que nele crêem. Domingo é dia de reflexão e meditação e não de trabalhar.[32]

Hildebrando Matos fez questão de ressaltar que as pretensões governamentais não seriam cumpridas em face da forte presença evangélica na cidade e no estado. E mostrando estar em sintonia com as discussões ocorridas no espaço legislativo na sua cidade, questionava outro ponto importante discutido pela bancada evangélica soteropolitana: o funcionamento do comércio aos domingos. Eliel Santana já tinha também marcado posição em relação a este tema e sua fala tem bastante similaridade com o que foi expresso pelo emissário da carta ao *A Tarde*. Apesar de afirmar entender a necessidade de se rever a abertura do comércio em Salvador, tendo em vista o grande crescimento econômico da cidade, este vereador se posicionou de forma contrária a um projeto que julgava prejudicar a participação dos fiéis "nos cultos e atividades religiosas realizadas aos finais de semana."[33]

O barulho provocado pelo questionamento dos evangélicos ao projeto chamou a atenção da imprensa nacional para o caso. O primeiro a comentar foi o Jornal *Folha de S. Paulo*, em 10/10/1997:

32 *A Tarde*, Salvador, p. 4, 28 set. 1997.

33 Evangélico justifica voto. *Diário Oficial do Município*, Salvador, p. 1, 24 set. 1997.

> Os evangélicos de Salvador (BA) iniciaram uma campanha para impedir que o governo estadual instale 12 esculturas representando divindades da cultura afrobrasileira no dique do Tororó (centro).
> [...]
> Na semana passada, representantes dos evangélicos encaminharam ao governador Paulo Souto (PFL) uma carta pedindo a suspensão da obra.
> Há três dias o governador também recebeu uma comissão de representantes dos evangélicos para discutir o projeto.
> Segundo a assessoria do governador, a decisão de instalar as esculturas está mantida. Segundo seus assessores, Souto argumenta que as esculturas são obras de arte. [...]
> As rádios controladas por evangélicos em Salvador também aderiram à campanha contra a instalação das estátuas. Durante a programação estão sendo veiculadas mensagens contrárias ao projeto do governo baiano.[34]

Três dias depois, o *Jornal do Brasil* também comentou o episódio, dando um título bastante sugestivo à matéria: "Crentes *versus* orixás". Nesta reportagem, é ressaltada a forte rejeição que os evangélicos baianos estavam tendo ao projeto e suas diversas tentativas de barrá-lo, seja através de pedido ao governador para a suspensão da obra, seja por meio da divulgação de mensagens contrárias às medidas governamentais em suas emissoras de rádio. Os políticos evangélicos chegaram a aventar a possibilidade de entrar na justiça para garantir que não fosse cometida a suposta discriminação religiosa. Tanto na reportagem do *Jornal do Brasil*, quanto na *Folha de S. Paulo*, o líder do movimento foi o vereador Domingos Bonifácio:

> O comandante da tropa evangélica é o vereador José Bonifácio (PPB), membro da Igreja Universal do Reino de Deus, dirigida pelo bispo Edir Macedo. O vereador vem liderando uma campanha contrária à instalação das imagens, sob o argumento de que a Constituição Federal é muito clara quando diz que todos são iguais perante a lei e que não pode haver nenhum tipo de discriminação

34 Estátuas de candomblé provocam polêmica. Disponível em <http://www1.folha.uol.com.br/fsp/cotidian/ff101023.htm>. Acesso em: 18/02/2022.

> quanto ao sexo, cor ou religião [...]. "As imagens dos orixás são uma afronta aos evangélicos e seguidores de outras religiões", diz o vereador. Ele afirma ainda que o Dique é um lugar público e merece ser preservado sem "qualquer tipo de imposição religiosa".[35]

Um grande abraço no Dique chegou a ser organizado com a participação de diversos grupos evangélicos. Entretanto, apesar de todos os esforços empreendidos a inauguração do parque ecológico aconteceu. Para tanto, teve grande efeito a reprimenda dada pelo então senador Antonio Carlos Magalhães, que chamou os líderes evangélicos ligados a seu projeto político e determinou que os protestos tivessem fim. Além disto, parece ter retirado os entraves à obra, que já tinham sido conseguidos por conta da articulação política evangélica, como declarou o próprio Tatti Moreno.[36]

> Eles ameaçaram ir a Brasília falar com Fernando Henrique, você acredita nisso? Eles falavam que os orixás do Dique, além de uma feitura "maligna", seria um desperdício de dinheiro público. Mas, eles esqueceram de falar que suas igrejas, templos e catedrais não pagam impostos; que eles recolhem o dízimo e que fazem da religião uma ferramenta política e econômica. Tudo isso me causou uma revolta muito grande, porque eu sofri o que não tinha direito de sofrer. A Constituição brasileira assegura o direito da livre escolha da religião, mas eles não respeitam. Agora, há pouco tempo, no Rio Grande do Sul, um bispo queimou duas estátuas do século XIV. Isso é uma barbaridade! Esse sujeito deveria ser processado. Aliás, ele deveria ser preso. [...] Depois disso tudo que já contei, o Ibama veio e disse que eu só poderia colocar um Orixá porque as outras peças iriam ultrapassar as copas das árvores. As peças já estavam todas prontas. Foi então que ACM comprou a briga.

---

35 Josemário Luna. Crentes versus orixás. *Jornal do Brasil*, Rio de Janeiro, p. 10, 13 out. 1997.

36 Tatti Moreno é um artista plástico baiano formado pela Escola de Belas Artes da UFBA, que se destacou no cenário artístico baiano por fazer obras com uma forte ligação com a cultura católica e afrobrasileira, utilizando materiais como latão, aço e alumínio. Tatti Moreno. Disponível em <http://www.camara.gov.br/internet/Eventos/Sem_Conf_Realizados/2004/GabinetedeArte/ArteBaiana/tatti_moreno.asp>. Acesso em: 20/01/2022.

> Depois dessa confusão toda, ACM trouxe o presidente do Iphan aqui na Bahia e – depois de 24h – conseguimos a liberação para instalar todas as peças.[37]

Com a admoestação de Antonio Carlos Magalhães, as manifestações arrefeceram e a solenidade de inauguração aconteceu sem incidentes. Apenas mais um último comentário sobre o fato foi feito na Câmara pelo vereador Eliel Santana. Em seu discurso, ele se referiu à possibilidade de uma tragédia acontecer na cidade em face da desobediência humana diante de Deus, pois a colocação das estátuas seria uma forma de adoração do diabo, representado, na sua visão de mundo, pelos orixás do candomblé. Vereadores de diversos partidos se mostraram preocupados com a opinião de Eliel Santana e exprimiram a sua oposição a tal pensamento. O primeiro a comentar foi o vereador João Carlos Bacelar, que:

> declarou-se estarrecido com as declarações do orador sobre a colocação de orixás no Dique do Tororó. Considerou que o mesmo que atribuir desventuras do país a qualquer religião, como aquelas que apontam a miséria na terra para então se herdar o céu. Refutou a praga, que, no seu entendimento, o Vereador Eliel Santana lançou sobre a cidade. [...] Ocupando a tribuna, o Vereador Fernando Duarte, também manifestou-se estarrecido com o discurso de Eliel Santana. Lembrou que Salvador é marcada pela cultura afro, nesse sentido serão colocadas esculturas de orixás no Dique do Tororó. [...] O vereador Antonio Lima [...] estranhou o comportamento do Vereador Eliel Santana, uma pessoa fidalga, cristã de coração, de creditar possíveis desventuras à colocação de orixás no Dique do Tororó. Lembrou que Salvador é uma cidade plural que permite os diversos cultos, por isso não pode aceitar imposições de um segmento religioso. O Vereador João Carlos Bacelar iniciou seu pronunciamento convidando os pares para a Sessão Especial, na próxima sexta-feira, para discutir a luta pela eliminação da discriminação racial. Manifestou protesto a todo tipo de discriminação, inclusive a intolerância religiosa. Disse ao vereador Eliel Santana

37 Tatti Moreno. Disponível em <http://www.bahianoticias.com.br/entrevista/38-tatti-moreno.html>. Acesso em: 22/01/2022.

> que, a colocação das esculturas de orixás no Dique do Tororó tem caráter cultural e não religioso, inclusive as representações das religiões afro não solicitaram a colocação dos orixás. Lembrou que Salvador é uma cidade negra e reflete este traço em todas as manifestações, de religiosidade, arte e cultura. Considerou que "derramar" sangue mais cabe à exploração do povo por certas igrejas.[38]

Interessante a observação do vereador João Carlos Bacelar ao comentar que os próprios representantes das religiões afrobrasileiras não pediram a colocação das esculturas. Isto porque, durante quase todo processo de construção do novo Dique, foram os evangélicos que transformaram o episódio em um acontecimento religioso. Para muitas das lideranças religiosas afrobrasileiras, a remodelação do dique era, sobretudo, um empreendimento turístico e as esculturas não eram objetos de culto, mas apenas obras de arte, ainda que tivessem inspiração religiosa. A preocupação sobre o uso dos bens culturais religiosos africanos como uma forma de atração turística apareceu, inclusive, na fala do arquiteto e urbanista Alberto Serpa, em artigo escrito para o jornal *A Tarde*, no qual analisava a criação de espaços públicos com a presença de elementos religiosos ligados ao Candomblé.

> Os orixás do artista Tati Moreno podem dar novos significados ao Dique do Tororó, transformando a área em uma espécie de registro cultural da religiosidade afrobrasileira. A idéia é boa e a iniciativa louvável, mas há também o risco da folclorização da cultura baiana. Com a consolidação de Salvador como o segundo polo turístico do país, está na hora de pensar no conteúdo que queremos dar às formas urbanas "genuinamente baianas". Qualquer projeto de intervenção nas áreas públicas precisa levar em consideração a visão dos moradores do local, bem como suas referências históricas e culturais.[39]

Bruno Reinhard também apontou a interessante contradição, representada pelo fato dos evangélicos terem acreditado mais no conteúdo religioso

38 *Diário Oficial do Município, Diário do Legislativo*, Salvador, p. 5, 18 mar. 1998. Não havia indicação da data de realização da sessão.

39 Angelo Serpa. Arte, cultura e Orixás. *A Tarde*, Salvador, p. 8, 17 set. 1997.

das esculturas dos orixás do dique do que os próprios membros das religiões afrobrasileiras. Reinhardt observa que um dos elementos que contribuiu para estas variadas interpretações em relação ao Dique é a noção diferente que as duas concepções religiosas tinham do espaço sagrado. Enquanto para os evangélicos esta noção estava centrada na ideia do templo fixo, as religiões de matriz africana possuíam uma visão mais fluída, o templo era o local onde o culto se realizava, ainda que em espaço permeado por algumas condições especiais:

> Nas áreas descontínuas do candomblé, é a performance humana que instaura o sagrado, gerando o retorno metonímico do tempo mítico, do eterno, do essencial, que se atualiza no suporte material das matas, lagoas e ruas da cidade a partir de uma espécie de cópula ritual com o mundo profano. Tal dinâmica não exclusivista possibilita, na polêmica dos orixás do Dique, que os praticantes de candomblé declarem que naquele lugar já sempre um parque natural, sem que essa posição impeça a sua pontual (e não contraditória) transformação em lagoa de Oxum. Enquanto isso, impossibilitado por seu essencialismo espacial, a corrente mágica dos evangélicos define o Dique como um perigoso "celeiro de encostos", enquanto a corrente jurídica vê ali uma perene "lago de Oxum" (com as aspas que geralmente demarcam a crença que vem do outro). Talvez seja esta maleabilidade, capaz de instalar e desinstalar com a mesma rapidez o "religioso" no suporte profano da cidade, que faça cair em contradição qualquer crítica que caminhe na direção de apontar possíveis excessos da presença das religiões afrobrasileiras na esfera pública, o que se percebe pelos sucessivos fracassos da iniciativa evangélica de tentar retirar as estátuas do Dique." (REINHARDT, 2006, p.96)

Embora Tati Moreno tenha feito as esculturas orientado por lideranças das religiões afrobrasileiras, estas eram interpretadas pelo poder público como obras de arte, ou mesmo como um produto com finalidade turística, e não como objetos sagrados. De certa forma, foi este caráter cultural e artístico, ligado às religiões de matriz africana, que determinaram a derrota dos evangélicos. Curiosamente, esta situação explica que uma das reações evangélicas no espaço legislativo soteropolitano tenha se dado por meio de um projeto do vereador Domingos Bonifácio. Em outubro de 1997, Bonifácio lançou o PL 188/97 que autorizava o chefe do Poder Executivo a promover liberação, permissão e concessão de obras de arte a diversos segmentos sociais, inclusive religiosos. Para o vereador iurdiano, seria uma forma de garantir que diversos grupos religiosos pudessem ter seus objetos sagrados em espaços públicos, permitindo "que todos os segmentos sociais tenham os mesmos direitos, construindo seus símbolos, suas obras de arte e expondo-os nos diversos logradouros públicos da cidade, sem que haja nenhuma discriminação".[40] Este projeto já demonstrava que a disputa pela conquista simbólica do espaço público estava apenas começando.

Bolinhos de Jesus

Em novembro de 1998, o prefeito Antonio Imbassahy mandou para a Câmara Municipal de Salvador o texto de um decreto no qual determinava a padronização da venda de acarajés no município de Salvador, o Decreto 12.175. Entre as regras estabelecidas pela prefeitura para normatização desta atividade, estavam o estabelecimento dos tipos de produtos que podem ser vendidos pelas baianas do acarajé e a delimitação espacial do tabuleiro, assim como a necessidade de concessão de alvará pela Secretaria de Serviços Públicos. Além disto, as baianas deveriam passar a vestir as roupas tradicionais associadas a esta prática comercial, ou seja, uma "vestimenta típica de acordo com a tradição da cultura afrobrasileira". Foi esta norma que contrariou muitas vendedoras evangélicas, que antes de sua conversão vendiam estes produtos e continuaram a fazê-lo após sua mudança religiosa. Este episódio acabou gerando outro ponto de tensão entre os evangélicos soteropolitanos e o Executivo Municipal, tendo desdobramento também na Câmara Municipal.

Originado nos cultos de candomblé, onde servia como oferenda a Iansã, o acarajé tem mais de trezentos anos de existência e ao longo desse período, passou por diversas mudanças nas suas práticas de consumo: muitas receitas já não levavam mais apenas o tradicional feijão fradinho, incorporando na massa outros ingredientes como o milho e a farinha de trigo; as vestimentas que caracterizam as baianas foram substituídas por outras vestes; a preparação

40 *Diário Oficial do Município, Diário do Legislativo*, Salvador, p. 4, 22 out 1994.

da iguaria passou também a ser realizada por homens; o quitute começou a ser consumido em restaurantes especializados e *delicatessens*. Diante da crescente descaracterização deste alimento de grande valor cultural, e num momento em que a cultura era também um negócio estatal, a prefeitura resolveu intervir no processo de destradicionalização do acarajé.

Os grupos evangélicos que consumiam este produto nos tabuleiros das chamadas baianas evangélicas se posicionaram de forma contrária ao ato do Executivo Municipal, vendo nesta atitude mais uma forma de imposição das práticas religiosas afrobrasileiras à população. Por considerarem impuros os alimentos vendidos pelas "baianas autênticas", boa parte dos evangélicos preferia consumir estes produtos em locais que julgavam imunes aos efeitos do consumo de alimentos considerados suspeitos. As razões para esta precaução estão bem expressas pelo Bispo Edir Macedo no livro *Orixás, caboclos e guias*:

> Todas as pessoas que se alimentam dos pratos vendidos pelas famosas baianas estão sujeitas, mais cedo ou mais tarde a sofrer do estômago. Quase todas essas baianas são filhas-de-santo ou mães-de-santo que "trabalham" a comida para terem boa venda. Algumas pessoas chegam a vomitar as coisas que comeram, mesmo que isso tenha sido há muito tempo. Parece piada ou história de crianças, mas aqueles que têm convivido conosco e assistido a nossos cultos conhecem de perto a atuação de satanás e seus anjos, através, até mesmo, de coisas simples como estas. (MACEDO, 1984, p.41)

Apesar da portaria ter sido lançada e aprovada ainda em 1998, o debate em relação ao tema só teve maiores proporções a partir de 2000, quando a prática sócio-religiosa foi registrada como patrimônio imaterial pelo Instituto do Patrimônio Histórico e Artístico Nacional (IPHAN). A partir deste momento, novos padrões foram criados para sua comercialização. Um episódio contribuiu para o acirramento das discussões. No final de 1998, uma baiana de cabelos tingidos de loiro, evangélica, chamada Deny Costa Ramos, ganhou a disputa pelo Acarajé de Ouro, em um concurso criado pela *promoter* Lícia Fabio, para eleger a melhor quituteira na modalidade. A votação foi realizada via internet e o resultado aborreceu as baianas "tradicionais", que viram este como um exemplo gritante de como sua atividade estava sendo descaracterizada. Este fato incentivou a busca por ações mais eficazes para garantir o cumprimento da portaria municipal, respaldada a partir daquele momento pelo registro do acarajé como patrimônio imaterial. Como primeira atitude, a Associação das Bahianas de Acarajé e Mingau do Estado da Bahia (ABAM) pediu o registro do ofício de baiana de acarajé no Livro de Registro dos Saberes:

> O pedido foi realizado quase logo depois da instituição do registro, no ano de 2002, e parecia haver uma certa premência, não só pela pontual indignação com o prêmio da loura evangélica, mas muito mais provavelmente por causa das constantes polêmicas cotidianas, com os evangélicos abrindo precedência para outro tipo de comercialização do acarajé, desvinculada da tradição das mulheres. (MARTINI, 2007, p.239)

Em 2005, a ABAM finalmente conseguiu o registro. A partir desta conquista, foi criada uma série de normatizações que passaram a regulamentar a venda de acarajés, principalmente nos pontos mais visitados da cidade, ou seja, nos espaços destinados ao turismo. De acordo com as normas implementadas, as baianas deveriam usar roupas, tabuleiros e sombreiros padronizados. Apenas as que usassem bata, torço e saia rodada poderiam se dedicar a esta atividade. Também foram proibidas de vender cerveja e refrigerante em seus pontos, podendo apenas comercializar acarajé, abará, cocada, passarinha, doces caseiros, lelê, peixe frito, mingau e bolinho de estudante. Muitas destas determinações já estavam presentes no Decreto 12.175, mas só tiveram um cumprimento efetivo durante este processo.

As medidas adotadas tinham como objetivo fundamental se opor ao processo de descaracterização que o produto vinha sofrendo, notadamente face aos conflitos com os evangélicos, que além de se apropriarem de um elemento da "religião inimiga", também ousaram alterar o seu nome, os chamando de "bolinho de Jesus". As baianas evangélicas também não tinham o hábito de usar as vestimentas típicas para a realização do ofício e costumavam colocar objetos em sua banca que a diferenciassem das outras vendedoras de acarajé ligadas ao candomblé, como, por exemplo, bíblias e outros objetos de culto. Também substituíam as guias por colares, alegando não oferecer o acarajé para o orixá, hábito religioso comum na venda destes produtos pelas vendedoras tradicionais.

Ainda durante o processo inicial de normatização da venda de acarajé, os políticos evangélicos se fizeram presentes na discussão do tema, defendendo a venda do acarajé como uma atividade comercial apenas, desprovida, segundo eles, de quaisquer vínculos religiosos. Isto garantiria o direito das baianas evangélicas de comercializar o seu produto da maneira como desejassem. A reação do segmento evangélico foi rápida e pode ser percebida através dos jornais e da câmara municipal, como analisou Bruno Reinhardt. Um de seus entrevistados, uma liderança política evangélica, reintroduziu na sua fala argumentações similares as que estavam presentes na querela dos "Orixás do Dique":

> Sobre o caso das baianas de acarajé. Nós acreditamos que a indumentária tal qual foi colocada também é uma preocupação de celebração do culto. Ora, não se pode obrigar a quem não quer celebrar esse culto a ter que celebrar. Se pra vender este quitute você tem que ser adepto de um culto, isto é um contra-senso. Estamos num país livre, laico, quem quiser vender quitute deve fazer tendo a religião que ele quiser! Então, se para vender um quitute tem de se estar cultuando dessa ou daquela forma é também uma violência que não pode ser feita. O uso das roupas é colocado textualmente pelos babalorixás e ialorixás como uma forma de celebração do culto. Nós não cultuamos as entidades dos candomblés e devemos ter a liberdade de exercitar a religião que queremos. Se alguém quer vender quitute dentro de todos preceitos legais não pode ser obrigado a ter que celebrar um culto. (REINHARDT, 2006, p.103)

Como atividade meramente comercial, a venda de acarajé não poderia estar condicionada, na visão dos evangélicos, aos rituais e práticas das religiões afrobrasileiras. O vereador evangélico citado esperava conseguir deter a normatização da venda, apelando novamente para a ideia de um estado laico. Todavia, este argumento não conseguiu eficácia porque, como em momentos anteriores, a batalha se dava num campo que até então fora sempre favorável aos grupos religiosos de matriz africana, no terreno da cultura. Se o modo tradicional de venda deveria ser preservado, não era por conta do seu conteúdo explicitamente religioso, mas pelo valor cultural nele expresso:

> A defesa da lei tem em vista, portanto, a permanência de uma tradição, da qual as vestimentas seriam simples sinais, indícios de um tempo que não há mais, signos excessivamente estéticos e intelectuais, desprovidos de eficácia e, portanto, tornados "símbolo", "cultura", e não mais "religião". É essa capacidade do Candomblé jogar com a cena pública de Salvador tanto como "religião" quanto como representante privilegiado da matriz étnica e histórica de maior visibilidade na cidade que permite às suas lideranças uma maior capacidade de negociação, podendo ocupar com o seu argumento um ou outro desses pólos a partir da problemática com que se deparam. (REINHARDT, 2006, p.104)

É por conta disto que as batalhas pelo cotidiano empreendidas pelos evangélicos no espaço legislativo municipal foram quase todas perdidas, quando seus objetivos eram impor seus valores religiosos no espaço público. Os traços religiosos afrobrasileiros na sociedade soteropolitana eram muito fortes e impuseram dificuldades na criação de uma rotina da cidade que atendessem aos seus interesses. Seja através de políticas públicas, como as realizadas no governo Lídice da Mata, seja por conta de medidas pontuais, ligadas sobretudo ao papel turístico que cada vez mais se tornou uma tônica da política cultural estatal, como as realizadas no governo de Antonio Imbassahy, os evangélicos não conseguiram impor o seu *ethos*.

De certa forma, estas derrotas na conquista do espaço público mexiam com uma ferida que sempre esteve aberta ao se analisar a inserção dos protestantes na história brasileira, a sua visão como uma atividade religiosa alheia a nossa cultura. Talvez por conta disto se esclareça as tantas homenagens realizadas pelos vereadores evangélicos na Câmara Municipal. Elas objetivavam solidificar no imaginário soteropolitano a presença evangélica, assim como a criação de datas comemorativas ligadas ao grupo desempenharam um papel simbólico importante em uma cidade onde a cultura católica, com todo seu conteúdo sincrético, era tão marcante. Para além das justificativas legais utilizadas pelos evangélicos para defender o comércio do acarajé por suas baianas, a renomeação deste alimento tão comum aos soteropolitanos e a tentativa de enquadrá-lo dentro de outra lógica cultural pode ser interpretado como uma das formas de inserção nesta cultura, a qual boa parte da população evangélica se sentia alheia. Vender e comer o acarajé de Jesus seria, para este segmento, um jeito de ser evangélico sem deixar de ser baiano.

O cotidiano em disputa: algumas considerações

A análise da trajetória legislativa dos vereadores avaliados demonstrou que sua participação não pode ser diferenciada a partir de seu posicionamento dentro do campo religioso protestante. Foi possível perceber que protestantes históricos, pentecostais ou neopentecostais tiveram um desempenho parlamentar bastante similar, enquanto participante de um projeto político que visava à construção de uma "bancada". O termo aparece em aspas porque, conforme pode ser observado, ele se fez realidade apenas a partir da construção paulatina dos diversos vereadores evangélicos que passaram pela Câmara Municipal. Mesmo antes desta bancada existir oficialmente, a atuação individual dos vereadores estudados indicava que um modelo de participação política diferenciada se fazia presente na cidade de Salvador, modelo este bastante semelhante ao proposto por Josué Sylvestre, líder assembleiano e assessor do Senado à época da Constituinte, tendo se destacado como um dos principais articuladores do movimento de "renovação" evangélica na política na Constituinte de 1986.

Em 1988, Josué Sylvestre lançou o livro *Os evangélicos, a Constituinte e as Eleições Municipais*, afirmando que seu objetivo, ao realizar esta publicação, era continuar o processo de conscientização da comunidade evangélica no sentido de que ela passasse a entender o papel ativo que deveria exercer em relação às questões políticas. O próprio título da obra é sugestivo e fazia referência às eleições municipais que ocorreriam em todo território nacional em novembro daquele ano. Nesta obra Sylvestre, citando passagens bíblicas, apelava para a necessidade dos evangélicos irem às urnas para votarem em prefeitos, vice-prefeitos e vereadores que trouxessem "uma bandeira de honestidade e de renovação nos métodos político-administrativos" e que fossem "comprometidos com a mensagem bíblica do amor e da justiça social". (SYLVESTRE, 1988, p. 14) Esta participação seria a necessária continuidade dos avanços que, na sua visão, foram conseguidos pelos evangélicos nas Eleições Constituintes de 1986.

Na prática, a atuação evangélica nos espaços legislativos visou basicamente atender aos interesses dos diversos grupos religiosos representados. Mas porque ele se sagrou vitorioso se havia outros perfis de participação? Diante destas questões, a hipótese aqui defendida é de que este tipo de projeto evangélico se sagrou vencedor porque se inseria no quadro de uma cultura política brasileira, onde o clientelismo e o uso das instituições para conseguir vantagens pessoais (ou do grupo religioso) estavam presentes de forma marcante. O conceito de cultura política é entendido aqui tal como definido por René Rémond, como "um poderoso revelador do *ethos* de uma nação e do gênio de um povo." (RÉMOND, 1996, p. 450)

A própria organização dos vereadores evangélicos enquanto bancada já revela sua adaptação às regras de nosso sistema político. As bancadas funcionam como um grupo de pressão que visa atender aos interesses do segmento, partido ou grupo ao qual representa na esfera legislativa. É uma cidadania que se constrói a partir de interesses, nem sempre tão nobres. A bancada evangélica, do ponto de vista de sua forma de atuação política, não se diferia muito da maioria das bancadas que se construíram no espaço legislativo. Pierucci já apontava, em 1996, a partir da análise do perfil eleitoral evangélico das últimas eleições, que a maior parte dos eleitores evangélicos tinha um perfil conservador, ressignificado a partir de sua condição religiosa:

> Sexo e família entrelaçam-se no miolo de seu discurso bíblico-fundamentalista para tecer de novo o discurso das direitas não-religiosas, para reorientar as direitas no sentido de uma revalorizado conservadorismo cultural e comportamental, de um conservadorismo social no plano das maneiras, dos estilos de vida, complementando seu conservadorismo econômico e seu anticomunismo com uma diferente concepção dos inimigos a combater e um elenco diferente das "questões" que realmente importam, que realmente representem a vontade do povo, as preocupações vitais da maioria. No Brasil eles se dizem "conservadores", não se dizem "de direita"; mas se contrapõem explicitamente à esquerda. Não apenas à velha como também à "nova esquerda", à esquerda dita "radical", que quer

> mudar tudo, principalmente as pautas de comportamento e estrutura da família. (PIERUCCI, 1998, p. 178)

Neste mesmo estudo, no entanto, Pierruci também apontava que os evangélicos não eram mais conservadores que a média da população brasileira. Portanto, nem o seu conservadorismo poderia ser o elemento principal que pudesse explicar o seu paulatino crescimento como um fenômeno político dos mais relevantes. Analisando a trajetória dos vereadores evangélicos aqui examinados é possível identificar as continuidades com uma prática política assistencialista e de troca de favores e o uso da máquina pública para o crescimento político, transvestidos sob o argumento da busca de defesa dos interesses evangélicos no espaço institucional.

Levando em conta que os políticos evangélicos estudados entraram no jogo político e sempre obedeceram as suas regras, pode-se questionar então qual seria a novidade desta participação, sempre comentada por variados setores da imprensa e colocada como uma questão importante na discussão sobre os rumos da democracia brasileira, desde pelo menos a Constituinte de 1986? Diante desta questão, é possível talvez ensaiar uma resposta baseando-se no caráter simbólico percebido nesta presença evangélica no espaço público institucional. Nota-se que esta inserção esteve vinculada a uma constante utilização do campo político para afirmação destes grupos no campo religioso, dando visibilidade às rivalidades religiosas existentes na sociedade. É esta disputa no espaço religioso que provavelmente tornou a presença evangélica no legislativo municipal um fenômeno social de características *sui generis* e que a distinguiu da atuação dos demais grupos presentes na Câmara Municipal de Salvador. Como foi observado neste breve estudo, todas bandeiras defendidas pela bancada evangélica soteropolitana estavam de certa forma ligadas às disputas no campo religioso.

Referências bibliográficas

ALMEIDA, Gilberto Wildberger de. *Política e mídia na Bahia:*com ênfase na trajetória de Antônio Carlos Magalhães. Tese (Doutorado em Comunicação). Salvador, FACOM/UFBA, 2000.

DANTAS, Beatriz Góis. *Vovó nagô e papai branco.* Rio de Janeiro, Graal Editora, 1988.

MACEDO, Edir. *Orixás, Caboclos e Guias.* Rio de Janeiro, Universal, 1984.

MARTINI, Gerlaine. *A uniformização do típico em uma tradição culinária Afrobrasileira.* Tese (Doutorado em Antropologia). Brasília, UNB, 2007.

PIERUCCI, Antonio Flavio. *A realidade social das religiões no Brasil: religião, sociedade e política.* São Paulo, Hucitec, 1996.

REINHARDT, Bruno. *A troca e a guerra entre o Neopentecostalismo e os cultos afrobrasileiros em Salvador.* Dissertação (Mestrado em Antropologia Social). Brasília, UNB, 2006.

REMOND, René (org.). *Por uma nova história política.* Rio de Janeiro, UFRJ/FGV, 1996, p. 450.

SANTOS, Adriana Martins dos. *A construção do Reino*: a Igreja Universal e as instituições políticas soteropolitanas (1980-2002). Dissertação (Mestrado em História). Salvador, UFBA, 2009.

SANTOS, Jocélio Teles dos. *O poder da cultura e a cultura no poder.* Salvador, EDUFBA, 2005, p. 175.

SYLVESTRE, Josué. *Os evangélicos, a Constituinte e as Eleições Municipais.* Brasília, Papiro, 1988.

PARTE 6.
ENTREVISTA

Vida franciscana e representação política: entrevista com Reimont Santa Bárbara

Entrevistadores: Américo Freire e Evanize Sydow

Conheci pessoalmente Reimont há pouco tempo, por conta de um projeto que eu e Márcio Grijó, cientista político e colega professor da FGV, temos desenvolvido em torno de questões relativas às eleições municipais no Rio de Janeiro na última década. Agendada a entrevista, fomos bem recebidos e acolhidos pelo vereador Reimont em seu apertado gabinete no Palácio Pedro Ernesto, sede da Câmara Municipal carioca. O vereador pelo Partido dos Trabalhadores, no depoimento, discorreu sobre campanhas eleitorais, formação de chapas, atuação de lideranças partidárias, relações legislativo-executivo, projetos etc. Na ocasião, Reimont fez menções rápidas a respeito de sua larga vivência na ordem franciscana e seu trânsito para a vida civil e partidária.

Quando da preparação deste livro, Deivison Amaral e Evanize Sydow e eu achamos por bem publicar alguns depoimentos de figuras que hoje estão mergulhadas na militância e na vida político-parlamentar e que fossem originárias do universo religioso. Daí, pensamos em colher um novo depoimento de Reimont para que ele pudesse relatar em maiores detalhes seu percurso pessoal e profissional. Para além disso, era também nosso objetivo registrar suas reflexões sobre temas que marcam as democracias contemporâneas em geral e a brasileira em particular – a questão da laicidade do Estado, o avanço dos fundamentalismos e da intolerância religiosa, as dificuldades no encaminhamento do diálogo interreligioso etc. Aceita nossa proposta, Evanize Sydow e eu colhemos depoimento de Reimont, por via remota, em três sessões de cerca de uma hora cada nos meses finais de 2021, em plena pandemia do Coronavírus. Fizemos uma edição que agora sai publicada em livro. Nosso agradecimento a ele e aos seus assessores – Giselle Magalhães, Pedro Lima e Leandro Cury.

Américo Freire, janeiro de 2022

Do "panelão do minério" ao Rio de Janeiro: a formação franciscana

Comecemos com suas origens familiares e o ingresso na ordem franciscana.

Sou mineiro, nasci nas Minas Gerais, numa cidadezinha muito pequena chamada Conceição do Mato Dentro, fundada em 1702. Falo isso porque acho que todos nós temos que fincar e deixar nossas raízes muito colocadas, e mostrar o chão que pisei por primeiro e o que foi pisar esse chão... o que ele determinou na minha vida, o que ele encaminhou para a minha história de vida. Minha cidade, até bem pouco tempo tinha entre dez e doze mil habitantes. Na última década, viveu uma explosão (em vários sentidos) e cresceu 100%. Hoje, temos uma cidade entre vinte e dois e vinte e três mil habitantes, por conta de um processo que é também muito doído na cidade, a mineração que explodiu nossas serras. Éramos uma cidade de serras e montanhas virgens, desde 1702, quando da sua fundação, e agora, no final da primeira década do século XXI, chega lá, inicialmente, a empresa MMX, do Eike Batista, e depois, a empresa Anglo American, de exploração do minério. Então, esse é o chão que primeiro pisei, o chão onde a minha existência se inicia, numa família de treze filhos...

Treze?!

Treze. Papai e mamãe tiveram treze filhos. Dois morreram ainda na infância, quando papai e mamãe moravam no interior do interior. Eles disseram: "Puxa, agora vamos embora, porque já morreram dois, daqui a pouquinho começa a morrer mais". E aí partiram para a cidade. Tem uma história muito bonita, que eu conto muito pouco, mas que agora, não sei por que cargas d'água, me veio à memória. Eu me lembro que até bem pouco tempo, havia dois baús de madeira forrados de couro lá em casa. Meus pais se casaram em 1950, na metade do século passado. E eu via lá esses baús de madeira, com aqueles ilhoses de ferro cravados. Era uma madeira queimada. Meus pais contavam que saíram lá do interiorzinho deles com duas caixas daquela: uma era com a roupa do papai e a outra, com a roupa da mamãe, e da única filha que sobrevivera. Vieram em um caminhão com aquelas duas caixas e um colchão de palha, que era a mudança toda deles, era tudo que tinham. E papai, na cabine do caminhão fumando, jogou o cigarro pela janela e o cigarro pegou fogo, queimando o colchão e as duas caixas. Essa história é para contar um pouquinho também desse trânsito, desse itinerário dos retirantes por busca de uma vida mais adequada. Em Conceição, tiveram outros dez filhos e eu ali vivi até os meus 16 anos de idade.

Qual é o ano do seu nascimento?

Eu nasci em 1961. Eu fiz agora 60 anos, agora em 2 de setembro. Logo em 1964, a gente vê aí o estouro da ditadura civil-militar-empresarial, e eu, ali no interior, passando ao largo, ao largo de tudo. Nada me acometia, nada... Diferente dos meninos e dos adolescentes das grandes cidades, eu estava ali na minha redoma. Eu e todas as crianças daquela época, não é?

Família católica?

Família católica. Mamãe, papai, irmãos, todos, todos católicos. Uma cidade muito religiosa; uma cidade de uma romaria histórica, de tradições e de cultura popular muito intensa. Fica no centro-leste de Minas, acima da Serra do Cipó e um pouco enquadrada ali naquele "panelão de minério", em que já desponta para Diamantina, Serro... Tem também uma cultura negra muito intensa. A Igreja Matriz de Nossa Senhora da Conceição é uma igreja barroca, da qual derivou-se outra igreja. Era a igreja dos brancos, onde os negros também participavam, mas, num determinado momento, uma sinhazinha sentiu-se afrontada por um negro e esses foram expulsos... Aquelas velhas histórias das igrejas de Minas Gerais, não é? Então, construíram a Igreja de Nossa Senhora do Rosário dos Homens Pretos – uma igreja linda, pequenininha, com uma tradição de Festa de Nossa Senhora do Rosário já celebrada durante 291 anos.

291 anos!!

É uma região de muita tradição religiosa e de cultura popular. Ali você tem a marujada, o catopê, o pipiruí. São manifestações culturais daquela região, da cultura miscigenada, tanto do povo negro quanto do povo caipira, do povo do interior, e da devoção religiosa. É nesse chão que eu vivi até os meus 15 ou 16 anos. Dos 14 para os 15 anos, me deparei com uma situação que marcou a minha vida e a minha vocação religiosa. Como eu te disse, nós temos, lá na cidade, uma festa... Para além dessas festas de cultura popular, temos uma festa de romaria. É um jubileu, que acontece todo mês de junho, há mais de duzentos anos, quando, se dirigem para aquela região, para aquela montanha, diversos romeiros, que constroem suas barracas. Nesta época em Conceição, o inverno é bem frio. Hoje está tudo muito mudado, mas, na minha infância, era muito frio. E, ainda bem jovem, me deparei com um grupo de rapazes construindo uma barraca de bambu e lona preta, uma barraca grande. E me chamou a atenção aquilo, porque eu via só aquelas barraquinhas pequenas unifamiliares, muitas, naquela colina. É uma imagem belíssima, que tenho muito presente em mim. Mas achei estranho. Por que um grupo de rapazes construía uma barraca que não era como as outras, mas, grande? [fazendo o gesto com as mãos] Fiquei olhando de longe e um deles gritou: "E aí, menino, não quer vir ajudar?" Eu fui, meio acanhado, cheguei lá e vi que eram noviços capuchinhos, franciscanos, e disse: "O que vocês estão fazendo?""Nós estamos construindo uma barraca, para acomodar os pobres que não têm a sua barraca própria, porque a noite está muito fria". Eu me entusiasmei com aquilo, e acho que aquilo demarcou a minha vocação franciscana. E essa foi uma experiência que se repetia todos os anos, todos os anos. Exatamente naquele ano, em 1976 eu disse assim: "Puxa, isso que eu quero para mim; eu quero fazer o que esses caras estão fazendo". E ninguém entendeu nada. Porque eu era da pá virada, era um menino que chegava todos os dias em casa sujo porque rolava naquelas poeiras e nas brigas de rua e da saída da escola, nas peladas... ninguém entendeu nada de nada. Ninguém conseguia ver em mim o perfil de um futuro frade... nem eu mesmo.

E a reação da família?

Meus irmãos não acreditaram... disseram assim... "Ah, está de brincadeira, não é?! O que é isso?! Você não! Pode ser qualquer um, menos você!" Meus pais eram pessoas muito generosas e davam a vida por seus filhos. Eu tenho o prazer de falar isso com a boca muito cheia. Minha mãe ainda é viva, tem 89 anos; papai faleceu já tem dez anos. Meu pai, reticente, dizia assim: "Será? Cuidado, isso é sério. Você está muito afoito". Mas minha mãe dizia: "deixa o menino. O menino quer ir, deixa o menino". Entre junho de 1976 e março de 1977, decidi que queria aquela vida, ficar ao lado dos jovens noviços. E minha mãe disse vai, meu pai disse vai, e eu fui para o convento dos frades, ali mesmo em Conceição. Fiquei ali dois anos 1977 e 1978. Em 1979 é que mudei de cidade: saí dali do meu interior, de onde eu nunca tinha saído. Fui para Santa Teresa, na região serrana do Espírito Santo, para o Seminário Menor dos Frades Capuchinhos. Fiquei dos 15 até os 41 anos, na vida religiosa franciscana, tendo feito um interstício de 1984 a 1988, quando desejei ter uma experiência de trabalho, uma experiência assalariada, e aí fiz um período de licença. Fiquei ligado aos frades, mas livre para tocar minha vida. Fui para Belo Horizonte – fui morar com meus irmãos –, onde prestei o concurso de vestibular, fiz faculdade de administração, e tive uma experiência de trabalho em uma empresa de serviços gerais, trabalhei de contrato em alguns bancos, depois trabalhei no Banco do Estado de Minas Gerais (Bemge). Terminada a faculdade, eu disse: "Cumpri o meu ciclo aqui, agora vou voltar para onde eu estava". Voltei para a ordem Franciscana Capuchinha e concluí a minha formação acadêmica em filosofia e teologia.

Antes de seguirmos na sua trajetória como religioso, queria que você nos fizesse um relato sobre o histórico dos franciscanos que também são chamados capuchinos...

A Ordem Franciscana surge no século XIII com São Francisco que a prevê em três ramos: a ordem primeira (dos frades), a segunda (das monjas de Santa Clara) e a terceira (de homens e mulheres casados ou não, mas que viviam em suas famílias). À frente, a ordem terceira passou a se chamar OFS (Ordem Franciscana Secular). A Ordem Primeira, que hoje a gente chama de Ordem dos Frades Menores, era um grupo só. A Segunda Ordem é a das irmãs clarissas, enclausuradas. Os três ramos são "Ordem Franciscana", com votos, com o segmento de São Francisco, da mesma forma. Só que a chamada Primeira Ordem, ou Ordem dos Frades Menores, se pulveriza em diversos grupos: conventuais, mendicantes, menores, oblatos, capuchinhos, era uma planta com muitos frutos distintos, mas, ligados ao mesmo tronco, a espiritualidades franciscana. Mas, no século XVI, a Igreja resolveu dar um basta nessa história. E ficou definido: teremos três grupos do mesmo tronco: A Ordem dos "Frades Menores", que no Rio está no Largo da Carioca; a Ordem dos "Frades Menores Capuchinhos", na Tijuca, que é onde eu estava; e a Ordem dos "Frades Menores Conventuais", no bairro do Rio Comprido. Esses três ramos são a Ordem de São Francisco, a Ordem dos Frades Menores. Todos os outros se agregaram a um deles.

Mas a formação é a mesma?

É a mesma; a regra é a mesma; apenas muda a constituição, alguns detalhes específicos na forma de governo e organização. Por exemplo, os frades menores capuchinhos eram mais dados a missões populares, tanto que, no Nordeste, temos a figura de frei Damião, frades mendicantes e missionários populares; os conventuais e os franciscanos menores, com características mais reclusas e mais voltadas ao estudo acadêmico. Por isso a constituição é diferente. Por isso a constituição se distingue. Mas a regra é a mesma, é a Regra dos Frades Menores, lá do século XIII, aprovada a pedido de São Francisco e sua comunidade, pelo papa Inocêncio III.

Em 1977, quando você ingressa na ordem, já há franciscanos de muito destaque – Leonardo Boff, Dom Paulo Evaristo Arns... Eles exerceram influência sobre você de alguma maneira? Ou, lá em Minas, você estava num outro espírito?

Naquele momento inicial, quem me influenciou foram aqueles jovens que estavam começando a sua caminhada. Eu não tinha relação com Dom Paulo Arns, Leonardo Boff, Antônio Moser, Ludovico Garmus, etc. Eu não tinha a visão desses homens, que depois fui encontrando e que me fizeram muito bem e me ensinaram muito. Dom Paulo Evaristo Arns é uma referência, aliás, fez 100 anos agora. Nasceu no mesmo ano que Paulo Freire. Mas só para responder mais afirmativamente a sua pergunta, o meu impulso foi um impulso muito do pneuma, muito do sopro. "Vai! É isso que eu quero!" Porque era, para mim, uma coisa muito bonita, alguém que naquele momento estava usando sua juventude para ajudar os pobres que eles nem conheciam. Aquilo, para mim, era muito lindo. E quando eu conheço a trajetória de Dom Paulo, de Dom Aloísio e Dom Ivo Lorscheider, de Leonardo Boff, quando eu conheço essas trajetórias, eu consigo juntar o que se produz na academia, o que se produz na dimensão pastoral e o que se produziu ali, com aqueles cinco jovens, de quem eu me lembro o nome: Adão, Antônio, Lauro, Manoel e Mário Menezes. Eu me lembro deles, mas, não me lembro de seus sobrenomes.

Você manteve contato com eles?

Alguns prosseguiram na vida religiosa. O Adão é frade capuchinho até hoje; o Mário deixou a vida religiosa, a Ordem Franciscana, mas tornou-se padre, inclusive é juiz do Tribunal Eclesiástico do Rio de Janeiro, é um padre amigo e muito querido; o Lauro também deixou a vida religiosa, mas tornou-se padre diocesano, na diocese de Sete Lagoas. Eu me lembro dessa turma. Esse foi o primeiro impulso. Foi aquele sopro que vem e te leva. E eu digo bendito sopro. Porque assim como passou ao largo para a minha infância o período tão duro do Brasil da ditadura civil-militar-empresarial, passava também ao largo essas questões de pensar os teóricos, os escritores, os pastoralistas. A gente vivia ali naquele mundo muito pequeno, muito reservado.

Quando começou o contato com a Teologia da Libertação?

As pessoas perguntam: "Onde e como surgiu a Teologia da Libertação?". E aí o pessoal fala de Gutiérrez, de Leonardo Boff, de Jon Sobrino, e são todos autores com os quais eu me deparei, os quais li. Fui aluno de Leonardo no Instituto Teológico Franciscano, em Petrópolis. Gozo, desde aquele tempo, da amizade pessoal dele; sou muito amigo do Leonardo. Ele gosta muito de mim. E eu digo isso com orgulho, porque eu amo aquele frade. Sou também amigo da esposa dele, a Márcia Miranda. Mas eu costumo dizer que, na minha reflexão, a Teologia da Libertação não nasce aí na década de 1960; para mim, ela nasce no Êxodo, quando se tem a perspectiva da libertação do povo hebreu, do povo escravizado. Ela tem a sua linha de condução desde ali. Claro que, como pensamento sistematizado, ela nasce na década de 1960, e nasce como um clamor de um continente oprimido que não aguentava mais a opressão dos ditadores, dos que queriam calar as vozes que precisavam ser ouvidas; nasce da luta das Comunidades Eclesiais de Base; nasce dos círculos bíblicos. Assim, quando chego no Espírito Santo, em 1979, tenho o primeiro contato com a Teologia da Libertação, nas Comunidades Eclesiais de Base.

À época, a Igreja do Espírito Santo era um polo importante da Teologia da Libertação... Havia a presença de Dom João Batista Mota e Albuquerque e de Dom Luís Fernandes.

Muito importante. Lá, nas CEBS, tínhamos os círculos bíblicos e lembro de um folheto chamado *Bíblia Gente* que era muito interessante e me marcou. Era assim: alguém no círculo, na roda, contava um caso. E dizia: "E agora, você acha que esse caso poderia estar presente na escrita bíblica?" Desse jeito, todo caso que as pessoas contavam, a gente alinhavava com uma história bíblica, como construção da vida do povo.

Nos fale mais sobre sua experiência religiosa em terras capixabas.

No Espírito Santo, trabalhávamos na paróquia de Santa Teresa, região serrana próximo de Santa Leopoldina. Era uma paróquia muito grande. Tive uma mestra, chamada Odete. Era uma freira, da Congregação de Santa Catarina, irmãs que tinham um hospital lá em Santa Teresa. Essa freira era da pá virada. Ela nos colocava dentro da Kombi e íamos. Passava no seminário no sábado de manhã e a gente ia com ela para as comunidades rurais, para discutir com o povo que estava plantando. Então, nessas Comunidades Eclesiais de Base, muitas vezes, a gente se escondia, corria, por conta dos grileiros, por conta dos tiros, por conta do abate dos trabalhadores rurais. Tinha muita morte naquela época, naquela região. E a irmã Odete era uma missionária maravilhosa, que nos inseriu nisso. E foi a minha primeira experiência, vamos dizer assim, de aproximação entre a vida e a morte; entre a luta do povo e a luta da elite agrária daquela região, que queria tomar terra, tomar terra e espantar os pequenos agricultores. Ainda hoje essa região produz muito para os hortifrútis que temos nas grandes cidades, para vocês terem uma ideia. É uma agricultura muito potente. Então, meu primeiro contato com a Teologia da Libertação foi ali naquela região do Espírito Santo, na luta de pequenos agricultores pela terra.

Essa primeira experiência ocorre em 1979...

Mil novecentos e setenta e nove. Quando eu saio dessa região, em 1980, vou para o nordeste de Minas, lá também tinha trabalho de Comunidades Eclesiais de Base, e quando eu chego em Teresópolis, vou morar ao lado de uma favela chamada Beira Linha, e a gente tinha um trabalho também com aquela comunidade. Quer dizer, a vida foi me conduzindo. E se tem algo que eu tenho que ter para sempre é essa gratidão de que as conduções foram, para mim – pelo menos para a leitura que eu faço –, muito boas. Porque outras conduções poderiam ter me levado para outros caminhos, para um caminho mais conservador, para um caminho de uma Igreja mais aristocrata, de um pensamento teológico mais confinado. Não. Foi sempre tudo muito aberto. E quando saio de Teresópolis, e vou estudar filosofia. Mas, fechando essa parte, eu digo que a Teologia da Libertação nasce do clamor de um povo oprimido, e que as Comunidades Eclesiais de Base são esse clamor. O Partido dos Trabalhadores nasce também um pouco a partir desse clamor. Porque as pessoas diziam: "Não aguentamos mais." E por isso a gente tem que dizer o tempo todo: a Teologia da Libertação não pode ser encastelada, como as Comunidades Eclesiais de Base não podem, como o discurso teológico da libertação não pode e como também o PT não pode. Não se pode dizer assim: "Ah, isso pertence a esse grupo aqui". Não: tudo isso é uma conquista da sociedade brasileira.

Eu [Evanize] trabalho há tempo com comunidades quilombolas do Vale do Jequitinhonha, em Minas Gerais, e sempre passo por Conceição do Mato Dentro. Ali, a Igreja Católica, e os franciscanos, estão muito presentes. Queria saber como você vê atuação da Igreja junto às comunidades quilombolas e no relacionamento com as religiões de origem afro.

Eu acho que há um sufocamento, há uma hegemonia católica, mas essa hegemonia e esse sufocamento também são aparentes, porque o povo cozinhou seu feijão, botou o pé de porco no meio. O povo não permitiu que a senzala tivesse as portas trancadas. O povo rompeu, para fazer seus cultos, por mais que isso tenha sido com muito sofrimento, com muito sofrimento. A dimensão religiosa do povo negro é um dos pontos altos da sua sobrevivência, da sua não extinção. Porque também a religião tem o fascínio e o modo próprio de um povo se afirmar e de afirmar sua crença com os olhos e a vida na história do seu tempo presente, como comunidade religiosa que experimenta transcendência.

E a vinda para o Rio de Janeiro?

Minha jornada, depois de Minas e Espírito Santo, incluiu Teresópolis, Petrópolis, Itambacuri, São Gonçalo, e depois, Rio de Janeiro. Na capital fluminense, sou colocado na paróquia de São Sebastião, na Tijuca, que é localizada numa região muito conservadora, com uma capela numa comunidade empobrecida, geograficamente muito próxima, a comunidade do Turano. E ali passa a ser o meu *locus* de atuação. A minha relação com aquele povo é a relação que essa linha costuradora da vida cerziu e me presenteou. É um pouco isso.

A travessia para a nova vida: professor, militante e candidato

Antes de passarmos para outra fase da sua vida, pergunto se você quer acrescentar algo sobre seu processo de formação como religioso?

Quero sim retomar alguns pontos que considero importantes. Quando se fala em formação, costumamos nos lembrar apenas dos formuladores, daqueles quadros teóricos que fortaleceram nossa caminhada, tais como Leonardo Boff, Clodovis Boff, Antônio Moser, Maria Clara Bingemer, Ana Maria Tepedino, Tereza Cavalcanti, entre outros. Só que eu vejo a formação como um processo de muitas mãos, muitas vias. E essa é apenas uma das vias. Eu considero também meus formadores aqueles jovens lá no ano de 1976, que me apontaram o caminho dizendo: "Nós, aqui, estamos cuidando dos pobres". Eu considero também formação os agricultores que no Espírito Santo diziam: "Nós lutamos pela terra porque a terra é direito nosso". Então, eu queria complementar isso, para dizer... O processo de formação religiosa não termina, não tem seu ocaso, não se conclui nem quando eu faço o trânsito para a vida civil. Hoje é 17 de novembro. Ontem, tivemos um encontro com o povo da rua, com o pessoal que mora ou que já morou na rua, que tem essa experiência. E ali, o Paulo César (PC), a Vânia Rosa, a Maralice, a Elicarla, essas pessoas também são meus formadores e têm tanta potência quanto esses formuladores teóricos. É só para dizer que as coisas não estão separadas, não estão desencaixadas.

Está tudo junto, tudo misturado...

Está tudo misturado. Aliás, tem um ensinamento formulado pelo Leonardo Boff que achava (e continuo achando) muito interessante: "Você está com algum problema de tristeza dentro do convento? Quer dizer, está abatido, entristecido? Vai para a rua conversar com o povo". Ele dizia isso e completava: "É preciso a gente ler a Bíblia e os jornais". Como se a gente dissesse hoje: é preciso ler a palavra de Deus que está impressa no texto bíblico, nos processos de construção teológica, teológica bíblica, teológica pastoral etc., mas é preciso ler também esses textos na vida do povo. Então, essa é a questão da formação.

Feito esse acréscimo, creio que podemos ver agora as condições que fizeram com que você saísse da ordem e refizesse sua vida pessoal e profissional.

Vamos lá, então. Em, 2002, eu era pároco da igreja de São Sebastião, na Tijuca, e decidi que faria uma outra opção de vida de não ser mais celibatário, de constituir uma família. Na ocasião, mantive minha linha de conduta de evitar qualquer dualidade; eu tinha que ser muito honesto com a vida e a história que tinha. Então, resolvi fazer esse caminho. Em outubro daquele ano, quando eu saio do ministério, estávamos às vésperas da eleição presidencial, que foi a primeira eleição que elegeu o Lula. Ele venceu os dois turnos da eleição e tornou-se presidente do Brasil. Naquele momento, ainda não estava claro para mim se eu teria uma vida pública de pertença à política partidária com vistas a me candidatar a um cargo eletivo. Isso não estava posto. Eu tinha, desde muito, o desejo de intervir na realidade para transformá-la; para ajudar a colocar de pé uma nova sociedade; para construir o que gente chamava e continua chamando de Reino de Deus – o que se traduz em uma sociedade igualitária, em uma sociedade onde a dignidade humana esteja protegida, onde os direitos humanos estejam protegidos. Essa perspectiva sempre esteve muito presente nos meus tempos de frade. Então, quando eu deixo a ordem, tenho muita clareza de que não há um rompimento, de dizer assim, "aquilo que eu acreditava, agora não acredito mais". Tudo que eu acreditava, eu continuo acreditando. E eu apenas, agora, começo a fazer uma imersão no mundo do trabalho, no mundo do trabalho assalariado e me abro a construir uma nova família.

Sua saída do ministério esteve também relacionada, de alguma maneira, com o giro disciplinar da Igreja expresso na liderança dos papas João Paulo II e Bento XVI? Disse respeito à política do Vaticano no sentido de neutralizar a Teologia da Libertação no Brasil e na América Latina?

Não, isso não tem a ver. Vamos recuar um pouco para entender melhor essa história. Como sabemos, o grande *boom* das mudanças na Igreja Católica se dá lá com João XXIII e com Paulo VI, quando nós temos o Concílio Vaticano II, na década de 1960. Depois tem a morte de Paulo VI; a eleição de João Paulo I, seguida logo da sua morte; e depois, a ascensão ao poder de João Paulo II. O novo papa era missionário, saía do Vaticano, rodava o mundo.... Mas, ao mesmo tempo, nós temos, nesse período de João Paulo II, de fato você tem razão, um processo muito duro, de modo particular na América Latina... Caso exemplar nesse sentido foi o esfacelamento da arquidiocese de

São Paulo quando era seu Cardeal Arcebispo, o querido Dom Paulo Evaristo Arns. Dissolveram aquela Igreja de unidade que integrava o processo religioso, o processo místico, o processo de espiritualidade, de construção teológica, de construção teológico-pastoral com a vida do povo. De fato, tinha isso. A minha experiência e o meu vínculo franciscano me protegeram.

Eu vivia na arquidiocese do Rio, que era governada por Dom Eugênio Sales. Era um arcebispo conservador que conduziu firmemente a Igreja do Rio de Janeiro por mais de trinta anos. Só que eu não era padre diocesano, não era padre da diocese do Rio de Janeiro; era padre religioso e tinha um direcionamento dos frades capuchinhos que, para mim, àquela época – eu não posso falar de época anterior ou de época posterior –, me permitia fazer os voos que a minha concepção teológica me permitia fazer. Então, na paróquia a qual eu estava à frente, nós tínhamos trabalhos os mais diversos, no campo social. Nós tínhamos uma entrada e uma penetração, uma interligação muito forte com as comunidades empobrecidas da Grande Tijuca: Morro do Turano etc. Tínhamos uma relação muito estreita, também, com a comunidade de pessoas que tinham contraído Aids – se lembra, na década de 1980, o que foi isso? Então, desde 1990 nós começamos a trabalhar muito com as pessoas que haviam contraído Aids. E aí se discutia tudo: discutia-se a saúde pública, a questão hemofílica, de gênero, de sexualidade. Tudo isso era muito discutido e a gente tinha muita clareza disso.

Ou seja, a ordem lhe garantia muita liberdade.

Vou dar um exemplo para você ver como é que Dom Eugênio lidava com as ordens religiosas. Ele sabia que podia tentar fazer algum movimento de nos colocar entre os dedos, mas também sabia que isso escorria. Quando nós tivemos a votação do plebiscito da Alca [Área de Livre Comércio das Américas, capitaneada pelos EUA], tivemos uma orientação para que não houvesse muita movimentação nas igrejas. Tanto que em termos eclesiais, no Rio de Janeiro, esse movimento foi muito fraco. Na paróquia onde eu estava, a gente tinha um grupo de leigos... E eu queria lembrar de uma grande figura, que hoje está muito idosa, que é uma referência do laicato brasileiro, que se chama Maria Apparecida Fenizolla. Ela me ajudou muito na paróquia nesse momento. Na ocasião, resolvemos colocar uma urna dentro da igreja, para recolher assinaturas contra a Alca. E eu me lembro perfeitamente que no intervalo das missas da manhã daquele domingo, o cardeal arcebispo me liga e me diz assim: "Frei Reimont, eu quero que o senhor não coloque a urna na porta principal da igreja". Porque a gente colocou ali na saída. O povo saía e ia assinando. Era muita gente assinando. Porque tínhamos um processo de conscientização muito intenso. Algumas pessoas que nos ajudavam a fazer essas coisas. Por exemplo, a nossa relação com a Fase (Federação de Órgãos para Assistência Social e Educacional) era importantíssima no trabalho de conscientização popular, de educação popular. Lorenzo Zanetti, que era um dos coordenadores da Fase e Pedro Cunca Bocayuva, hoje professor da UFRJ, eram uns dos muitos companheiros e companheiras que iam ajudar muito na formação do nosso povo. Então, voltando na questão da Alca – que só aconteceu ali na paróquia porque a gente tinha um processo de conscientização em curso, e esse processo se dava continuamente –, nós acabamos por seguir adiante. Eu peguei e disse assim para Dom Eugênio: "O senhor fique tranquilo, não estará mais na porta da igreja, na porta principal da igreja". Aproveitei a deixa e fui ao microfone e dizer ao povo: "Nossa urna, agora, ao invés de ficar na porta principal da igreja, vai ficar ali no centro do pátio, porque o cardeal arcebispo me orientou que assim seja". E isso virou uma grande propaganda. Nós tivemos oito mil assinaturas, oito mil assinaturas contra a Alca no final de semana, na paróquia de São Sebastião, dos Capuchinhos.

Impressionante!!

Então, por que eu estou dizendo isso? Porque, na prática, a gente tinha passe livre; conseguíamos equacionar. Conseguíamos porque havia um processo de formação contínuo, que veio comigo desde aquela cabana construída lá naquela festa popular; dos agricultores no Espírito Santo; da sistematização da teologia do Leonardo, do Clodovis, da Maria Clara, da Ana Maria Tepedino, do Carlos Mesters, da Tereza Cavalcanti etc.; e que se constituiu numa realidade ali da paróquia. Então, o motivo do meu desejo de fazer o trânsito, na verdade, não estava no fechamento e conservadorismo da Igreja, porque não travava, mas, no fato de que eu queria constituir família, queria dar esse passo e ter esta experiência.

Imagino que tenha sido bastante difícil. Depois de tanto tempo na vida religiosa...

E era um passo muito difícil. Porque quando você fala de trânsito, é algo assim: a gente está no Centro e vai para a Tijuca, ou a gente está na Tijuca e vai para Jacarepaguá. Você larga uma coisa e vai para outra: larga um apartamento e muda para outro. Aí você diz assim: "Vou deixar aquele para trás, porque agora tenho um melhor". A minha sensação não é essa, porque eu não larguei algo que eu não amava; eu não larguei algo que para mim passou a ser desprezível. Eu larguei algo que era a constituição da minha vida e continua sendo muito importante. Precisei fazer uma opção que separa, que diz: se você opta por isso, você não tem aquilo, e se você opta por aquilo, você não tem isso. Mas caso houvesse a possibilidade de ter uma conjugação... Porque você está falando aqui do trânsito para a vida político-partidária. Eu ainda estou falando do trânsito de deixar de fato a vida religiosa. Esse trânsito não precisaria ter sido feito. Mas é porque há uma necessidade de optar; uma coisa exclui a outra, no processo de construção da Igreja. Embora o Papa Francisco, no Sínodo para a Amazônia, já começa a refletir sobre essa questão do celibato na Igreja. Começa não, porque isso é uma reflexão desde o ano 1000. Isso sempre foi um debate na instituição.

Como você vê o futuro dessa questão na Igreja? Enxerga alguma possibilidade de mudança?

Eu penso que não há como manter esse modelo de Igreja e com ele fazer a extinção do celibato. Há de se construir um outro modelo ministerial, um modelo de serviços, diferente desse em que o padre, na verdade, hoje, na Igreja Católica, é tudo: é administrador, é o aconselhador, é o pregador; ele consagra, administra os sacramentos, quer dizer, ele batiza, casa, celebra a missa, faz o sacramento da penitência, administra a comunidade paroquial. Então, essa figura deste pastor com estas múltiplas funcionalidades, torna impossível o rompimento com a obrigatoriedade do celibato. Mas a questão do celibato opcional sempre foi um tema e eu sempre o defendi, mas na tentativa e no processo de se construir um outro modelo de Igreja, um modelo, por exemplo, onde uma pessoa, celibatária ou não, exerça ministérios específicos dentro do Ministério ordenado. Estas múltiplas atribuições constituiriam uma Igreja Ministerial e não apenas sacramental.

Inclusive com a presença da mulher...

Não tenha dúvida! É claro, com a presença da mulher ordenada, com certeza. Esse é um outro ponto polêmico. É polêmico até o fim do mundo, não é? Você vai encontrar gente com quem não se pode falar sobre este "enorme tabu". Mas sabe aquela velha história? Precisamos falar sobre isso. Porque se a gente não fala, as coisas não andam...

Você sofreu pressão da ordem ou da paróquia para permanecer? Acredito que tenha sido bastante complicado...

Como mencionei antes, foi um processo difícil, dolorido. Isso porque, como eu disse, estava deixando algo para trás que me fazia muita falta; algo para trás que amava muito; algo para trás que eu tinha como muito caro na minha vida e que tenho como muito caro na minha vida. Porque segundo a doutrina católica, uma vez ordenado, uma vez sacerdote, sacerdote até a morte. Então, eu não sou ex-padre. Como o Leandro Cury, que está aqui na sala conosco, também não é ex-padre. Nós somos padres. Só não exercemos o ministério. Mas foi muito difícil. E não é que houve pressão, mas houve de fato aconselhamento: "Ah, vamos pensar melhor, vamos deixar essa decisão para daqui à frente, vamos conversar um pouco mais". Sempre foi isso. Sempre houve esse movimento.

E a reação dos paroquianos?

Houve de tudo um pouco. Houve uma meia dúzia de amigos que fechou comigo. Outros se dividiram e dizem assim: "Poxa! Ah, pensa melhor; não faz isso". E outros dizem assim: "Agora, não quero mais saber de você". E eu precisava no dia seguinte bater na porta para arrumar emprego. Eu tinha 41 anos de idade; tinha tido uma experiência de trabalho assalariado no intervalinho que fiz lá em Belo Horizonte, quando lá estudei, mas, experiência de trabalho assalariado mesmo, para a minha sobrevivência, começaria ali, aos 41 anos de idade. Então, bati em muitas portas.

Para conseguir emprego.

Às vezes, eu batia à porta e tinha gente que fingia não me conhecer. Teve essas histórias todas. Mas eu sou um privilegiado, um baita privilegiado. Até hoje tenho um respeito muito grande de todos os frades, que me amam, me respeitam muito, são meus amigos. Todos são meus amigos. Não tem um de quem eu possa falar: "Ah, esse cara não gosta de mim", ou "esse cara ficou mal comigo". Não tem um, nenhum. Agora, junto ao povo, eu considero que tenho muito mais amigos do que pessoas que resolveram me deixar na pista. E isso é um privilégio, não é? É um baita privilégio. Às vezes fico até sem graça, porque estou com minha mulher e minha filha e alguém grita: "Olha o frei Reimont!". Depois de quase vinte anos, ainda me chamam de frei Reimont. Para você ver. Eu não me importo, aliás, gosto. Frei é irmão e isso é tudo que quero ser.

Você continua frequentando a mesma igreja?

Frequento a igreja da qual fui pároco. No início, há de se dar uma distância, não é? Porque as pessoas não entendiam. E por que não entendiam? Porque de fato eu vivi aqueles momentos com muita intensidade. Quer dizer, eu sempre me preparei muito, e trazia a comunidade muito animada. Era uma comunidade muito viva, muito animada e muito festiva e, ao mesmo tempo, muito comprometida. E quando essa decisão vem, você vai trabalhando ela e você não fala para todo mundo. Você vai trabalhando, trabalhando e chega um momento que é a hora de fazer o corte, usar a tesoura para cortar a fita, e aí, é justo entender que nem todas as pessoas entendem. "Como é?! Esse cara que ontem era tão animado, e agora nos deixa?!" Tem sempre isso, não é? Então, inicialmente foi traumático; eu precisei dar um certo distanciamento. Mas aos pouquinhos fui voltando, voltando, voltando e hoje é normal.

E como é que foi esse reinício de vida, essa imersão no mundo do trabalho?

Quando eu saí, eu fui para o magistério, eu fui bater na porta das escolas para pedir espaço para lecionar. E aí foi muito interessante, porque algumas escolas me fecharam a porta, mas algumas me abriram, também.

Escolas religiosas?

Escolas religiosas. Eu fui trabalhar em uma escola lá no Grajaú, no Colégio Companhia de Maria, na avenida Engenheiro Richard. Eu estava já meio desanimado – nem conhecia as irmãs daquela escola – e recebi um telefonema de uma delas: "Estou precisando de um professor; você pode vir nos ajudar?". Eu disse: "Gente, eu posso ir? Não, eu preciso ir". No dia seguinte fui lá conversar com ela. E essa irmã era uma querida, uma maravilhosa. Um ano e meio depois, ela e algumas colegas se acidentaram numa viagem de Belo Horizonte para o Rio e vieram a óbito. Foi um trauma para nós todos. Uma pessoa queridíssima. Porém, antes de começar a trabalhar na escola, um amigo português de nome Joaquim, falecido agora recentemente, generosíssimo, meu irmão, trabalhador, pobre, franciscano, gerente de uma distribuidora de papelaria, me chamou e fui trabalhar com ele. Receberia uma ajuda de custo para transporte e alimentação e um percentual sobre a minha venda. No final do mês, meu percentual, acho que foi sessenta e três reais. Não vendia nada. Chegava nas papelarias na Zona Sul, um calor de infernal. Eu falava assim: "Ai, gente, tudo o que eu quero agora é entrar dentro de um banco desses aqui". Entrava, fazia uma horazinha, aquele calorão, depois entrava numa papelaria com ar-condicionado, o cara deixava a gente esperando o dia inteiro, e no final do dia, dizia: "Ah, não quero comprar nada, não". Eu não vendia nada, era um péssimo vendedor.

Você teve de arrumar um lugar para morar. Alugou um apartamento?

Tenho uma outra história linda pra contar. Que bom que você está me puxando isso. Eu termino essa história da escola e te conto sobre a moradia. Passaram-se uns três ou quatro meses desde a minha chegada na escola, uma outra instituição me chamou para trabalhar e me deu condições bem melhores. Aí fui lá, conversei com a irmã que tinha me acolhido e disse assim: "Irmã, eu estou começando e as condições lá são melhores e tal". A irmã falou: "Reimont, nós te chamamos porque sabíamos que você estava precisando, mas fique tranquilo. Que bom que você está conseguindo uma coisa melhor". A irmã me dispensaria e eu fui lá conversar. O cara deu a palavra dele, e eu começaria na segunda-feira. Despedi da escola na sexta, foi tudo direitinho. Quando cheguei na segunda-feira, fui recebido assim: "Ah, não, a gente pensou melhor, não tem mais a vaga para você, não". Fiquei desesperado, desesperado. O tempo passou e acho que os atuais gestores desta instituição, que me conhecem e se relacionam politicamente comigo, mas, não sabem do ocorrido, ficariam muito tristes em saber do sonoro não que recebi. Eu voltei correndo para o colégio, falei com a irmã que nem me esperou contar a história toda: "você está readmitido". Essa bela experiência, eu queria registrar, foi no Colégio da Companhia de Maria, que me acolheu muito bem, foi uma mãe para mim.

Volto agora à história da moradia. Eu tenho um amigo que sempre esteve do meu lado e se constituiu para mim. Um irmão. Ele se chama João Marcus e é professor da Unirio. Ele e sua esposa, a Evonilde, têm duas filhas, paixões da vida deles e da minha também. Sou padrinho de uma delas. Quando o João Marcus ficou sabendo que eu estava saindo do convento, me disse: "O dia que você sair, vai lá para a minha casa". E eu saí e fui direto para a casa deles. Levaram as duas meninas para o próprio quarto e eu fiquei ali um tempo com eles, até me ajeitar e alugar um espaço. Experiências da generosidade, fazem parte da minha formação, da minha vida.

Você teve a sorte de fazer muitos amigos nessa sua vida.... Mas, me fale um pouco sobre a experiência de professor. Você dava aula de quê?

Eu dava aula de educação religiosa, ensino religioso. Trabalhava as questões do fenômeno religioso e da espiritualidade, e era uma oportunidade muito rica de ter contato com a juventude. Trabalhei no Companhia de Maria; no Instituto Abel, em Niterói; e no Colégio Teresiano, na Gávea. E, no Teresiano, também trabalhei com filosofia na preparação dos estudantes para o Exame Nacional de Ensino Médio (Enem). Mas a minha disciplina mesmo era educação religiosa, ensino religioso.

Ou seja, você já havia reunido condições para constituir família.

Exatamente. Eu saio em 2002 – foi tudo muito rápido –, caso em 2003 e nossa filha nasce em 2004. Minha esposa é professora também e é psicóloga. E nós, então, vamos constituindo a vida dessa forma. E esse processo de construção, se encaminha para a questão político-partidária, nós, aqui em casa, temos uma militância petista. É claro que a minha militância é mais partidária. Até por conta da minha atuação hoje, a única participação político-partidária tem sido minha. Minha esposa cuida da profissão dela, é professora e servidora federal; nossa filha já está daqui a pouquinho fazendo o Enem; e é assim, a vida vai...

Quando você se filiou ao PT?

Eu, na verdade, só não fui filiado ao PT em 1980 e 1981, quando o PT surgiu, por conta do meu vínculo religioso, e o vínculo não me permitia. Mas a minha filiação oficial se dá em 2002. Eu saio e me filio. Foi um dos meus primeiros atos. Mas o fato de me filiar não significava que queria fazer disputa político-eleitoral. Eu não queria. Não estava mesmo no meu horizonte. Eu não me imaginava com potencial para isso, não me imaginava capaz de fazer isso. Eu me lembro, na eleição de 2004...Da eleição de 2004, trago uma imagem na minha cabeça: ando ali perto da minha casa e vejo um punhado de outdoor com fotografias de políticos... Naquela época, ainda se permitia outdoor. Depois disso, graças a Deus, foi cortado, não é? Mas tinha um punhado de outdoor com as campanhas eleitorais, e eu olhava e dizia assim: "Como é que esse pessoal tem coragem, cara?!" Isso em 2004. Aí, quando termina a eleição de 2004, em 2005, um grupo de amigos me procura e diz assim: "A gente precisa aproveitar o seu potencial para uma candidatura". E eu disse: "Gente! Vocês estão loucos! O que é isso?! O que é isso?!". Mas eles me convenceram muito rápido, porque eu acho que a coisa está meio que na veia, não é?

Certamente... E você chegou a participar da vida orgânica do partido? Participava de algum diretório?

Eu participava de discussões em um núcleo. O nosso, o *Núcleo Barbosa Lima Sobrinho*, era defensor de uma tese nos encontros do partido, chamada "Toda força aos núcleos", que propunha manter e reforçar aquele espaço que considerávamos fundamental para se fazer as discussões políticas. A gente se reunia na Usina, na casa de uma família ali no Largo da Usina. E foi esse núcleo, na verdade, que insistiu muito para a minha candidatura, e eu, acabei criando gosto e fui agregando outras pessoas. Eu era um militante... Fiz a campanha de Eliomar, do Molon e do Luiz Sérgio. Eu militava muito nas campanhas. Mas, tinha ojeriza de pensar na possibilidade de ter o meu nome na lista de candidatos. Quando, na verdade, eu acho que isso também já era uma sinalização. Porque quando você nega, nega, nega, no fundo, você acaba querendo. Se a gente for fazer uma leitura aí, talvez estivesse querendo buscar alguma coisa. Em 2006, sou candidato a deputado estadual. Em 2006. E eu dizia para o pessoal: "Gente, isso não vai dar em nada". E eles... "Não, vai dar, sim; vai dar, sim; vai dar, sim". E eu acabei saindo da eleição com mais de dez mil votos.

Com esse resultado, o partido começou a ficar de olho em você...

Aí o pessoal que tinha um olhar mais estatístico, viu aqueles números e disse assim: "Puxa, desses dez mil votos, você teve seis mil votos na cidade, na capital. E seis mil votos na capital podem se ampliar para ser vereador. Então, vamos tentar ampliar esse voto para vereador". E aí começamos a trabalhar a campanha de 2008. Aqueles dez mil votos que eu tinha obtido no estado – seis mil na capital –, viraram dez mil e setecentos na capital. Fui eleito pela primeira vez em 2008, com dez mil setecentos e quarenta e dois votos.

Vereador em ação: proposições e questões contemporâneas

Gostaria que você fizesse um histórico das suas campanhas eleitorais

Vamos lá do começo, em 2006. Naquela primeira campanha, eu fui candidato a deputado estadual, tive o respaldo do Núcleo Barbosa Lima Sobrinho e conseguimos pouco mais de 10 mil votos, sendo que a maioria aqui na cidade do Rio de Janeiro. Aí o pessoal disse assim: "Puxa! Um candidato do PT elege-se a vereador com dez mil votos. Nós estamos com seis mil aqui na cidade; se a gente consolida esses e alavanca outros, a gente chega". E assim foi feito: fui candidato a vereador em 2008 e tive, coincidentemente, o mesmo número de votos que tinha tido em 2006, só que agora todos eles dentro da capital, que me levaram à eleição de vereador pela primeira vez. Um dado que acho sempre importante falar: eu fui eleito naquela época com outros dois vereadores do PT, o Adilson Pires, que depois, na eleição seguinte, se tornou vice-prefeito, e o Elton Babú, que era um vereador lá de Santa Cruz. Tinha um outro candidato que disputava a eleição com campanha muito parecida com a minha, o companheiro Robson Leite, que ficou como primeiro suplente. Quando as urnas começaram a abrir, despontei logo na frente, e fiquei ali até os 70% da apuração como o primeiro colocado entre os petistas. O Adilson veio e me ultrapassou; o Babú veio e me ultrapassou. Sabíamos que o PT faria três cadeiras. O Robson veio num galope... Estacionei e ele veio chegando. Quando faltavam quarenta e dois votos para chegar em mim, a apuração encerrou. Então, ganhamos do quarto colocado por quarenta e dois votos. Mas, como fui bem votado na região dele, Jacarepaguá, se lá eu tivesse perdido vinte e cinco votos para ele, estaria eleito e eu não. A rigor, vencemos as eleições por vinte e poucos votos.

E a campanha da reeleição em 2012?

Em 2012, foi minha primeira reeleição. E eu tinha feito, de 2009 a 2012, um mandato muito voltado para um estímulo que o próprio prefeito Eduardo Paes me deu. Qual foi o estímulo? Ele criou, no primeiro dia de governo, a Secretaria Especial de Ordem Pública, que adotou uma política de muita repressão contra os trabalhadores ambulantes; uma secretaria muito presente nas remoções; uma secretaria muito presente para fazer uma ordem de cidade com a qual a gente não concordava. Então, me coloquei, naquele período de 2009 a 2012, claramente na oposição. Embora estivesse celebrada a aliança do PT com o Eduardo Paes, nosso mandato era um mandato de muita oposição ao Eduardo, de muita oposição. E, claro, pagamos um preço por isso. O PT, embora não me retaliasse, foi me deixando sempre no final da fila. Havia um certo desejo de que eu não me reelegesse.

Quais eram os eixos das suas campanhas?

Pois é. Eu não saberia te dizer se nós, nas primeiras campanhas, tínhamos eixos. Eu me apresentava como novato, que estava pleiteando pela primeira vez; como alguém da educação, como professor, e como alguém, e isso vem acompanhando os nossos quatro mandatos, que compreendia que a política tinha de servir a todo mundo. Nosso mote: o direito à cidade: a cidade é direito de todos, a cidade é direito de todas as pessoas. Então, direito à cidade, educação e éramos uma novidade. Essa proposta nova constituía o nosso eixo.

Você contava com o apoio de segmentos da Igreja Católica?

Eu tive, como tenho ainda hoje, um grupo de pessoas ligadas ao clero e ligado às lideranças laicas da cidade que sempre me apoiaram, desde 2006. São pessoas muito fiéis no caminho comigo e pessoas que me ajudam ainda hoje. Embora, e isso é bom que seja registrado, não tive nunca algumas facilidades, como outros candidatos têm. Oficialmente, isso eu nunca tive, nunca tive. No Rio de Janeiro, desde os tempos de Dom Eugênio, temos uma Igreja piramidal, muito hierárquica e isso continua até hoje.

Mas, voltemos para as campanhas eleitorais. Você foi eleito em 2008 e reeleito em 2012.

No primeiro mandato, como já disse, destoei da bancada para fazer oposição ferrenha ao governo de Eduardo Paes. Porque veio o tempo das remoções, da perseguição aos camelôs, do esvaziamento da cidade e do avanço de um projeto higienista. A gente fez esse mandato dessa forma e todo mundo acabou apostando que os meus votos sumiriam em 2012. Para isso, Eduardo Paes conseguiu convencer lideranças do PT a filiar o Marcelo Arar para disputar os votos da Tijuca comigo. A ideia era reforçar o nome dele e minar minha candidatura. Nada disso deu certo e consegui me reeleger. Quatro anos depois, no pleito de 2012, tive um crescimento de quase 80% no meu eleitorado e alcanço 18 mil votos, mantendo a mesma dinâmica e o mesmo mote do direito à cidade. Fiz um mandato de porta escancarada, em que todo mundo nos procurava. A Firjan, quando tinha que fazer alguma movimentação na Câmara, nos procurava; o Tribunal de Contas, quando precisava de fazer algo que fosse importante para ele, nos procurava; mas também a população em situação de rua era recebida no gabinete; também o camelô; também a turma da Vila Autódromo, que estava perdendo a sua casa; também o pessoal do Horto, que estava perdendo a sua casa; também o pessoal do Rio das Pedras, que perdia a sua casa. Então, era um gabinete de porta aberta. E essa porta aberta foi nos dando as ênfases, foi nos mostrando em quais áreas a gente tinha de atuar. Aí fica demarcado a compreensão que a gente tem da nossa opção lá da Teologia da Libertação... Acho que aí há um encontro daquilo que aprendemos lá no Espírito Santo, nas Comunidades Eclesiais de Base, de que de fato o agricultor que o dia inteiro bate a enxada e que tem inclusive as mãos formatadas para receber o cabo da enxada, quando chega na Comunidade de Base à noite, tem o direito de fala tanto quanto o padre que estudou teologia, ou quanto a religiosa que está dentro de um convento, ou quanto a professora que leciona, ou quanto o acadêmico, quando chega na Comunidade. Essa experiência, a gente traz para o mandato, para dizer assim: "Esse é um mandato que precisa ter compromisso com os pobres". Então, permanece o fio condutor, desde a colina, daqueles jovens construindo uma barraca de lona preta para os pobres, desde a experiência da Teologia da Libertação no Espírito Santo, desde a formação que me foi dada por Leonardo Boff, Maria Clara Bingemer, Clodovis Boff, Paulo Fernando Carvalho, esses professores que me ajudaram a entender como é que a teologia se articula com a vida. Isso vem para o mandato. E aí a gente faz de novo a campanha de 2016, sendo considerado, na verdade, praticamente o único petista, vamos dizer assim. Todo mundo dizia: "Ah, o candidato do PT, o Reimont...".

Por certo, foi uma campanha muito difícil – o impeachment, o antipetismo...

Foi bem complicado. Foram os anos dos grandes eventos, de 2012 e 2016, de muitas remoções – quarenta e sete mil remoções no Rio de Janeiro –, para a construção das vias etc. A gente fez um embate muito duro em relação a tudo isso. E quando a campanha chega, Dilma está sacada do poder e todo mundo dizia: "Não tem candidato para o PT". Fizemos somente duas cadeiras – eu e a Luciana Novaes. Todo mundo que se candidatou perdeu a eleição. Ampliamos a votação de novo, de dezoito para quase vinte mil votos. Mas, imaginávamos que ampliaríamos para trinta. Olha só! No mandato, mantivemos a ênfase no direito à cidade, a mesma ênfase de compromisso com os pobres; a mesma ênfase de entender, agora com mais clareza e com mais evidência, com o olhar mais aguçado, que fé e política dialogam. Então, começamos a montar grupos de fé e política, grupos de mística e reflexão, que perduram até hoje.

E a campanha de 2020?

Eu considero essa a mais difícil de todas. A nossa campanha era no território, nas ruas... Assim que a pandemia chega, tivemos de nos preparar e nos adaptar muito rapidamente para poder ter um contato a distância com o eleitor. E nosso eleitor está no território das comunidades pobres, está nas periferias, nas favelas. Nas campanhas anteriores, a gente fazia cerca de oito a dez comícios domésticos por semana; três comícios domésticos num dia. Final de semana, ficava o dia inteiro fazendo comício doméstico. Naqueles espaços, nas rodas de conversa, fazíamos a exposição do trabalho, a prestação de contas, e apresentávamos o que a gente pensava da política, os projetos de cidade... Agora, isso nos foi tirado; nós não tínhamos mais isso. Então, tivemos de organizar a campanha para o telefone celular, e o computador... Muitas pessoas, nas comunidades, não tinham acesso a esses dispositivos. Para além disso, havia outras duas candidaturas muito fortes: Lindbergh Faria, ex-senador da República e ex-prefeito de Nova Iguaçu, e Tainá de Paula, mulher muito competente, arquiteta com apoio substancial do PT, que queria muito elegê-la, não sem mérito dela, é claro. Acabou que ficamos na rabeira dos apoiamentos, institucionalmente falando. Diferente de 2016, em 2020, a gente era mais um, com outros candidatos mais prioritários no partido. Essa é a trajetória das campanhas.

Você considera que, depois de quatro mandatos, ocupa um espaço próprio no PT?

Nosso papel tem sido o de chamar a atenção, incomodar o PT, assim como a gente entende que na política o nosso papel é incomodar a política carioca. Acho que esse incômodo faz parte do processo de libertação. A gente acredita muito nisso. Mas não apenas um incomodar por incomodar; um incomodar propositivo. Nunca acenamos com a perspectiva de deixar o PT. Eu acho que o PT veio morar em mim quando eu era muito novo, e a turma que está comigo no mandato é uma turma que repete essa mesma história minha: também tem o PT dentro de si há muito tempo. A sensação que às vezes a gente tem é que seria bom para alguns grupamentos do partido que a gente saia de cena. Mas, nós, agora, depois de treze anos de mandato, estamos nos movimentando um pouco mais, fazendo conexões com outras lideranças do partido, inclusive fora do Rio de Janeiro. Nós nos unimos a um grupo de Belo Horizonte chamado Tribo. É um grupo que nasce também das Comunidades de Base, das discussões com mandatos e lideranças políticas do interior de Minas Gerais, tendo como referência, Durval Ângelo – ex-deputado estadual por Minas Gerais, um companheiro muito querido nosso, teólogo, professor e engajado nas discussões entre fé e política.

Como funciona essa articulação?

Durval Ângelo saiu da política para ocupar uma cadeira no Tribunal de Contas do Estado de Minas Gerais. Mesmo assim, o grupo continua ativo lá e aqui no Rio. Então, hoje, o PT descobriu que a gente tem um encaminhamento ou uma força que se articula para fora da cidade, se articula também nacionalmente. Agora, estamos construindo nossa candidatura para Deputado Federal para 2022. Há algumas forças políticas que têm sinalizado que estarão conosco. O PT agora está nos olhando de uma forma diferente.

Você poderia destacar alguns projetos que apresentou na Câmara dos Vereadores que considera significativos para a sociedade carioca?

Posso. Eu vou começar destacando um que nem foi a voto ainda, mas que não foi a voto por estratégia. Quando os movimentos de direita fizeram o projeto do Escola sem Partido, imediatamente nós criamos na Câmara um projeto antídoto chamado Escolas da Liberdade. E nós sabemos... À hora que o Carlos Bolsonaro, que é o autor do projeto na Câmara, do Escola sem Partido, colocá-lo para votar, nós colocaremos o nosso. Assim, teremos igualdade de posição, porque ele é protocolado na mesma época do Escola sem Partido. Eu apresentei também um projeto, e ele foi que deu origem à lei da arte pública, ocupação dos espaços públicos por artistas, com suas performances variadas e muito importantes para a cidade e a cidadania aprovada em junho de 2012. Sempre achamos que ela era desnecessária, porque o artigo 5º da Constituição, no seu inciso XVI, já nos diz que se pode ocupar os espaços públicos pacificamente. Tem lá todos os critérios. Mas aqui no Rio de Janeiro, exatamente por conta de, em 2009, o Eduardo Paes ter colocado a Secretaria de Ordem Pública para dar uma ordem à cidade e impedir que camelôs funcionassem, que os artistas de rua se apresentassem, consideramos, no debate com artistas diversos que precisávamos de um regramento municipal. Estamos falando do malabares, do palhaço, da dança, da música, do teatro, do Máscara, da pessoa que toca um violão que faz uma performance, dos grupos de teatro de rua – o grupo Tá na Rua; Companhia de Mistérios e Novidades; Wagner e Seu Bando; Offsina e muitos outros grupos. Nós aprovamos essa lei, é a Lei 5.429, que nos é muito cara. O preceito desta lei é que arte não se vende, arte não se compra; arte se socializa. Os artistas não cobram, passam o chapéu e, além de passar o chapéu, podem comercializar aquilo que produzem, sua própria obra. Não pode botar lá uma prateleira de vinil, ou de discos antigos, ou de discos de outras pessoas, mas ele pode partilhar a sua obra. O prefeito queria fazer um decreto e os artistas queriam uma lei; ela foi aprovada –, o prefeito vetou, os artistas me procuraram fomos ao encontro do prefeito, e nos organizamos para derrubar o veto com pressão dentro da Câmara. Era ano eleitoral, 2012, e o Eduardo Paes, candidato à reeleição. O chamamos para uma reunião, e eu disse para ele: "Eduardo, é uma reunião com artistas e você está em campanha. Vão estar lá umas vinte pessoas, trinta pessoas, para você falar um pouco o que você pretende sobre a arte de rua". Ele me disse: "Eu vou, mas não volto atrás no meu veto". "Mas vá lá conversar com os artistas." Combinamos um encontro na casa do Tá na Rua, ali na Lapa.

E ele apareceu?

Claro! Quando o Eduardo chega, por volta de dezenove horas, tinha mais de quinhentos artistas na Lapa fazendo um corredor enorme até o carro dele. Ele passa naquele corredor, como se fosse um corredor polonês, e ali tinha tambor, tarol, pandeiro, saxofone, clarinete, tinha palhaço, tinha malabarista, tinha dançarino, tinha... Aí o Eduardo entra no Tá na Rua, pega o microfone e diz assim: "Eu quero dizer para vocês que a minha assessoria errou, ao vetar o projeto de lei. Isso é um absurdo. Eu não tinha conhecimento total de tudo isso, portanto, estou colocando a base do governo na Câmara Municipal para votar... Como eu não posso retirar o veto e não tenho previsão legal para isso, eu vou pedir à minha base que, na hora que o veto for colocado para votação, que votem contra mim, isto é, votem para derrubar o veto". Isso, foi a primeira vez que aconteceu na história do Parlamento, e eu não me lembro de ter acontecido outra vez no Parlamento carioca. Então, a Lei da Arte Pública é uma lei muito cara, porque foi conquistada ali na unha. Essa é uma lei muito apreciada por nós, por sua construção totalmente coletiva, do início ao fim do processo.

Temos muitas outras leis. Para falar na arte e na cultura, a Lei da Roda de Samba, Circuito de Roda de Samba é caminho nosso; Lei Gamarra, por conta de um músico do grupo Galocantô, um sambista, um jovem sambista, que faleceu aos vinte e poucos anos e que era um membro querido desse grupo de roda de samba. Coincidentemente, Gamarra faleceu no dia que a gente conseguiu derrubar o veto na Câmara.

Temos a Lei Beth Carvalho, do ensino de música nas escolas, que ainda é uma luta para sua observação em *stricto sensu* no currículo da escola pública.

Temos a Lei do Circuito Cultural de Oswaldo Cruz. Onde morou o Casquinha? Ali se coloca uma placa e um totem, com indicação de sua biografia e obra. Agora, com a morte de Monarco, um totem lá para Monarco; Paulo da Portela... Para todos esses homens e mulheres do samba, da cultura de Oswaldo Cruz. Conversei inclusive com o prefeito agora, o prefeito já sinalizou para que as placas e os totens sejam confeccionados e colocados ali nesse lugar.

Na área da assistência, aprovamos uma lei que é minha menina dos olhos. A lei que cria a política pública para a população em situação de rua, a Lei 6.350. Porque, em 2009, o presidente Lula instituiu o Decreto 7.053, que foi construído com a população em situação de rua. O Lula, você sabe, no fim do ano, ia tomar café com a população de rua em São Paulo ao lado do padre Julio Lancellotti e de outras lideranças. Só que chegou um momento que os catadores e a população de rua disseram a ele: "Tomar café conosco é fácil; quero ver fazer uma lei para a gente". "Então eu vou fazer uma lei, disse o presidente". E os catadores disseram: "Não, nós não queremos que você faça a lei; nós queremos propor a lei". Lula chama o Gilberto Carvalho e o Patrus Ananias:

"Construam uma minuta". E os catadores disseram: "Não, constrói não. Nós queremos construir juntos". Foi um processo de muita autonomia. E o Decreto 7.053 tem a cara do povo da rua. E esse Decreto 7.053 precisa receber a adesão do prefeito, mas aqui o Eduardo Paes não quis aderir. Eu tentei. O Paulo Vannuchi, ministro secretário dos Direitos Humanos, mandava todo mês um assessor seu para discutir conosco o tema da população de rua no Rio, e nós peregrinamos em tudo quanto foi secretaria, conversamos com o prefeito várias vezes e o prefeito não aderiu. Como não aderiu, reunimos a população em situação de rua, os catadores, as pessoas que discutem o tema na cidade e construímos uma lei, que depois foi aprovada, que é a Lei 6.350, de 2018, que estabelece a política pública para a população em situação de rua. Tem muita gente na rua? Tem muita dificuldade com esse tema? Tem. Mas a lei é um espinho na carne da prefeitura e a gente tem uma ferramenta legal para cobrar da prefeitura. Assim, fiscalizamos os abrigos, a política dos Consultórios na Rua, os hotéis populares, os restaurantes populares. Tudo isso está previsto nesse dispositivo legal. É isso.

Para fechar, podemos ver alguns temas contemporâneos. Como vê hoje a questão da laicidade e as relações entre religião e política?

A religião tem que estar encarnada na vida do povo. E essa encarnação, para mim, é uma encarnação política. Eu nunca tive dúvida disso. Claro que falo a partir da religião cristã, onde estou, onde sou, do cristianismo, nas suas diversas denominações, e eu, como cristão católico, compreendo perfeitamente que a ação de Jesus e a sua proposta de reino é uma proposta que tem um viés religioso muito forte, é claro, e ela tem, também, um viés muito político. Não é à toa que o grande questionamento de Jesus é contra o templo, aquele modelo de templo, e contra o modelo de reino. Foram exatamente o templo e o palácio que o levaram à morte. Então, esta visão de Jesus está cunhada, para mim, na visão que hoje o Papa Francisco nos traz, porque diz assim... "Se você tem paixão por hotéis de luxo, carros importados, viagens internacionais o tempo todo e contas gordas, não se aproxime da política". E depois conclui: "E nem dos seminários". Eu acho isso de uma potência! E fico pensando na vida do Cristo, do Cristo Jesus: ele nasce na periferia, totalmente na periferia; mesmo na periferia, sai na barriga de sua mãe e torna-se um retirante. Nasce fora do lugar de vida de seus pais, em Belém e volta para Nazaré. Foge ao Egito, para não ser assassinado no martírio dos inocentes, e quando volta, estabelece o seu caminho entre os pobres. Não escolheu a sinagoga e quando esteve lá, foi para anunciar e, no seu anúncio, denunciar o *status quo* dos seus dirigentes. Não vai ao palácio. Sua refeição não é aquela em que Herodes entrega a cabeça de João Batista; sua refeição é no sótão de uma casa onde se dá a si mesmo. Então, esta visão ilumina o que entendo da relação entre fé e política. Há uma possibilidade muito concreta de essas duas dimensões estarem juntas, mas, ao mesmo tempo, quando a mistura se dá e a religião domina a política ou a política domina a religião, temos um problema. A religião e a política, no seu convívio, têm que ser autônomas. Elas dialogam, mas, não dialogam em paralelo, em linhas que nunca se cruzam; dialogam se entrelaçando, construindo... Algumas lideranças políticas, que hoje estão no cenário nacional e que se autoproclamam muito religiosas, não têm nenhuma dimensão religiosa. Porque, para mim, religião só existe se for libertadora. Se não for libertadora, não é religião. Essa semana, no Dia Nacional de Direitos Humanos, nosso mandato homenageou diversas lideranças religiosas. Não foi uma homenagem, foi uma celebração. Eu posso te dizer que não imaginava que tínhamos tantas costuras feitas nesses treze anos. Fiquei emocionado com o que vi no último dia 10 de dezembro: padres que lutam com a Pastoral de Favelas recebendo homenagem e moção pela luta dos direitos humanos; Movimento dos Trabalhadores Sem Terra; Movimento dos Trabalhadores Sem Teto; Movimento de Moradia os mais diversos; o pessoal da agroecologia, fazendo memória de quem foi assassinado no campo dentro da cidade do Rio de Janeiro; grupos de matrizes africanas, do Candomblé, da Umbanda e de outras Casas de Axé, como eles chamam; o pessoal de outras religiões cristãs; o pessoal que lida com a luta da população em situação de rua... Era uma homenagem, mas virou uma celebração, virou uma grande confraternização, onde as pessoas e os diversos grupos tinham uma ligação no mandato, eram teias que se ligavam ao mandato, mas que muitas dessas pessoas não se conheciam. Puderam ver, constatado por elas próprias, que a luta delas era a mesma luta. Todos estavam na mesma luta. Foi uma coisa muito bonita. Estou lembrando isso para dizer o que um jovem sacerdote de uma Casa de Axé na Zona Norte do Rio, me disse: "Nós não queremos discutir o tema religião, porque não precisamos nos religar. Nós nunca perdemos a potência dos nossos ancestrais, nunca perdemos a nossa ligação. Então, vocês querem religião? Busquem. Mas, nós, não". Todos escutavam aquela história e cada um contava suas histórias. Quando a gente fala de fé e política ou de religião e política, compreendemos que a nossa dimensão de fé e política existe porque compreendemos que toda religião é política, porque é libertadora. Não dá para ter uma religião que não seja libertadora, na minha perspectiva pelo menos, cristã. Porque se a matriz é libertadora, a filial não pode não ser. Não pode estar em dissonância. Não pode sair do eixo. A proposta é libertadora.

A gente até diz que a Teologia da Libertação nasce com Jon Sobrino, Leonardo Boff, na década de 1960, e eu digo: não, ela nasce no Êxodo, quando o povo participa de um processo libertário. É claro que é *lato sensu*, porque senão a gente não tem a teologia sistematizada como processo de efetivação teórica. Precisamos entender a religião e a política como irmãs que caminham juntas, sem que uma abafe a outra. Elas não são duas gavetas distintas, separadas. Podem até ser duas gavetas, mas, uma não fica trancada quando a outra se abre, uma não fica desatenta, quando a outra está agindo. Nesse sentido, só para concluir aqui, não se coaduna processo de fé, de modo particular, fé cristã e religião cristã com encaminhamentos de morte. Não dá para ter a Bíblia ou o crucifixo em uma mão e uma arma na outra; não dá para provocar um genocídio e dizê-lo em nome de Deus; não dá para provocar a queda de direito das pessoas, os direitos fundamentais, básicos e dizer: "faço isso e sou cristão". Não dá para sair da fila da comunhão ou de uma roda de conversa sobre um texto bíblico e exercer autoridade repressora sobre quem quer que seja. Novamente afirmo que Religião é libertadora e a política pode ser libertadora. E é sempre um "pode", porque a religião não depende de quem a pratica: ela *é* libertadora. E se alguém a pratica contrariando seus princípios, não a pratica, engana a si mesmo. Esta é a minha visão.

Reimont, uma última pergunta: quais as iniciativas do mandato em políticas de combate à intolerância religiosa que tem grassado no Rio de Janeiro (e no Brasil) nos últimos tempos?

Tem algumas coisas bem concretas. Nosso mandato preside a Frente Parlamentar em Defesa da Liberdade Religiosa e da Laicidade do Estado. Essa Frente Parlamentar é tocada por pessoas que professam a fé cristã Católica Romana, Anglicana, Luterana, Metodista, por companheiros das Religiões de

Matrizes Africanas como o Babalawõ Ivanir dos Santos, a Mãe Carmen da comunidade do Jorge Turco, na Zona Norte. Nesta Frente Parlamentar, a discussão sobre a laicidade do Estado é também um tema de grande importância. E quando a gente fala do direito à diversidade religiosa e, portanto, na questão da laicidade, há de se compreender que todo mundo tem direito a acreditar e também de não acreditar. E, nessa perspectiva, aprovamos na Câmara um projeto de lei – que não é nosso exclusivamente; é de um grupo de vereadores – que cria o Conselho Municipal de Defesa da Liberdade Religiosa que estabelece uma determinada composição de diferentes grupos da sociedade. Na discussão, rolou uma polêmica a respeito da participação dos ateus no Conselho. Diziam assim: "Como é que o ateu vai discutir?". Devemos respeitar o direito humano à crença ou à não crença.

Quando você tem um terreiro da Umbanda ou do Candomblé saqueado, quebrado, quando você tem a profanação desse ou daquele templo, independentemente de você estar ali ou não, de você crer ou não, de isso lhe tocar diretamente ou não, de isso lhe invadir ou não, você tem de se manifestar. Porque se não te invade, se não te interpela, se não te incomoda, há algo errado em você. A nossa Frente Parlamentar, como outras que presidimos, não deixa de fora as pessoas que, no nosso entender, são mais importantes do que nós, porque estão lá no dia a dia. Quem teve o seu templo profanado não fui eu, não é? Eu me lembro, quando profanaram e chutaram imagem de Nossa Senhora Aparecida. Muitos homens e mulheres que nem eram de fé católica, sentiram-se violados e violentados. Há uma solidariedade universal necessária, com a qual, construímos humanidade.

Sobre os autores

Adriana Arantes dos Santos – Socióloga, Guarda Municipal e militante social.

Adriana Martins dos Santos – Professora da Secretaria de Educação do Estado da Bahia Doutora em História pela UFBA.

Américo Freire – Professor do CPDOC FGV e Doutor em História pela UFRJ.

Caroline Cubas – Professora da UDESC e Doutora em História pela UFSC.

Deivison Amaral – Professor da PUC-Rio e Doutor em História pela UNICAMP.

Evanize Sydow – Jornalista e Doutoranda em História, Política e Bens Culturais pelo CPDOC FGV.

João Marcus Figueiredo – Professor da UNIRIO e Doutor em Ciências Sociais pela UERJ.

Larissa R. Corrêa – Professora da PUC-Rio e Doutora em História pela UNICAMP.

Louisa Acciari – Socióloga e Co-diretora do Centre for Gender and Disaster Institute for Risk and Disaster Reduction, da University College London.

Marcelo Timótheo da Costa – Professor da Universidade Salgado de Oliveira e Doutor em História pela PUC-Rio.

Reimont Santa Bárbara – Professor, Teólogo, Vereador da Câmara Municipal do Rio de Janeiro pelo Partido dos Trabalhadores (PT).

Sérgio Ricardo Coutinho – Professor das Faculdades Integradas UPIS (DF) e Doutor em História pela UFG.

Alameda nas redes sociais:
Site: www.alamedaeditorial.com.br
Facebook.com/alamedaeditorial/
Twitter.com/editoraalameda
Instagram.com/editora_alameda/

Esta obra foi impressa em São Paulo no outono de 2022. No texto foi utilizada a fonte Minion Pro em corpo 10,5 e entrelinha de 15,25 pontos.